湖北省学术著作出版专项资金资助项目

现代航运与物流:安全·绿色·智能技术研究丛书

内河船舶防污染技术与理论

邓　健　黄立文　刘敬贤　主编

武汉理工大学出版社

·武汉·

内 容 提 要

本书以国际及国内关于防治船舶污染的相关国际公约和法律法规为基础,紧密结合我国内河船舶防污染的现状,吸收了航海技术和海事管理的相关内容,是一本集法规、运输安全、防污染技术和管理为一体的综合性交通运输工程书籍。本书较全面地阐述了内河船舶防污染理论和技术的相关专业知识,主要内容包括:内河船舶污染概况,内河船舶防污染法律法规,防治内河船舶油类污染,防治内河船舶载运有毒液体物质污染,防治内河船舶包装危险货物污染,防治内河船舶生活污水污染,内河船舶垃圾污染处理,防治内河船舶大气污染,防治内河船舶噪声污染,造船、修船和拆船污染及其防治,船舶污染物的接收处理,内河水上溢油应急处置,内河水上危险品泄漏应急处置等。

图书在版编目(CIP)数据

内河船舶防污染技术与理论/邓健,黄立文,刘敬贤主编.—武汉 ：武汉理工大学出版社,2019.11
　　ISBN 978-7-5629-5779-9

　　Ⅰ.①内… Ⅱ.①邓… ②黄… ③刘… Ⅲ.①内河船-船舶污染-污染防治
Ⅳ.①U698.7

中国版本图书馆 CIP 数据核字(2018)第 156708 号

项目负责:陈军东　陈　硕		**责任编辑**:陈军东	
责任校对:李正五		**版式设计**:冯　睿	

出版发行:武汉理工大学出版社
　　　　　武汉市洪山区珞狮路 122 号　邮编:430070
　　　　　http://www.wutp.com.cn　理工图书网
　　　　　E-mail:chenjd@whut.edu.cn
经 销 者:各地新华书店
印 刷 者:武汉市宏达盛印务有限公司
开 　 本:787×1092　1/16
印 　 张:21
字 　 数:351 千字
版 　 次:2019 年 11 月第 1 版
印 　 次:2019 年 11 月第 1 次印刷
定 　 价:86.00 元(精装本)

凡购本书,如有缺页、倒页、脱页等印装质量问题,请向出版社发行部调换。
本社购书热线电话:(027)87515798　87165708

出 版 说 明

　　航运与物流作为国家交通运输事业的重要组成部分,在国民经济尤其是沿海及内陆沿河沿江省份的区域经济发展中起着举足轻重的作用。我国是一个航运大国,航运事业在经济社会发展中扮演着重要的角色。然而,我国航运事业的管理水平和技术水平还不高,离建设航运强国的发展目标还有一定的差距。为了研究我国航运交通事业发展中的安全生产、交通运输规划、设备绿色节能设计等技术与管理方面的问题,立足于安全生产这一基础前提,从航运物流与社会经济、航运物流与生态环境、航运物流与信息技术等角度用环境生态学、信息学的知识来解决我国水运交通事业绿色化和智能化发展的问题,促进我国航运事业管理水平与技术水平的提升,加快航运强国的建设。因此,武汉理工大学出版社组织了国内外一批从事现代水运交通与物流研究的专家学者编纂了《现代航运与物流:安全·绿色·智能技术研究丛书》。

　　本丛书第一期拟出版二十多种图书,分为船港设备绿色制造技术、交通智能化与安全技术、航运物流与交通规划技术、内河航运技术等四个系列。本丛书中很多著作的研究对象集中于内河航运物流,尤其是长江水系的内河航运物流。作为我国第一大内河航运水系的长江水系的航运物流,对长江经济带经济发展的促进作用十分明显。2011 年年初,国务院发布《关于加快长江等内河水运发展的意见》,提出了内河水运发展目标,即利用 10 年左右的时间,建成畅通、高效、平安、绿色的现代化内河水运体系,2020 年全国内河水路货运量将达到 30 亿吨以上,拟建成 1.9 万千米的国家高等级航道。2014 年,国家确定加强长江黄金水道建设和发展,正式提出开发长江经济带的战略构想,这是继“西部大开发”、“中部崛起”之后的又一个面向中西部地区发展的重要战略。围绕航运与物流开展深层次、全方位的科学研究,加强科研成果的传播与转化,是实现国家中西部发展战略的必然要求。我们也冀望丛书的出版能够提升我国现代航运与物流的技术和管理水平,促进社会经济的发展。

　　组织一套大型的学术著作丛书的出版是一项艰巨复杂的任务,不可能一蹴而就。我们自 2012 年开始组织策划这套丛书的编写与出版工作,期间多次组织专门的研讨会对选题进行优化,首期确定的四个系列二十余种图书,将于

2017 年年底之前出版发行。本丛书的出版工作得到了湖北省学术著作出版专项资金项目的资助。本丛书涉猎的研究领域广泛,在这方面的研究成果众多,首期出版的项目不能完全包含所有的研究成果,难免挂一漏万。有鉴于此,我们将丛书设计成一个开放的体系,择机推出后续的出版项目,与读者分享更多的我国现代航运与物流业的优秀学术研究成果,以促进我国交通运输行业的专家学者在这个学术平台上的交流。

现代航运与物流:安全·绿色·智能技术研究丛书编委会

2016 年 10 月

前　　言

　　近年来我国内河水路货物运输持续增长,港口码头数量逐年增加,船舶交通运输导致的各类污染事件日趋增多,同时水上船舶运输事故险情也呈不确定多发趋势。为提升对于船舶各类污染物的防治能力和内河船舶水上污染事故的应急能力,保障内河水运安全和绿色发展,促进流域经济建设和经济的协调发展,编写组精心编写了本书。

　　联合国及下属机构国际海事组织(IMO)等为保障水上货物运输安全和保护水域环境,出台了很多相关的国际公约、法规、指南和技术导则,并督促各缔约国政府,结合本国的实际情况,制定与国际接轨的本国法律法规。我国作为国际海事组织 A 类理事国,非常重视船舶的污染防治工作,先后颁布了《中华人民共和国水污染防治法》《中华人民共和国大气污染防治法》《中华人民共和国防治船舶污染内河水域环境管理规定》和《中华人民共和国船舶污染物排放标准》等法律法规和标准。本书以国际及国内相关法律法规为依据,紧密结合内河船舶安全、绿色运输的实际经验和技术,吸收现代航海技术和海事管理的相关内容,融合近年来内河船舶防污染技术与理论研究领域的相关研究成果,全面系统介绍了内河船舶防污染技术与理论,重点阐述了内河船舶污染的主要防治措施、事故处理及法律责任等。

　　本书主要分为三个部分。第一部分主要包括内河船舶污染概况、内河船舶防污染法律法规;第二部分主要为内河船舶污染的防治,包括防治内河船舶油类污染,防治内河船舶载运有毒液体物质污染,防治内河船舶包装危险货物污染,防治内河船舶生活污水污染,内河船舶垃圾污染处理,防治内河船舶大气污染,防治内河船舶噪声污染,造船、修船和拆船污染及其防治;第三部分主要包括船舶污染物的接收处理、内河水上溢油应急处置、内河水上危险品泄漏应急处置等。

本书作为系统阐述内河船舶防污染技术与理论的书籍,可以作为高等院校交通运输工程、航海科学与技术、环境科学与工程、海事管理等学科本科生的专业教材,也可以用于海事、环保等相关行业管理人员和内河水上运输从业人员工作实践,同时可作为交通运输工程领域研究人员、航运企业技术和管理人员等从事相关工作的参考书。

本书由邓健、黄立文、刘敬贤等主编,共分为 13 章。其中:第 1、2 章由邓健、张帆编写,第 3 章由邓健、郝国柱编写,第 4 章由谢澄、华昕培编写,第 5 章由沈慧、张育铭编写,第 6、7 章由黄立文编写,第 8、9 章由刘敬贤编写,第 10 章由张帆编写,第 11、12 章由邓健编写,第 13 章由郝国柱编写。全书由邓健统稿,史洪宾、谢澄、汪瑞、张育铭等参与了全书的校核工作。

本书在编写中参阅了大量国内外文献资料,未能一一列出,借此向这些文献资料的原作者表示衷心的感谢! 此外,本书在编写过程中得到了长江海事局等海事主管部门专家的帮助,武汉理工大学航运学院船舶防污染课程组的老师们为本书提出了宝贵意见,在此一并致谢!

由于对“内河船舶防污染”方面的专门系统的研究还较少,撰写这方面的书籍对编者来说是初次尝试,也是一个挑战,虽然我们付出了极大的努力,在编写过程中多次审校,但是限于时间和水平,且本书涉及的内容比较广泛,书中难免出现不当之处,恳请同行专家及读者批评指正。同时,希望本书的出版能为广大交通运输工程领域的工作者提供一些切实的帮助。

编　者

2017 年 12 月

目　　录

1 内河船舶污染概况

1.1 内河水域环境污染与水路交通运输

水资源是重要的资源之一,直接关系着人们的日常生活。截至 2017 年中国水资源总量为 3.2 万亿立方米。其中地表水 2.6 万亿立方米,地下水 0.6 万亿立方米,总量并不丰富,人均占有量更低。中国水资源总量居世界第六位,人均占有量为 2240 立方米,约为世界人均的 1/4。地区分布不均,水土资源不相匹配。长江流域及其以南地区国土面积只占全国的 36.5%,其水资源量占全国水资源总量的 81%;淮河流域及其以北地区的国土面积占全国的63.5%,其水资源量仅占全国水资源总量的 19%。

虽然我国水资源总量多,但由于人口数量庞大,人均用水量低,其中能作为饮用水的水资源有限。而工业废水、生活污水和其他废弃物进入江河湖海等水体,已经超过了水体的自净能力,这会导致水体的物理、化学、生物等方面特征的改变,从而影响到水的利用价值,危害人体健康或破坏生态环境,造成水质恶化的现象。另外,全国大多数城市的地下水均存在不同程度的污染,局部地区的水质部分参数超标,污染形势越来越严峻。一些地区过度开采地下水,导致地下水位下降,引发地面坍塌和沉陷、地裂缝和海水入侵等问题,形成地下水降落漏斗。

水体污染是指大量的污染物质排入水体,超过水体的自净能力,使水质恶化,水体及其周围的生态平衡遭到破坏,对人类健康、生活和生产活动等造成威胁和损失的情况。水体污染的原因是多方面的,主要有以下几方面:

(1)工业废水:工业废水是世界范围内污染的主要原因。工业生产过程的各个环节都可产生废水。影响较大的工业废水主要来自冶金、电镀、造纸、印染、制革等企业。

(2)生活污水:生活污水是指人们日常生活的洗涤废水和粪尿污水等。来自医疗单位的污水是一类特殊的生活污水,主要危害是可能引发肠道传染病。

(3)农业污水:农业污水主要含氮、磷、钾等化肥,农药、粪尿等有机物及人畜肠道病原体等。

（4）其他：其他污染源包括工业生产过程中产生的含有大量的易溶于水的无机和有机物的固体废弃物，受雨水冲淋造成水体污染。

目前，我国日益加强水污染的管理，加大了工业污水和生活污水的排放治理力度，但是内河船舶对水体的污染也是不容忽视的。如何有效地减少船舶污染事故的发生，采取科学合理的措施，防范内河船舶污染事故，提高水资源的综合治理水平也引起了社会的广泛关注。

我国内河水运资源十分丰富，长江、珠江、淮河水系占全国河流总长三分之一的河段均可通航。2015年年末，全国内河航道通航里程达12.70万公里，位居世界内河第一，其中等级航道6.63万公里，各等级内河航道通航里程分别为：一级航道1341公里，二级航道3443公里，三级航道6760公里，四级航道10682公里，五级航道7862公里，六级航道18277公里，七级航道17891公里。等外航道6.07万公里，如图1-1所示。我国主要内河水系各水系内河航道通航里程分别为：长江水系64852公里，珠江水系16450公里，黄河水系3488公里，黑龙江水系8211公里，京杭运河1438公里，闽江水系1973公里，淮河水系17507公里。

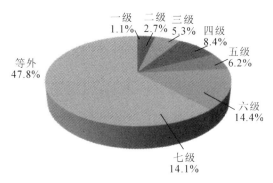

图1-1 2015年全国内河航道通航里程构成

内河航运由于其低成本、大运量、低能耗、易通达的独特优势深受青睐，在我国经济社会发展中一直发挥着重要作用。特别是在2011年年初，国务院出台了《国务院关于加快长江等内河水运发展的意见》，提出要利用10年左右的时间，建成畅通、高效、平安、绿色的现代化内河水运体系，到2020年，全国内河水运货运量达到30亿吨以上。近年来，随着内河水运的快速增长，港口码头数量持续增长，船舶数量也急速增加。2015年年末全国港口拥有生产用码头泊位31259个，其中内河港口生产用码头泊位25360个。全国港口拥有万吨级及以上泊位 2221 个,其中内河港口万吨级及以上泊位 414 个。以长江干线航道为例,27 个水上交通流量观测断面全年日平均标准船舶流量的平均值为 647.6 艘次,其中上游航道 6 个断面,日平均标准船舶流量的平均值为 201.5 艘次,中游航道 3 个断面,日平均标准船舶流量的平均值为 271.5 艘次,下游航道 18 个断面,日平均标准船舶流量的平均值为 858.9 艘次。

在内河水运快速发展的同时,船舶对内河水域的污染日益严重,不容忽视,如何进一步完善我国防治船舶污染内河水域制度,强化船舶防污染监督管理,保护内河水域的环境及资源,在内河水运快速发展的进程中促进和谐发展、科学发展,已成为当前亟待解决的问题。

1.2 船舶对内河水域环境的污染

船舶对内河水域环境的污染,是指船舶在内河水域航行、港口停泊、装卸货物以及船舶修造和拆解等过程中对周围水域环境和大气环境所造成的污染。船舶在航运过程中对内河水域环境造成污染的主要污染物(以下简称"船舶污染物")及污染方式包括船舶油类污染、散装有毒液体污染、包装有害物质污染、船舶生活污水污染、船舶垃圾污染、船舶噪声污染以及船舶在修造拆解过程中对环境造成的污染。

1.2.1 船舶污染物的主要种类

(1)船舶油类污染

船舶油类污染是船舶污染最主要的类型,一般可分为两类:第一类是船舶正常营运造成的操作性油污染,主要包括船舶机舱舱底污水、油船压载水以及油船货舱洗舱水等含油污水的排放;第二类是船舶事故性溢油污染,各类船舶浪损事故(碰撞、触碰、搁浅、火灾和爆炸等)、装卸作业和加装船舶燃料油过程中的管路破裂、误操作等造成的溢油都属于这一类。

内河船舶主机主要为柴油机,使用包括柴油甚至重油在内的油类物质,内河原油和成品油船舶装载的货种包括原油、汽油、柴油、油泥、油渣等石油炼制品,一旦发生污染,由于其迁移扩散迅速,将会污染内河水环境而造成严重后果。

(2)散装有毒液体物质污染

散装有毒液体物质是指油类物质以外的,由船舶以散装形式进行运输的,进入水体环境很可能造成危及人体健康、损害生物资源及水生物、损害舒适度或妨碍其他水资源合理利用的物质。该类物质种类众多,具有不同的物理、化学性质,其本身性质具有危险性和环境危害性,主要包括易燃易爆性、毒性、腐蚀性等。

散装有毒液体物质在船舶运输过程中,一旦发生泄漏而进入水体和大气,会直接导致环境恶化、生物死亡,破坏环境生态系统,从而对人体健康、水环境和大气环境造成危害,此外通过环境蓄积、生物蓄积、生物转化或化学反应等方式也会对人体和环境造成危害,并且更加持久。

(3)包装有害物质污染

包装有害物质污染是指在船舶运输以及罐柜装卸过程中,包装物的破损造成有害物质的泄漏、溢流以及洒落在露天甲板或舱底,在船舶洗舱时,洒落物质或和垃圾、分离物等其他材料的混合物混入洗舱水中,形成有毒、有害性洗涤水或水溶液而造成的水体污染。包装有害物质主要包括爆炸品、各类气体、易燃液体、易燃固体、易自燃物质和遇水易反应物质、氧化物和有机过氧化物、有毒物质和感染性物质、放射性物质、腐蚀品、杂类危险物质和物品以及海洋污染物等。

(4)船舶生活污水污染和船舶垃圾污染

船舶生活污水污染和船舶垃圾污染是指船舶在运输生产过程中,生活污水和垃圾的排放,对内河水域环境产生影响的操作性污染。日常生活中的洗脸水、厨房洗涤水、洗澡水、洗衣水,以及食品垃圾生活废弃物、垫舱物料、衬料及货物包装材料等物质,不经过严格处理排放入内河水域,将会对水域中生物的生长环境产生一定程度的危害,并对沿岸居民的生活环境造成一定影响。内河水域中船舶产生的生活污水和垃圾种类、来源及相应处理措施如表1-1所示。

表 1-1　　内河水域中船舶产生的生活污水和垃圾种类、来源及相应处理措施

序号	污染物种类		来源	处理措施
1	船舶油污水	舱底油污水	机舱、泵舱	油污水储存容器收集,油水分离设备处理
		油泥	机舱	
		压载舱水	货油舱、燃油机舱	

序号	污染物种类		来源	处理措施
2	生活污水		生活区	生活污水储存容器收集,生活污水处理装置处理
3	洗舱废水	货舱洗涤水	货油舱、化学品舱、燃油舱	货舱洗涤水储存容器收集
		机舱洗涤水	机舱	污水储存设备收集
4	生活垃圾		生活区	生活垃圾储存容器收集

(5) 船舶大气污染

船舶大气污染主要是指船舶在运输生产过程中,燃烧性排放和操作性排放,向周围大气环境排放了各种污染物质,使大气环境质量下降,造成对大气环境的物理性、化学性污染以及热污染等。主要污染物包括硫氧化物、氮氧化物、臭氧层消耗物质、挥发性有机物和温室气体等。船舶航行在内河水域内所排放的各种污染物质,会影响到沿岸城市的大气环境质量。

(6) 船舶噪声污染

船舶噪声污染就是指船舶在营运过程中,产生的干扰周围生活环境声音,超过规定环境噪声排放标准,干扰他人正常生活环境。可分为动力装置噪声污染、船体振动噪声污染、辅助机械噪声污染以及螺旋桨噪声污染等。内河船舶噪声污染,不仅危害船员及船舶周围人们的身心健康,同时还会危害内河水域生态环境;船舶噪声污染还会给其他船舶正常航行带来安全隐患;同时,船舶在内河水域航行时,噪声会对水生生物以及沿岸动物产生致命影响,危害生态安全。比如,内河船舶螺旋桨的噪声,会干扰江豚的发声系统与听觉系统。

(7) 船舶在修造拆解过程中对环境造成的污染

船舶在修造拆解过程中对环境造成的污染是指船舶在修理、建造、拆解工艺流程中所产生的污水、废气对周围水域、空气造成的污染,有害物质对土壤的污染以及工作中产生的噪声等污染。由于国内长期缺乏统一的标准,国家对造船、修船和拆船工业缺乏有效管控,使得造船、修船和拆船工艺对环境形成了较大的威胁。

1.2.2　船舶污染产生的途径

船舶污染产生的途径按照其形成的性质划分为两种:操作性污染和事故性污染。操作性污染又称排放性污染,是指船舶在营运过程中船员有意或无意地将船舶污染物排入水中所造成的污染。国内外关于水上交通事故的统计和分析表明,80%以上的水上交通事故是人为因素造成的。因而船员是保障水上人命安全和财产安全以及防治船舶污染内河水域环境最关键的因素。事故性污染是指船舶在水域内发生事故(碰撞、搁浅、触礁、爆炸、沉没等)时油类、化学品类等对水体有害的物质溢入水中所造成的污染。

相对于事故性污染,船舶的操作性污染由于单次污染量小,发生区域分散隐蔽,对环境和生态的影响具有滞后期,损害不明显,没有引起人们的足够重视。随着我国内河水域贸易的繁荣,航运船舶的数量在迅猛增加,操作性污染的影响越来越严重,对内河水域的生态环境造成的危害也越来越严重。

船舶污染产生的途径按照其形成的过程划分为4种:船舶航行过程中造成的污染、船舶水上作业过程中造成的污染、船舶货物装卸过程中造成的污染和船舶修造拆解过程中造成的污染。

2 内河船舶防污染法律法规

2.1 我国防治船舶污染环境法规的发展

目前，我国内河水域船舶防污染依据的法律法规主要有《中华人民共和国水污染防治法》、《中华人民共和国防治船舶污染内河水域环境管理规定》（以下简称《内河防污规定》），还有其他相关条款散见于《中华人民共和国环境保护法》、《危险化学品安全管理条例》、《防止拆船污染环境管理条例》等。《中华人民共和国水污染防治法》已于 2017 年 6 月 27 日进行了第二次修订。目前内河水域船舶防污染直接依据的法规是自 2016 年 5 月 1 日生效的《中华人民共和国防治船舶污染内河水域环境管理规定》（交通运输部令 2015 年第 25 号）

目前我国已经加入的公约有《1992 年责任公约》、《2001 年燃油公约》和《1973 年国际防止船舶造成污染公约》（以下称 MARPOL 公约），另外，《1992 年基金公约》对我国的效力范围仅及于香港地区。以上公约在我国对涉外船舶污染环境相关方面适用，对水域环境保护起到一定积极作用。

作为我国调整海上运输关系、船舶关系的重要法律，《海商法》中并没有专门条文对船舶污染海域方面作出规定，仅仅在优先权的规定中侧面提到油污损害民事责任保险，在关于责任限制的规定中提到国际油污损害民事责任公约，这显然不足以对保护海洋环境起到实质性的作用。

《中华人民共和国海事诉讼特别程序法》第九十七条对油污损害赔偿请求的诉讼作出了规定，但该条规定在实用中遇到一些障碍，因此，诉讼程序法方面在对船舶污染环境方面的规定也明显缺失。

尽管如此，《中华人民共和国海洋环境保护法》、《中华人民共和国防治船舶污染海洋环境管理条例》、《中华人民共和国船舶油污损害民事责任保险实施办法》等法律法规，及 2010 年生效的《防治船舶污染海洋环境管理条例》，2010 年 8 月交通运输部公布的《中华人民共和国船舶油污损害民事责任保险实施办法》中，借鉴了国际公约及国际通行的规定，对污染海洋环境相关问题作出了详细规定。

最高院在司法实践中,也出台了相关司法解释,如 2011 年《最高人民法院关于审理船舶油污损害赔偿纠纷案件若干问题的规定》,对船舶污染海洋环境相关问题作出规定,我国对船舶污染海洋环境相关问题的规定日趋完善。

2016 年开始施行的《内河防污规定》为解决船舶污染内河环境方面的相关问题提供了相关依据。至此,我国从国际公约、法律、行政法规方面对船舶污染海洋、内河环境均作出了相应规定。

纵观上述公约、法律法规、司法解释,相比较可知,我国对船舶油类污染环境规定较为全面,而对其他有毒有害、危险品等污染规定比较缺乏,对海洋环境污染规定较多,对内河等其他水域污染规定较少,今后在立法、司法实践中有待进一步完善。

2.2　船舶防污染国际公约

2.2.1　联合国海洋法公约

2.2.1.1　公约建立背景

《联合国海洋法公约》(简称《UNCLOS 公约》)指联合国曾召开的三次海洋法会议,以及 1982 年第三次会议所决议的海洋法公约。在中文语境中,“海洋法公约”一般是指 1982 年的决议条文。此公约对内水、领海、临接海域、大陆架、专属经济区(亦称“排他性经济海域”,简称 EEZ)、公海等重要概念做了界定。该公约对当前全球各处的领海主权争端、海上天然资源管理、污染处理等具有重要的指导和裁决作用,是处理海洋国际事务的“母法”。

2.2.1.2　公约涉及防污染内容

《UNCLOS 公约》共分 17 部分,连同 9 个附件共有 446 条。主要内容包括:领海、毗邻区、专属经济区、大陆架、用于国际航行的海峡、群岛国、岛屿制度、闭海或半闭海、内陆国出入海洋的权益和过境自由、国际海底以及海洋科学研究、海洋环境保护与安全、海洋技术的发展和转让等。

各国有保护和保全海洋环境的义务。防止、减少和控制海洋环境污染的措施包括以下几点:

(1)各国应在适当情形下个别或联合地采取一切符合本公约的必要措施,防止、减少和控制任何来源的海洋环境污染,为达到此目的,按照其能力使用其所掌握的最切实可行的方法,并应在这方面尽力协调它们的政策。

(2)各国应采取一切必要措施,确保在其管辖或控制下的活动的进行不致使其他国家及其环境遭受污染的损害,并确保在其管辖或控制范围内事件或活动所造成的污染不致扩大到其按照公约行使主权权利的区域之外。

(3)依据公约采取的措施,应针对海洋环境的一切污染来源。包括旨在最大可能范围内尽量减少陆上来源的污染、船只污染、勘探设施的污染等方面污染的措施。

(4)全球性或区域性基础上的合作,包括对即将发生的损害或实际损害的通知、对污染的应急计划以及研究、研究方案及情报和资料的交换等进行规范和监管。此外,各国还应直接或通过主管国际组织对发展中国家进行相应科学和技术援助,发展中国家在有关款项和技术援助的分配和对各该组织专门服务的利用等方面可获得各国际组织的优惠待遇。

《UNCLOS公约》在防止、减少和控制海洋环境污染的国际规则和国内立法方面也有具体规定。

2.2.2　经1978年议定书修订的1973年国际防止船舶造成污染公约

2.2.2.1　公约发展历程

MARPOL 73/78公约是国际海事组织(以下简称IMO)针对海上船舶因例行作业产生的故意性油类物质污染行为,并设法减少船舶因意外事故或操作疏失所形成的偶发性污染行为所制定的国际公约,其前身为由英国政府利用国际合作通过的1954年防止海上油污染国际公约(OILPOL 1954),1973年召开的国际海洋污染会议上通过了该公约的议定书Ⅰ和议定书Ⅱ,随后该公约经过1978年修订,形成了MARPOL 73/78公约,涉及船舶造成污染各种成因的规则包括在该公约的5个附则里。该公约还经1997年议定书作了修订,即增加了第6个附则。

2.2.2.2　MARPOL 73/78公约内容

MARPOL 73/78公约共有两个议定书和六个附则,附则的内容分别是:

(1)附则Ⅰ——防止油类污染规则

附则Ⅰ已经经过多次修改,现共有9章3条,3个附录和附则Ⅰ的统一解释。

第1章　　总则。包括定义、适用范围、免除、例外、等效。

第 2 章 检验和发证。包括检验、证书的签发或签署、他国政府签发或签署证书、证书格式、证书的有效期限、关于操作要求的港口国控制。

第 3 章 对所有船舶处所的要求。包括残油（油泥）舱、燃油舱保护、标准排放接头、滤油设备、排油的控制、油类与压载水的分隔和艏尖舱内载油、"油类记录簿"第 Ⅰ 部分 —— 机器处所的作业。

第 4 章 对油船货物区域的要求。包括专用压载舱对 1996 年 7 月 6 日或之后交船的油船的双壳体和双层底的要求、对 1996 年 7 月 6 日之前交船的油船的双壳体和双层底的要求、防止载运重级别货油的油船造成污染、泵舱底的保护、意外泄油状况、损坏的假定、假定的泄油量、货油舱的尺度限制和布置、完整稳性、分舱和破损稳性、污油水舱、泵吸、管路和排放布置、排油监控系统、油／水界面探测器、对原油性能的要求、排油的控制、原油洗舱操作、"油类记录簿"第 Ⅱ 部分 —— 货油／压载的作业。

第 5 章 防止油污事故造成的污染。包括船上油污应急计划。

第 6 章 接收设备。

第 7 章 对固定或浮动平台的特殊要求。

第 8 章 防止海上油船间过驳货油造成污染。

第 9 章 在南极区域使用或载运油类的特殊要求。

附则 Ⅰ 的 3 个附录分别为附录 Ⅰ 油类清单、附录 Ⅱ IOPP 证书和附件格式、附录 Ⅲ "油类记录簿"格式。

（2）附则 Ⅱ —— 控制散装有毒液体物质污染规则

MARPOL 73/78 公约的附则 Ⅱ 已经过多次修改，现附则 Ⅱ 有 8 章共 18 条正文和 7 个附录，分别为：第 1 章总则，第 2 章有毒液体物质的分类，第 3 章检验与发证，第 4 章设计、建造、布置和设备，第 5 章有毒液体物质残留物的作业排放，第 6 章港口国监控措施，第 7 章防止有毒液体物质事故造成的污染，第 8 章接收设备；附录 Ⅰ 有毒液体物质分类指南，附录 Ⅱ 散装运输有毒液体物质的船舶货物记录簿格式，附录 Ⅲ 国际防止散装运输有毒液体物质污染证书格式，附录 Ⅳ 程序和布置手册的标准格式，附录 Ⅴ 对货舱、泵系及相关管系中残余物量的评定，附录 Ⅵ 预洗程序，附录 Ⅶ 通风程序。

（3）附则 Ⅲ —— 防止海运包装有害物质污染规则

附则 Ⅲ 已于 1992 年 7 月 1 日正式生效。

2010 年 10 月在伦敦召开的 IMO 的第 61 届海上环保会上通过 MEPC.

193(61)决议,该决议是为与 2009 年修订的全球化学品统一和标签协调系统
(GHS)以及 SOLAS Ⅶ/4 条款的建议修正案相协调,而对原文件内容进行的
修正。该修正案已于 2014 年 1 月 1 日生效。附则 Ⅲ 现有正文 8 条,1 个附录(包
装形式有害物质的识别标准)。

(4)附则 Ⅳ—— 防止船舶生活污水污染规则

MARPOL 73/78 公约附则 Ⅳ 已于 2003 年 9 月 27 日生效,我国于 2006 年
11 月 2 日加入,该附则于 2007 年 2 月 2 日正式对我国生效。该规则现共有 13 条
正文和 1 个附录(国际防止生活污水污染证书格式)。

(5)附则 Ⅴ—— 防止船舶垃圾污染规则

IMO 海上环境保护委员会第 62 届会议于 2011 年 7 月 15 日以 MEPC.
201(62)决议通过了 MARPOL 73/78 公约附则 Ⅴ 的 2011 年修正案,并已于
2013 年 1 月 1 日正式生效。该修正案对垃圾进行重新定义和分类,并对垃圾的
排放作出新的规定。垃圾排放的基本原则由原来的"原则性许可"改变为现在
的"原则性禁止"。同时,修正案对"垃圾管理计划""垃圾记录簿"和垃圾公告
牌的内容和要求进行调整。

修正后的 MARPOL 73/78 公约附则 Ⅴ 共有 10 条正文和 1 个附录("垃圾
记录簿"格式)。

(6)附则 Ⅵ—— 防止船舶造成空气污染规则

1997 年 9 月 16—26 日召开的 MARPOL 73/78 公约缔约国大会通过 1997
年议定书,为该公约增加一个新附则,即附则 Ⅵ—— 防止船舶造成空气污染
规则。该附则已经于 2005 年 5 月 19 日生效,2006 年 8 月 23 日对我国生效。

经多次修正,附则 Ⅵ 现共有 4 章 23 条和 8 个附录。第 1 章总则,第 2 章检
验、发证和控制手段,第 3 章船舶排放控制要求,第 4 章船舶能效规则;附录 Ⅰ
国际防止空气污染(IAPP)证书格式,附录 Ⅱ 试验循环和加权因数,附录 Ⅲ
制定排放控制区域的标准和程序,附录 Ⅳ 船上焚烧炉的型式认可和操作限
制,附录 Ⅴ 燃油交付单中包括的资料,附录 Ⅵ 防污公约附则和燃油样品的燃
油验证程序,附录 Ⅶ 北美排放控制区域和附则 Ⅷ 国际效能(IEE)证书格式。

IMO 于 2011 年 7 月通过在附则 Ⅵ 中纳入船舶能效规则(新增第 4 章)的
修正案,该修正案已于 2013 年 1 月 1 日生效,这是第一个专门针对国际海运温
室气体减排的强制性法律文件。

船舶能效规则适用于所有 400 总吨及以上国际航行船舶,于 2013 年 1 月 1

日生效,即该日期以后建造的所有 400 总吨及以上国际航行船舶须满足新的能效标准。同时,修正案规定缔约国主管机关可在修正案生效后,自行决定推迟 4 年执行船舶能效标准。

除对船舶能效设计指数值作出具体规定外,修正案还要求船舶经营人在船上配备船舶能效管理计划(SEEMP)。

新船 EEDI 是衡量船舶设计和建造能效水平的一个指标,即根据船舶在设计最大载货状态下以一定航速航行所需推进动力以及相关辅助功率消耗的燃油计算出的二氧化碳排放量。船舶能效规则规定了以现有样本船舶(英国劳氏费尔普勒数据库)的回归平均值(50% 符合率)为基线,四个阶段的 EEDI 折减率,其中对散货船 EEDI 折减率的要求是:2013 ～ 2014 年为零,2015 ～ 2019 年为 10%,2020 ～ 2025 年为 20%,2026 ～ 2030 年为 30%。

2.2.3 1990 年国际油污防备、反应和合作公约

2.2.3.1 公约建立的背景

1990 年 11 月,IMO 在伦敦召开的国际油污防备和反应国际合作会议,讨论通过了国际油污防备、反应和合作公约。公约的宗旨是促进各国加强油污防治工作,强调有效防备对于油污事件的重要性,在遇到重大油污事故时进行区域性或国际性合作,采取快速有效的行动减轻油污造成的损害,达到保护海洋环境的目的。公约于 1995 年 5 月 13 日生效。中华人民共和国于 1998 年 3 月 20 日交存加入书。公约于 1998 年 6 月 30 日对我国生效。

2.2.3.2 公约内容

公约共有 19 条和 1 个附件,对油污应急计划、油污染事故的报告程序、溢油应急处置技术合作条款、发达国家援助发展中国家和不发达国家的费用作出了规定,具体包括:

(1) 油污应急计划

船舶油污应急计划:公约规定,每一当事国应要求有权悬挂其国旗的船舶在船上备有国际海事组织为此目的通过的规定所要求的并符合此种规定的油污应急计划。具体执行参见 MARPOL 73/78 公约附则 Ⅰ 第 26 条。

近海装置的油污应急计划:公约规定,每一缔约国应要求在其管辖的近海装置的经营人,备有油污应急计划,并规定,该油污应急计划应与国家系统协调,并按国家主管当局规定的程序批准。其中,国家主管当局系指沿海国主

管当局,这充分反映沿海国的管辖权。

海港和油装卸设施的油污应急计划:公约规定,海港和油装卸设施应按要求备有油污应急计划。海港和油装卸设施系指易发生油污事故的设施,其中包括海港、油码头、管道和其他油装卸设施。管道系指海底输油管道或可能造成海上有污染的管道。

(2)油污事故的报告程序

公约规定,当发生溢油事故时,应向最近的沿海国报告。

(3)关于技术合作条款

公约规定,为促进在遇有重大油污事故时进行区域性或国际性合作,缔约国有义务为请求援助的缔约国促进人员培训,并保证根据其国家法律、条例和政策,在转让油污防备和反应技术方面进行积极合作。

(4)其他方面

公约中还对国家和区域防备和反应系统的最低要求、油污反应的国际合作、研究和开发油污防备和反应的新技术,如监视、围控、回收和清除技术等,促进设备和反应方面的双边和多边合作,评估公约的有效性等方面作了规定。

2.3　船舶防污染国内法律规范

2.3.1　《中华人民共和国水污染防治法》关于船舶防污染概述

2.3.1.1　《中华人民共和国水污染防治法》的发展

广义的水污染防治法是指国家为防治水环境的污染而制定的各项法律法规及有关法律规范的总称。狭义的水污染防治法指国家为防治陆地水(不包括海洋)污染而制定的法律法规及有关法律规范的总称。《中华人民共和国水污染防治法》由1984年5月11日第六届全国人民代表大会常务委员会第五次会议通过,而后经1996年5月15日第八届全国人民代表大会常务委员会第十九次会议、2008年2月28日第十届全国人民代表大会常务委员会第三十二次会议和2017年6月27日第十二届全国人民代表大会常务委员会第二十八次会议多次修订并实施,最新修订的《中华人民共和国水污染防治法》共包括8章103条,将于2018年1月1日起开始实施。

2.3.1.2　船舶污染水域的监督管理机构

根据《水污染防治法》第九条规定,交通主管部门的海事管理机构对船舶污染水域的防治实施监督管理。

2.3.1.3 船舶水污染防治措施的主要要求

《水污染防治法》第四章"水污染防治措施"中第五节"船舶水污染防治"中对于船舶污染防治进行了专门规定,涉及的条款具体内容如下:

第五十九条 船舶排放含油污水、生活污水,应当符合船舶污染物排放标准。从事海洋航运的船舶进入内河和港口的,应当遵守内河的船舶污染物排放标准。

船舶的残油、废油应当回收,禁止排入水体。

禁止向水体倾倒船舶垃圾。

船舶装载运输油类或者有毒货物,应当采取防止溢流和渗漏的措施,防止货物落水造成水污染。

进入中华人民共和国内河的国际航线船舶排放压载水的,应当采用压载水处理装置或者采取其他等效措施,对压载水进行灭活等处理。禁止排放不符合规定的船舶压载水。

第六十条 船舶应当按照国家有关规定配置相应的防污设备和器材,并持有合法有效的防止水域环境污染的证书与文书。

船舶进行涉及污染物排放的作业,应当严格遵守操作规程,并在相应的记录簿上如实记载。

第六十一条 港口、码头、装卸站和船舶修造厂所在地市、县级人民政府应当统筹规划建设船舶污染物、废弃物的接收、转运及处理处置设施。

港口、码头、装卸站和船舶修造厂应当备有足够的船舶污染物、废弃物的接收设施。从事船舶污染物、废弃物接收作业,或者从事装载油类、污染危害性货物船舱清洗作业的单位,应当具备与其运营规模相适应的接收处理能力。

第六十二条 船舶及有关作业单位从事有污染风险的作业活动,应当按照有关法律法规和标准,采取有效措施,防止造成水污染。海事管理机构、渔业主管部门应当加强对船舶及有关作业活动的监督管理。

船舶进行散装液体污染危害性货物的过驳作业,应当编制作业方案,采取有效的安全和污染防治措施,并报作业地海事管理机构批准。

禁止采取冲滩方式进行船舶拆解作业。

2.3.1.4 船舶水污染事故的处理

《水污染防治法》中"第六章 水污染事故处置"中第七十八条规定,造成渔业污染事故或者渔业船舶造成水污染事故的,应当向事故发生地的渔业主管部门报告,接受调查处理。其他船舶造成水污染事故的,应当向事故发生地的海事管理机构报告,接受调查处理;给渔业造成损害的,海事管理机构应当通知渔业主管部门参与调查处理。

2.3.1.5 法律责任

《水污染防治法》中"第七章 法律责任"中对船舶违反本法的法律责任进行了规定,具体条款包括:

第八十九条 船舶未配置相应的防污染设备和器材,或者未持有合法有效的防止水域环境污染的证书与文书的,由海事管理机构、渔业主管部门按照职责分工责令限期改正,处二千元以上二万元以下的罚款;逾期不改正的,责令船舶临时停航。

船舶进行涉及污染物排放的作业,未遵守操作规程或者未在相应的记录簿上如实记载的,由海事管理机构、渔业主管部门按照职责分工责令改正,处二千元以上二万元以下的罚款。

第九十条 违反本法规定,有下列行为之一的,由海事管理机构、渔业主管部门按照职责分工责令停止违法行为,处一万元以上十万元以下的罚款;造成水污染的,责令限期采取治理措施,消除污染,处二万元以上二十万元以下的罚款;逾期不采取治理措施的,海事管理机构、渔业主管部门按照职责分工可以指定有治理能力的单位代为治理,所需费用由船舶承担:

(1)向水体倾倒船舶垃圾或者排放船舶的残油、废油的;

(2)未经作业地海事管理机构批准,船舶进行散装液体污染危害性货物的过驳作业的;

(3)船舶及有关作业单位从事有污染风险的作业活动,未按照规定采取污染防治措施的;

(4)以冲滩方式进行船舶拆解的;

(5)进入中华人民共和国内河的国际航线船舶,排放不符合规定的船舶压载水的。

第九十四条 造成渔业污染事故或者渔业船舶造成水污染事故的,由渔业主管部门进行处罚;其他船舶造成水污染事故的,由海事管理机构进行处罚。

2.3.2 《中华人民共和国大气污染防治法》关于船舶防污染概述

2.3.2.1 《中华人民共和国大气污染防治法》的发展历程

《中华人民共和国大气污染防治法》(以下简称《大气污染防治法》)是为保护和改善环境,防治大气污染,保障公众健康,推进生态文明建设,促进经济社会可持续发展而制定的。由全国人民代表大会常务委员会于 1987 年 9 月 5 日通过,自 1988 年 6 月 1 日起实施。而后经 1995 年 8 月 29 日第八届全国人民代表大会常务委员会第十五次会议、2000 年 4 月 29 日第九届全国人民代表大会常务委员会第十五次会议和 2015 年 8 月 29 日第十二届全国人民代表大会常务委员会第十六次会议多次修订,最新的《大气污染防治法》于 2016 年 1 月 1 日起正式施行。

2.3.2.2 与防治船舶造成大气污染有关的内容

《中华人民共和国大气污染防治法》共包括 8 章 129 条,其中第三节"机动车船等污染防治"中主要规定了船舶大气污染防治的有关内容,主要条款包括:

第二条　防治大气污染,应当以改善大气环境质量为目标,坚持源头治理,规划先行,转变经济发展方式,优化产业结构和布局,调整能源结构。

防治大气污染,应当加强对燃煤、工业、机动车船、扬尘、农业等大气污染的综合防治,推行区域大气污染联合防治,对颗粒物、二氧化硫、氮氧化物、挥发性有机物、氨等大气污染物和温室气体实施协同控制。

第四十七条　石油、化工以及其他生产和使用有机溶剂的企业,应当采取措施对管道、设备进行日常维护、维修,减少物料泄漏,对泄漏的物料应当及时收集处理。

储油储气库、加油加气站、原油成品油码头、原油成品油运输船舶和油罐车、气罐车等,应当按照国家有关规定安装油气回收装置并保持正常使用。

第五十条　国家倡导低碳、环保出行,根据城市规划合理控制燃油机动车保有量,大力发展城市公共交通,提高公共交通出行比例。

国家采取财政、税收、政府采购等措施推广应用节能环保型和新能源机动车船、非道路移动机械,限制高油耗、高排放机动车船、非道路移动机械的发展,减少化石能源的消耗。

省、自治区、直辖市人民政府可以在条件具备的地区,提前执行国家机动车大气污染物排放标准中相应阶段排放限值,并报国务院环境保护主管部门备案。

城市人民政府应当加强并改善城市交通管理,优化道路设置,保障人行道和非机动车道的连续、畅通。

第五十一条 机动车船、非道路移动机械不得超过标准排放大气污染物。

禁止生产、进口或者销售大气污染物排放超过标准的机动车船、非道路移动机械。

第六十二条 船舶检验机构对船舶发动机及有关设备进行排放检验。经检验符合国家排放标准的,船舶方可运营。

第六十三条 内河和江海直达船舶应当使用符合标准的普通柴油。远洋船舶靠港后应当使用符合大气污染物控制要求的船舶用燃油。

新建码头应当规划、设计和建设岸基供电设施;已建成的码头应当逐步实施岸基供电设施改造。船舶靠港后应当优先使用岸电。

第六十四条 国务院交通运输主管部门可以在沿海海域划定船舶大气污染物排放控制区,进入排放控制区的船舶应当符合船舶相关排放要求。

第六十五条 禁止生产、进口、销售不符合标准的机动车船、非道路移动机械用燃料;禁止向汽车和摩托车销售普通柴油以及其他非机动车用燃料;禁止向非道路移动机械、内河和江海直达船舶销售渣油和重油。

第六十六条 发动机油、氮氧化物还原剂、燃料和润滑油添加剂以及其他添加剂的有害物质含量和其他大气环境保护指标,应当符合有关标准的要求,不得损害机动车船污染控制装置效果和耐久性,不得增加新的大气污染物排放。

2.3.2.3 法律责任

第一百零三条 违反本法规定,有下列行为之一的,由县级以上地方人民政府质量监督、工商行政管理部门按照职责责令改正,没收原材料、产品和违法所得,并处货值金额一倍以上三倍以下的罚款:

(一)销售不符合质量标准的煤炭、石油焦的;

(二)生产、销售挥发性有机物含量不符合质量标准或者要求的原材料和产品的;

(三)生产、销售不符合标准的机动车船和非道路移动机械用燃料、发动

机油、氮氧化物还原剂、燃料和润滑油添加剂以及其他添加剂的;

（四）在禁燃区内销售高污染燃料的。

第一百零四条　　违反本法规定,有下列行为之一的,由出入境检验检疫机构责令改正,没收原材料、产品和违法所得,并处货值金额一倍以上三倍以下的罚款;构成走私的,由海关依法予以处罚:

（一）进口不符合质量标准的煤炭、石油焦的;

（二）进口挥发性有机物含量不符合质量标准或者要求的原材料和产品的;

（三）进口不符合标准的机动车船和非道路移动机械用燃料、发动机油、氮氧化物还原剂、燃料和润滑油添加剂以及其他添加剂的。

第一百零六条　　违反本法规定,使用不符合标准或者要求的船舶用燃油的,由海事管理机构、渔业主管部门按照职责处一万元以上十万元以下的罚款。

2.3.3　《中华人民共和国防治船舶污染内河水域环境管理规定》概述

2.3.3.1　立法背景

随着内河航运的快速发展,长江等内河水域的环境压力日益增大,现行船舶污染防治的规定已不能满足内河水域环境保护工作的要求。根据《中华人民共和国水污染防治法》等法律法规的要求,《中华人民共和国防治船舶污染内河水域环境管理规定》(以下简称2015版《内河防污规定》)于2016年5月1日起正式施行,原交通部令2005年第11号令公布的《中华人民共和国防治船舶污染内河水域环境管理规定》同时废止。新的《中华人民共和国防治船舶污染内河水域环境管理规定》共8章55条,包括总则、一般规定、船舶污染物的排放和接收、船舶作业活动的污染防治、船舶污染事故应急处置、船舶污染事故调查处理、法律责任和附则。

2.3.3.2　适用范围及主管部门

2015年版《内河防污规定》将适用范围定义为"防治船舶及其作业活动污染中华人民共和国内河水域环境,适用本规定",并没有再将渔船和军队、武警的现役在编船舶单独排除。扩大了适用的船舶及适用范围,有利于更好地保护内河水域环境。

国务院交通主管部门主管全国防治船舶污染内河水域环境的管理工作,

国务院交通主管部门海事管理机构具体负责全国防治船舶污染内河水域环境的监督管理工作。

2.3.3.3 主要规定

(1)中国籍船舶防治污染的结构、设备、器材应当符合国家有关规范、标准,经海事管理机构或者其认可的船舶检验机构检验,并保持良好的技术状态。外国籍船舶防治污染的结构、设备、器材应当符合中华人民共和国缔结或者加入的有关国际公约,经船旗国政府或者其认可的船舶检验机构检验,并保持良好的技术状态。

(2)船舶经船舶检验机构检验可以免除配备相应的污染物处理装置的,应当在相应的船舶检验证书中予以注明。

(3)船舶应当依照法律、行政法规、国务院交通运输主管部门的规定以及中华人民共和国缔结或者加入的国际条约、协定的要求,具备并随船携带相应的防治船舶污染内河水域环境的证书、文书。

(4)船员应当具有相应的防治船舶污染内河水域环境的专业知识和技能,熟悉船舶防污染程序和要求,经过相应的专业培训,持有有效的适任证书和合格证明。从事有关作业活动的单位应当组织本单位作业人员进行防治污染操作技能、设备使用、作业程序、安全防护和应急反应等专业培训,确保作业人员具备相关防治污染的专业知识和技能。

(5)港口、码头、装卸站以及从事船舶水上修造、水上拆解、打捞等作业活动的单位,应当按照国家有关规范和标准,配备相应的污染防治设施、设备和器材,并保持良好的技术状态。同一港口、港区、作业区或者相邻港口的单位,可以通过建立联防机制,实现污染防治设施、设备和器材的统一调配使用。港口、码头、装卸站应当接收靠泊船舶生产经营过程中产生的船舶污染物。从事船舶水上修造、水上拆解、打捞等作业活动的单位,应当按照规定处理船舶修造、打捞、拆解过程中产生的污染物。

(6)150总吨及以上的油船、油驳和400总吨及以上的非油船、非油驳的拖驳船队应当制订《船上油污应急计划》。150总吨以下油船应当制定油污应急程序。150总吨及以上载运散装有毒液体物质的船舶应当按照交通运输部的规定制订《船上有毒液体物质污染应急计划》和货物资料文书,明确应急管理程序与布置要求。400总吨及以上载运散装有毒液体物质的船舶可以制订《船上污染应急计划》,代替《船上有毒液体物质污染应急计划》和《船上油污应急计划》。

（7）水路运输企业应当针对所运输的危险化学品的危险特性，制定运输船舶危险化学品事故应急救援预案，并为运输船舶配备充足、有效的应急救援器材和设备。

（8）港口、码头、装卸站的经营人以及有关作业单位应当制定防治船舶及其作业活动污染内河水域环境的应急预案，每年至少组织一次应急演练，并做好记录。

（9）依法设立特殊保护水域涉及防治船舶污染内河水域环境的，应当事先征求海事管理机构的意见，并由海事管理机构发布航行通（警）告。设立特殊保护水域的，应当同时设置船舶污染物接收及处理设施。

（10）在特殊保护水域内航行、停泊、作业的船舶，应当遵守特殊保护水域有关防污染的规定、标准。

（11）船舶或者有关作业单位造成水域环境污染损害的，应当依法承担污染损害赔偿责任。通过内河运输危险化学品的船舶，其所有人或者经营人应当投保船舶污染损害责任保险或者取得财务担保。船舶污染损害责任保险单证或者财务担保证明的副本应当随船携带。通过内河运输危险化学品的中国籍船舶的所有人或者经营人，应当向在我国境内依法成立的商业性保险机构和互助性保险机构投保船舶污染损害责任保险。具体办法另行制定。

（12）船舶污染事故引起的污染损害赔偿争议，当事人可以申请海事管理机构调解。在调解过程中，当事人申请仲裁、向人民法院提起诉讼或者一方中途退出调解的，应当及时通知海事管理机构，海事管理机构应当终止调解，并通知其他当事人。调解成功的，由各方当事人共同签署"船舶污染事故民事纠纷调解协议书"。调解不成或者在3个月内未达成调解协议的，应当终止调解。

2.3.3.4　先进性和适应性

为落实《大气污染防治法》和《大气污染防治行动计划》等要求，2015版《内河防污规定》从燃油质量、清洁能源和使用岸电三个方面，增加了船舶使用燃料标准的有关内容，明确船舶使用的燃料应当符合国家或地方有关标准，并鼓励船舶使用清洁能源，要求船舶靠港后应当优先使用岸电，减少船舶靠泊时对港口城市的大气污染。

各种船舶污染物禁排后，需要有足够的岸上接收和处置能力配套。交通运输部于2015年8月出台的《船舶与港口污染防治专项行动实施方案》要求，沿海和内河港口、码头、装卸站、船舶修造厂分别于 2017 年年底前 2020 年年底前具备船舶含油污水、化学品洗舱水、生活污水和垃圾等接收能力,并做好与市政公共处理设施的衔接,实现船舶污染物按规定处理。为加快推进船舶污染物接收设施建设,2015 版《内河防污规定》再次明确了港口、码头、装卸站以及从事船舶修造、打捞、拆解的单位应当接收靠泊作业船舶的污染物的义务。

2.3.4　《船舶水污染物排放控制标准》概述

2.3.4.1　标准发布时间和适用范围

《船舶水污染物排放控制标准》(GB 3552—2018),于 2018 年 1 月 16 日由中华人民共和国环境保护部与国家质量监督检验检疫总局联合发布,2018 年 7 月 1 日起实施,该标准为贯彻《中华人民共和国环境保护法》《中华人民共和国水污染防治法》《中华人民共和国海洋环境保护法》《中华人民共和国防治船舶污染海洋环境管理条例》等法律法规,保护环境、防治污染,促进船舶水污染物排放控制技术的进步,推进船舶污染物接收与处理设施建设,推动船舶及相关装置制造业绿色发展而制定。

该标准规定了船舶含油污水、生活污水的污染物排放控制要求和监测要求,含有毒液体物质的污水和船舶垃圾的排放控制要求,以及标准的实施与监督等内容。

该标准适用于中华人民共和国领域和管辖的其他海域内,船舶向环境水体排放含油污水、生活污水、含有毒液体物质的污水和船舶垃圾等行为的监督管理。不适用于为保障船舶安全或海上人员生命安全所必须的临时性排放行为。

2.3.4.2　标准相关内容

1.排放控制要求

(1)含油污水

该部分内容将在第 3 章介绍。

(2)生活污水

在内河水域,船舶生活污水应采用下列方式之一进行处理,不得直接排入环境水体:

① 利用船载收集装置收集,排入接收设施;

② 利用船载生活污水处理装置处理,达到表 2-1 规定要求后在航道中排放。

在内河水域,根据船舶类别和安装(含更换)生活污水处理装置的时间,利用船载生活污水处理装置处理的船舶生活污水分别执行相应的污染物排放限值。

① 在 2012 年 1 月 1 日以前安装(含更换)生活污水装置的船舶,向环境水体排放生活污水,其污染物排放控制按表 2-1(1)规定执行。

表 2-1(1)　船舶生活污水污染物排放限值(1)

序号	污染物项目	限值	污染物排放监控位置
1	五日生化需氧量(BOD$_5$)(mg/L)	50	生活污水处理装置出水口
2	悬浮物(SS)(mg/L)	150	
3	耐热大肠菌群数(个/L)	2500	

② 在 2012 年 1 月 1 日及以后(含更换)生活污水装置的船舶,向环境水体排放生活污水,其污染物排放控制按表 2-1(2)规定执行,应执行表 2-1(3)排放控制要求的船舶除外。

表 2-1(2)　船舶生活污水污染物排放限值(2)

序号	污染物项目	限值	污染物排放监控位置
1	五日生化需氧量(BOD$_5$)(mg/L)	25	生活污水处理装置出水口
2	悬浮物(SS)(mg/L)	35	
3	耐热大肠菌群数(个/L)	1000	
4	化学需氧量(COD$_{Cr}$)(mg/L)	125	
5	pH 值	6～8.5	
6	总氯(总余氯)(mg/L)	<0.5	

③ 在 2021 年 1 月 1 日及以后安装(含更换)生活污水处理装置的客运船舶,向内河排放生活污水,其污染物排放控制按表 2-1(3)规定执行。

表 2-1(3)　　船舶生活污水污染物排放限值(3)

序号	污染物项目	限值	污染物排放监控位置
1	五日生化需氧量(BOD$_5$)(mg/L)	20	
2	悬浮物(SS)(mg/L)	20	
3	耐热大肠菌群数(个/L)	1000	
4	化学需氧量(COD$_{Cr}$)(mg/L)	60	生活污水处理
5	pH 值	6 ~ 8.5	装置出水口
6	总氯(总余氯)(mg/L)	< 0.5	
7	总氮(mg/L)	20	
8	氨氮(mg/L)	15	
9	总磷(mg/L)	1.0	

在 2016 年 1 月 1 日及以后安装(含更换)生活污水处理装置的船舶,若生活污水处理过程中由于工艺需求等被稀释,五日生化需氧量、悬浮物、化学需氧量、总氮、氨氮、总磷的水污染物排放浓度按式(2-1)换算,耐热大肠菌群数、pH 值和总氯(总余氯)仍以实测浓度作为水污染物排放浓度。

$$\rho = \frac{Q_e}{Q_i} \cdot \rho_实 \tag{2-1}$$

式中:ρ—— 水污染物排放浓度(mg/L);

　　　Q_e—— 混入稀释水后,生活污水处理装置的出水流量(m^3/d);

　　　Q_i—— 进入生活污水处理装置进行处理的生活污水的流量(m^3/d);

　　　$\rho_实$—— 水污染物实测浓度(mg/L)。

在饮用水水源保护区内,不得排放生活污水,同时应按规定对控制措施进行记录。

(3)含有毒液体物质的污水

内河禁止排放含有毒液体物质的污水。

(4)船舶垃圾

内河禁止倾倒船舶垃圾。

3　防治内河船舶油类污染

3.1　内河船舶含油污水的来源与特性

3.1.1　内河船舶含油污水的来源

船舶含油污水包括油船的压载水、洗舱水和船舶机舱舱底水。

3.1.1.1　油船压载水

压载水的作用是船舶在营运过程中用来改变和调整船舶的吃水,从而得到船体纵、横向的平衡和安全的稳心高度,减少船体的共振现象,以及避免出现过大的弯曲力矩、剪切力和改善空船适航性等。通过调节、调驳各压载水舱中的压载水量可顺利地完成上述任务。船舶空载航行时,为确保安全航行,必须装载一定量的压载水。

对于没有专用压载舱的油船,当油船空载航行时,为保证航行安全,将一部分货舱(未经清洗)装载水来增强船舶的稳性和抗风浪能力。由于残留油与水混合,因此这种水称为含油污水,这种压载水叫脏压载水。油船再次装载货油之前需将脏压载水排出,因此脏压载水成为船舶含油污水来源之一。

对于有专用压载舱的新造油船,当空载航行时,专用压载舱装满压载水,此时的压载水中没有油,称为清洁压载水,不会对内河造成污染。而当天气、水文条件不好时,油船空载航行,船长认为光靠专用压载舱是不能证明航行安全的,除了把专用的压载舱装满水以外,还应向一部分货舱当中装水,以此来增强船舶的稳性和抗风浪能力。因此,这类油船在一般情况下没有含油污压载水,但当天气和水文条件不好时,仍会有含油压载水产生。

3.1.1.2　油船洗舱水

油船洗舱水是油船清洗货舱而产生的含油污水。由以下两种情况会产生含油污水:

(1)船舶进厂修理前,必须将舱内残存的油冲洗干净才能进行修理。为清洗干净,通常用淡水清洗油舱,因而会产生大量含油污水。

(2)当油船更换运油品种时,为保证运油质量,必须清洗货油舱,因此会产生含油的洗舱水。

3.1.1.3　机舱舱底水

船舶机舱是船舶动力装置的舱室,内部装有各种动力机械和管路系统。舱底水是机舱内各种阀门和管路中漏出的水与机器在运转时漏出的润滑油、主副机燃料油以及加油时的溢出油、机械及机舱防滑铁板洗刷时产生的油污水等混合在一起的含油污水。

机舱舱底水主要来自以下几个方面:

(1) 机舱内冷却管路的海水、淡水的漏泄;

(2) 燃油和润滑油管路的燃料油、润滑油的漏泄;

(3) 蒸汽管路冷凝水漏泄;

(4) 水柜、油柜及机械设备中油、水的漏泄和泄放;

(5) 尾轴填料箱处的漏水和冷却润滑水;

(6) 甲板开口处水密性不良引起的漏泄;

(7) 水线附近甲板和舱室的疏水泄放至舱底;

(8) 扑灭火灾用消防水;

(9) 船体破损后的大量进水等。

3.1.2　内河船舶含油污水的特性

在研究或选择船舶含油污水处理技术时,必须了解船舶含油污水的特性,即油污水的水量、水质以及排放要求等。因为水质和排放标准决定着处理方法、工艺流程和技术设施的选择,而水量的多少影响着处理设施的规模的确定,也就是说了解水质水量,才能采用适当的方法和技术,选择相应的工艺流程,达到排放标准,以便经济、合理地处理船舶含油污水。

3.1.2.1　油船压载水

油船专用压载舱内的压载水不含油分,可直接排放。其他压载水中含有油分,按油在污水中存在的状态,一般分为浮上油、分散油和乳化油3种。

(1) 浮上油:粒径大于 $50\mu m$ 的油粒,经静置一段时间后,能自行上浮到水表面并形成油膜,当油膜厚度大于 1mm 时,可明显看到油污水表面变成褐色或黑色油层。此种油占压载水含油量的绝大部分。

(2) 分散油:油粒直径较小,一般为几十微米($10\sim50\mu m$),分散在水中,经较长时间静置后,粒径较大的油粒才能与水分离上浮到表面,多数粒径较小的油粒,在压载舱存留这段时间内,不能与水分离上浮到表面,一直分散在水中。

(3) 乳化油:粒径小于 $10\mu m$ 的油粒由于使用界面活性剂或机械作用,油乳化与水形成稳定的乳化液,这种乳化液仅靠静置难以与水分离。

含油压载水与洗舱水、舱底水相比,油品乳化程度低,品种单一。压载水含油量一般为 $1000 \sim 3000mg/L$,但绝大多数是浮上油和分散油,乳化油很少,故处理较容易。

如果压载水排到岸上处理,需经过一次用泵,与在油船内测定的情况相比,乳化程度要高,但与洗舱水和舱底水相比,乳化程度还是较低的。

另外,油船压载水中含有泥沙,含泥量的多少也是处理场设计中的一个主要参数,它关系到除油和除泥方法、设备以及处理设施规模等。泥沙来自泵入油船的压载水,水中含泥量随内河水系的不同会有一定的差异性,且与季节有关,洪水季节含泥量多,枯水季节则少。油船压载水的含泥量一般都在千分之一以下,并且压载水中含的泥,在水中呈悬浮状态,要经过相当长时间才能下沉,而且往往和污油掺混在一起,呈黑色。

3.1.2.2　油船洗舱水

(1) 洗舱水的水量

经统计,内河行驶的油船一般小于 5 千吨级,一艘 5 千吨级油船,洗舱水每次约为 1000 t,占载重量的 20% 左右。设有原油洗舱系统的油船,洗舱水可减至载重量的 5% 以下。

(2) 洗舱水的水质特点

洗舱水中除水以外的成分主要是油、泥和铁锈及微量的酚等。洗舱水的含油量一般为 $30000mg/L$ 左右。一般未经处理的洗舱水排至岸上时,其含油量为 $1\% \sim 3\%$。

内河船舶的洗舱水主要为淡水,水中油分的乳化程度比压载水高,因为洗舱时需用高压热水冲洗,有的还使用洗涤剂。油水充分混合,故乳化程度高。对洗舱水进行观测表明:将洗舱水排入处理船上一个深 10m、容积为 $2000m^3$ 的舱内,分别静置分离 1h、4h 和 8h,取样化验,从结果可以看出,含油量在 $30000mg/L$ 以下的洗舱水,经 1h 的静置分离,可降到 $150mg/L$ 以下,平均为 $84.5mg/L$。经 4h 的静置分离,可降到 $100mg/L$ 以下,平均为 $36.8mg/L$。经 8h 的静置分离可降到 $60mg/L$ 以下,平均为 $23.1mg/L$。

洗舱水中污泥量大,主要是洗舱时舱壁上铁锈和污泥黏在一起。这些污泥相对密度较大,经静置很快会沉淀,洗完舱后作为泥渣被排出。

3.1.2.3　机舱舱底水

(1) 机舱舱底水的水量

机舱舱底水的水量与船舶的新旧程度有关,还与航行、停泊作业时间的长短和维修及管理状况有关。一般一艘船舱底水平均每天产生量是船舶总吨的 $0.02\% \sim 0.05\%$,每年为该船总吨位的 10% 左右。

(2) 机舱舱底水的水质特点

机舱舱底水中的油是船上所用各种燃油和滑油的混合物。舱底水成分极为复杂,除含多种油分和机械杂质外,在机舱清洗时还会有清洗剂成分,它将使油乳化。舱底水含油量变化范围很大,受诸多因素影响,即使同一条船,不同时期、不同航运状态,其含油量也不相同。机舱舱底水中的油一般也呈三种物理状态,即浮上油、分散油和乳化油。机舱舱底水须经油水分离器分离达到排放标准以后排放入内河,或排到岸上污水处理接收站和污水接收船。

3.2　内河船舶油类污染的相关法律法规和管理规定

3.2.1　《中华人民共和国防治船舶污染内河水域环境管理规定》关于防油类污染的要求

3.2.1.1　关于防止油类污染的相关规定

为加强对防治船舶污染内河水域环境的监督管理,保护内河水域的环境及资源,促进经济和社会的可持续发展,根据《水污染防治法》、《中华人民共和国水污染防治法实施细则》等法律、行政法规,中华人民共和国交通运输部于 2015 年 12 月 31 日颁布了《中华人民共和国防治船舶污染内河水域环境管理规定》(交通运输部令 2015 年第 25 号),自 2016 年 5 月 1 日起施行。

(1)150 总吨及以上的油船、油驳和 400 总吨及以上的非油船、非油驳的拖驳船队应当制订《船上油污应急计划》。150 总吨以下油船应当制定油污应急程序。

(2) 禁止在内河水域使用溢油分散剂。

(3)150 总吨及以上的油船、油驳和 400 总吨及以上的非油船、非油驳的拖驳船队应当将油类作业情况如实、规范地记录在经海事管理机构签注的"油类记录簿"中。150 总吨以下的油船、油驳和 400 总吨以下的非油船、非油驳的拖驳船队应当将油类作业情况如实、规范地记录在"轮机日志"或者"航行日志"中。船舶应当将使用完毕的"油类记录簿""货物记录簿"在船上保留 3 年。

（4）在长江、珠江、黑龙江水系干线作业量超过 300 吨和其他内河水域超过 150 吨的船舶，在进行散装持久性油类的装卸和过驳作业（船舶燃油供应作业除外）时，港口、码头、装卸站应当采取包括布设围油栏在内的防污染措施，其中过驳作业由过驳作业经营人负责。

（5）船舶超过标准向内河水域排放含油污水、未按规定使用溢油分散剂等情形，由海事管理机构责令改正，并处以 2 万元以上 3 万元以下的罚款；船舶未按规定如实记录油类作业，未按规定保存"油类记录簿"，在港从事水上船舶清舱、洗舱、污染物接收、燃料供受、修造、打捞、污染清除作业活动，未按规定向海事管理机构报告等情形由海事管理机构责令改正，并处以 3000 元以上 1 万元以下的罚款；未按规定采取布设围油栏或者其他防治污染替代措施的情形，由海事管理机构责令改正，并处以 1 万元以上 3 万元以下的罚款。

3.2.1.2　防污染管理新要求

（1）《内河防污染规定》开辟了船舶污染物处理装置的免除通道。25 号令第五条第三款新增加了"船舶经船舶检验机构检验可以免除配备相应的污染物处理装置的，应当在相应的船舶检验证书中予以注明"。长期以来，内河船舶的油水分离器等船舶污染物处理设施形同虚设，一方面造成了资源浪费，另一方面也给船舶逃避监管提供了借口。25 号令从实际出发，对航程短、污染物产生数量少的船舶鼓励其配备船舶污染物接收设施，统一排岸，开辟了免于配备污染物处理装置的通道；

（2）《内河防污染规定》新增船舶污染损害民事责任保险的要求。25 号令第十一条规定"船舶或者有关作业单位造成水域环境污染损害的，应当依法承担污染损害赔偿责任"。

（3）《内河防污染规定》新增禁止在内河水域使用溢油分散剂的要求。根据 11 号令的管理要求，溢油分散剂作为溢油处置的应急物资之一是需要取得许可后才能使用的，但一方面由于内河水域的相对封闭性，溢油分散剂的使用是否造成二次污染尚未可知；另一方面，海事管理部门在实际工作中受理溢油分散剂的使用许可数量极少，且对是否给予许可多数不能给出专业性的建议。所以，25 号令在第十三条中规定禁止在内河水域使用溢油分散剂。

3.2.1.3 防污染要求调整和取消的内容

该规定调整了围油栏布设的工作要求。一是调整了围油栏布设作业的对象。由"长江、珠江、黑龙江水系干线超过 300 总吨和其他内河水域超过 150 总吨的船舶"调整为"在长江、珠江、黑龙江水系干线作业量超过 300 吨和其他内河水域超过 150 吨的",将船舶总吨要求调整为作业量的要求,既与沿海监管规定一致,又充分考虑了货物实际泄漏量的问题。二是调整了围油栏布设的主体。布设主体由原来从事作业的船舶调整为港口、码头、装卸站,主要是港口公共服务提供的必要性要求,理顺了港口、船舶在围油栏布设方面的责任关系,同时,也减少了船舶因不了解当地情况而盲目受骗的可能。三是调整了替代措施的实施要有,将"因自然条件或其他原因限制"调整为"因自然条件等原因",布设主体原则上除自然条件外不得采取替代措施。

该规定取消了 11 号令第十八条围油栏布设方案和采取的替代措施在作业前报海事管理机构备案的要求;取消了 11 号令第二十条"船舶在港口进行排放压载、洗舱和机舱污水以及残油、含油污水等其他残余物质时应当事先按照有关规定报经海事管理机构批准"的许可要求。船舶排放压载、洗舱和机舱污水以及残油、含油污水等其他残余物质的许可要求在《水污染防治法》中已有相关的表述。

3.2.2 《船舶水污染物排放控制标准》关于防治油类污染的要求

为贯彻《中华人民共和国环境保护法》、《中华人民共和国水污染防治法》等法律,保护环境,防治污染,促进船舶水污染物排放控制技术的进步,推进船舶污水等污物接收设施建设,推动船舶及相关装置制造业绿色发展,环境保护部和国家质量监督检验检疫总局于 2018 年 1 月 16 日联合发布了《船舶水污染物排放标准》,于 2018 年 7 月 1 日正式实施。该标准中提出并规定中华人民共和国管辖水域内船舶向环境水体排放含油污水等水污染物的排放限值、监测要求以及正式标准的实施与监督要求。

3.2.2.1 含油污水排放控制要求

(1)排放控制要求

船舶含油污水排放控制要求见表 3-1。

表 3-1　船舶含油污水排放控制要求

污水类别	水域类别	船舶类别	排放控制要求
机器处所油污水	内河	2021 年 1 月 1 日之前建造的船舶	自 2018 年 7 月 1 日起,按表 2-1 执行或收集并排入接收设施
		2021 年 1 月 1 日及以后建造的船舶	收集并排入接收设施
含货油残余物的油污水	全部油船		自 2018 年 7 月 1 日起,收集并排入接收设施

机器处所油污水污染物排放控制限值见表 3-2,排放应在船舶航行中进行。

表 3-2　船舶机器处所油污水排放浓度限值

污染物项目	限值	污染物排放监控位置
石油类(mg/L)	15	油污水处理装置出水口

3.2.2.2　监测要求

(1)船舶机器处所油污水的采样按 JT/T 409 执行。

(2)船舶机器处所油污水的污染物测定采用表 3-3 所列的方法标准。

表 3-3　船舶机器处所油污水污染物测定方法标准

序号	污染物项目	检测方法标准名称	标准编号
1	化学需氧量(COD_{Cr})	水质　化学需氧量的测定　重铬酸盐法	GB 11914
2	悬浮物(SS)	水质　悬浮物的测定　重量法	GB 11901
3	pH 值	水质 pH 值的测定　玻璃电极法	GB 6920
4	石油类	船舶污水处理排放水水质检验方法　水中油含量检验法	GB/T 3328.5

(3)采用污染物排放监控位置的监测依据,作为判定排污行为达标与否的依据。

3.2.2.3　实施与监督

(1)国务院环境保护主管部门负责对标准的实施进行指导、协调和监督。

（2）国家海事主管部门和国家渔业主管部门分别按照法律法规和标准规定，对各类船舶排放水污染物行为实施监督管理。

3.3　含油污水的处理方法

油水分离的方法较多，有物理分离法、化学分离法、电浮分离法和生物化学法等。物理分离法是利用油水密度差或过滤吸附等物理现象使油水分离的方法，特点是不改变油的化学性质而将油水分离，主要包括重力分离法、过滤分离法、聚结分离法、气浮分离法、吸附分离法、超滤膜分离法及反渗透分离法等。化学分离法是向含油污水中投放絮凝剂或聚集剂，其中絮凝剂可使油凝聚成凝胶体而沉淀，而聚集剂则使油凝聚成胶体使其上浮，从而达到油水分离的目的。电浮分离法是把含油污水引进装有电极的舱柜中，利用电解产生的气泡在上浮过程中附着油滴而加以分离，从而实现油水分离，实际上是一种物理化学分离方法。此外，乳化油可用活性污泥法（生物化学法）分离。就目前船用油水分离器而言，主要还是采用物理分离的方法。

3.3.1　物理分离法

3.3.1.1　重力分离法

重力分离法是利用油和水的密度差，使水中油滴克服水流阻力上浮与水分离的一种方法。

如将油污水中分散的油粒看作是刚性球体，而且在水中上浮只受重力、水体浮力和水流阻力作用，油粒之间互不干扰，在理想状态下运动，则油滴所受重力 G 和浮力 P 分别由下式计算：

$$G = \frac{\pi d^3}{6} P_0 g \tag{3-1}$$

$$P = \frac{\pi d^3}{6} \rho g \tag{3-2}$$

式中：d—— 油粒直径（m）；

　　ρ_0—— 油的密度（kg/m³）；

　　ρ—— 水的密度（kg/m³）；

　　g—— 重力加速度（m/s²）。

油粒浮升与颗粒沉降性质基本相同，因此，一般均用球体沉降的运动规

律来说明油粒浮升规律,则油粒上浮所受阻力可用牛顿阻力公式表示,即

$$F = \lambda \cdot \frac{\pi d^2}{4} \cdot \frac{\rho u^2}{2} \tag{3-3}$$

式中 u 为油粒上浮速度(m/s),λ 为阻力系数。

阻力系数由雷诺数 Re 决定,当 $0.2 < Re < 2$ 时,颗粒运动只受黏滞力控制,处于层流状态,λ 与 Re 成反比关系,可近似表示为

$$\lambda = \frac{24}{Re} = \frac{24}{\dfrac{du\rho}{\mu}} = \frac{24}{du\rho} \mu \tag{3-4}$$

根据牛顿第二定律,可列出油粒上浮时力平衡方程式如下,

$$m \frac{\mathrm{d}u}{\mathrm{d}t} = P - F - G \tag{3-5}$$

式中:m—— 油粒质量(kg)。

当油粒等速上浮,即 $\mathrm{d}u/\mathrm{d}t = 0$ 时,则

$$P - G - F = 0 \tag{3-6}$$

将式(3-1)、(3-2)、(3-3) 和(3-4) 代入式(3-6) 得到油粒上浮速度表达式

$$u = \frac{(\rho - \rho_0) d^2 g}{18\mu} \tag{3-7}$$

式中:μ—— 水的动力黏度系数(Pa・s)。

该式称为斯托克斯定律。

当 $2 < Re < 500$ 时,油粒运动受黏滞力和惯性力控制,称为过渡状态,这时阻力系数与雷诺数的关系比较复杂,油粒上浮速度需用经验公式来计算。不同试验条件所得 λ 与 Re 的关系式不一样,通常用所谓中间定律计算油粒上浮速度,此时 $\lambda = 18.5/Re^{0.5}$,则

$$u = \frac{0.135 g^{0.714} (\rho - \rho_0)^{0.714} d^{0.714}}{\rho^{0.29} \cdot \mu^{0.43}} \tag{3-8}$$

当 $Re > 500$ 时,油粒运动受惯性控制,称为紊流状态,阻力系数 λ 又近似于常数,根据经验求得 $\lambda = 0.43$,则

$$u = 1.74 \sqrt{\frac{g(\rho - \rho_0) d}{\rho}} \tag{3-9}$$

实际上油粒上浮过程很复杂,绝不是理想运动状态,受很多因素影响。如进出口水流、紊流的影响,油粒之间相互碰撞、干扰的影响,污水温度、水质、

杂质沉降絮凝的影响等。所以在实际应用时,必须对单个油粒在静水中上浮的斯托克斯定律进行修正,一般用下式计算,

$$u = \beta g \frac{(\rho - \rho_0)d^2}{18\mu\varphi} \qquad (3\text{-}10)$$

式中:β—— 污水中上浮速度的降低系数,通常取 0.95;

$\quad\quad \varphi$—— 水流不均匀紊流等影响修正系数,通常取 $1.35 \sim 1.5$。

用重力分离法能否在较短时间内将油水分离,取决于油粒上浮速度,而影响上浮速度的主要因素是油粒直径及油水密度差。另外由于水的黏滞系数、油和水的密度都随温度的变化而发生较大变化,因此,温度对上浮速度也有直接影响。图 3-1 所示是不同品种油粒上浮速度与油粒直径的关系曲线。

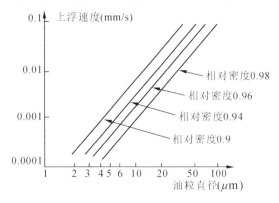

图 3-1　油粒上浮速度与油粒直径关系曲线

重力分离法的优点是结构简单、操作方便,缺点是只能分离自由状态的油,而不能分离乳化状态的油。一般认为油粒直径小于 $50\mu m$ 就很难分离。

重力分离法如按其作用方式的不同,还可分为机械分离、静置分离和离心分离 3 种。

(1)机械分离法

机械分离法是让含油污水流过斜板、波纹板细管和滤器等,使之产生涡流、转折和碰撞,以促使微小油粒聚集成较大的油粒,再经密度差的作用而上浮,从而达到分离的目的。

(2)静置分离法

静置分离法是将含油污水贮存在舱柜内,在单纯的重力作用下经过沉淀,油液自然上浮从而达到分离的目的。这种方法需要较长的时间和较大的装置,同时也难以连续使用。

（3）离心分离法

离心分离法是利用高速旋转运动产生的离心力，使油、水在离心力和密度差的作用下实现分离，它的特点是油污水在分离器中的停留时间很短，所以分离器体积较小。

同样将油粒看成是直径为 d 的刚性球体，在理想运动情况下，油粒随水一起回转时，在离心力场中所受离心分离力即离心浮上力为

$$F_1 = \frac{\pi}{6}d^3(\rho - \rho_0)r \cdot \omega^2 \tag{3-11}$$

式中：r—— 油粒回转半径（m）；

$\qquad \omega$—— 油粒回转角速度（rad/s）。

油粒相对水的流动是层流状态，根据斯托克斯定律，油粒所受阻力为

$$F = 3\pi \cdot \mu \cdot d \cdot u_s \tag{3-12}$$

式中：u_s—— 油粒离心分离速度（m/s）。

当离心分离力等于阻力时，油粒分离速度为常数，即 $F_1 = F$，则

$$u_s = \frac{(\rho - \rho_0)d^2 r\omega^2}{18\mu} \tag{3-13}$$

比较式（3-7）和（3-13）可得

$$\frac{u_s}{u} = \frac{r \cdot \omega^2}{g} \tag{3-14}$$

由此说明离心分离速度是重力分离速度的 $\frac{r\omega^2}{g}$ 倍，此倍数称为分离因数，用 f 表示。

离心分离法，可采用水旋分离法，即分离器本体固定不动，而使污水沿切线方向流入分离体内，形成旋转运动。也可采用器旋分离法，即分离器本体高速旋转，并带动体内污水一起高速旋转。

3.3.1.2　过滤分离法

过滤分离法是让油污水通过多孔性介质滤料层，油污水中的油粒及其他悬浮物被截留，去除油分的水通过滤层排出。这种油水分离的过程主要是通过滤料层阻截作用，将油粒及其他悬浮物截留在滤料表面。另外具有很大表面积的滤料对油粒及其他悬浮物的物理吸附作用和对微粒的接触媒介作用，增加了油粒碰撞机会，使小油粒更容易聚合成大油粒而被截留。

过滤法所用滤料主要有石英砂、卵石、煤屑、焦炭等粒状介质，和由棉、

麻、毛毡、各种人造纤维与金属丝织成的滤布,以及特制的陶瓷塑料制品。这些滤料共同的特点是化学稳定性好,不易溶于水,一般不与污染物质起化学反应,不会产生有害或有毒的新污染物,同时还具有足够的机械强度。因滤料达到饱和状态后,必须进行反冲洗,使滤料重新获得良好过滤性能,如滤料强度不够,会在反冲洗时由于不断碰撞和摩擦而产生粉末,并随冲洗水流一起流失掉,增加滤料损耗;反过来,在过滤时粉末又会聚积于滤料表层,增加流动阻力,使过滤质量恶化。

使用粒状介质做滤料时,要依据过滤要求及工艺条件选用适宜的滤料粒径范围及在此范围内各种粒径的数量比例。在一定范围内还应尽可能选用孔隙率大的滤料,即滤料的孔隙体积与整个滤层体积的比值大,水力流阻力小,滤层含污能力大,过滤效果好。

用粒状介质组成的滤料层,理想的状态应是各层粒径沿水流方向逐渐减小。这样整个滤料的作用都能充分发挥出来,含污能力高,水力损失速度慢,过滤层使用时间增长。如仅用一种滤料做成滤层,当水流方向自上而下流动时,实际难以保持粒径自上而下逐渐减小的状态。因为反冲洗时,整个滤层处于悬浮状态,而且必然有粒径大、质量大的滤料悬浮在下层,粒径小、质量小的滤料悬浮于上层,反冲洗停止后,就会自然形成粒径上小、下大的滤层,这样的滤层对过滤是很不利的。因此,为提高滤料过滤性能,可改变水流方向或采用两种以上滤料组成多层滤料层。

任何一种滤料对污染物的过滤能力都是有一定限度的,随着使用时间的增长,过滤效果会越来越差,在滤料达到饱和以后,必须进行反冲洗,使滤料重新具有良好过滤性能。

3.3.1.3　聚结分离法

聚结分离法是一种精细的分离方法,在微小油粒通过多孔材料的同时,让它们互相碰撞以使油粒聚合增大,从而上浮和分离。在这种分离过程中,由于微小油粒逐渐聚合长大,因此这种分离过程称为聚结,也叫作粗粒化过程。粗粒化的程度与聚结元件的材料选择以及材料充填的高度和密度等有关。聚结分离法特别是用在油污水的深度处理上是很有价值的,这一方法最初被人们用来从油中除去微量的水,20世纪70年代以后大量地被应用在水中除油。油粒聚结的过程,目前较为一致的看法是,油粒在聚结材料表面被截留、成长、剥离而使微油滴转变成粗大油粒,迅速上浮而被除去,一般情况下能将油

污水中 $5\sim10\mu m$ 油粒全部除去,甚至更小的油粒也能除去。该法效果好,设备紧凑,占地面积小,一次投资低,便于分散处理且运行费用低,不产生任何废渣,不产生二次污染。

（1）聚结作用理论

关于聚结除油的机理,目前尚处在探讨阶段,还未形成统一的理论。总的来说,有两种理论,即"润湿聚结"和"碰撞聚结"。

"润湿聚结"理论是建立在亲油性粗粒化材料的基础上,当含油废水流经由亲油性材料组成的粗粒化床时,分散油粒便在材料表面润湿附着。这样材料表面几乎全被油粒包住,再流来的油粒更容易润湿附着在上面,因而附着的油粒不断聚结扩大并形成油膜。由于浮力和水流的冲击作用,油膜开始脱落,于是材料表面得到一定程度的更新。脱落的油膜到水中仍形成油粒,该油粒粒径比聚结前的油粒粒径更大,从而达到粗粒化的目的。

"碰撞聚结"理论是建立在疏油性材料的基础上,无论由粒状的还是纤维状的粗粒化材料组成的粗粒化床,其空隙均构成互相连通的通道,像无数根直径很小弯曲交错的微管。当含油废水流经该床时,由于粗粒化材料是疏油的,两个或多个油粒有可能同时与管壁碰撞或者互相之间碰撞,其冲量足以使它们合并成为一个较大的油粒,从而达到粗粒化的目的。

当然,无论是亲油的还是疏油的材料,两种聚结都是同时存在的,只是前者以"润湿聚结"为主,也有"碰撞聚结",原因是废水流经粗粒化床时,油粒之间也有碰撞;后者以"碰撞聚结"为主,也有"润湿聚结",原因是当疏油性材料表面沉积油粒时,该材料便有亲油性,自然有"润湿聚结"现象。因此无论是亲油性材料还是疏油性材料,只要油粒直径合适,都会有比较好的粗粒化效果。

（2）聚结分离的关键

从聚结过程来看,影响聚结分离的一个重要因素是材料与油粒之间的表面作用,首先是油粒能顺利地附着在材料的表面,并且能在材料表面展开而形成较厚的油,最后在水流的带动下,以大油粒脱落,如图 3-2 所示。显然这一相互之间的关系可以用润湿来说明,即只有当材料能很好地为油所润湿时,这种情况才能发生。润湿可以用接触角来量度,如图 3-3 所示,如果 $\theta<90°$ 则发生润湿,如果 $\theta>90°$ 则不能润湿。

图 3-2 聚结过程

图 3-3 润湿与接触角

在两个相混溶的液相(如油和水)之间研究固液界面,必须提及 Reinders 的工作,Reinders 提出固体的润湿取决于三个界面张力之间的关系。图 3-4 所示有三种情况。

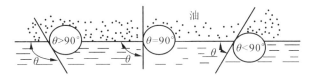

图 3-4 界面张力与润湿

若 $F_{SO} > F_{SW} + F_{WO}$,固体在水中;$F_{SW} > F_{SO} + F_{WO}$,固体在油中;$F_{WO} > F_{SO} + F_{SW}$,或三个张力没有一个大于其他两者之和,则固体在水、油界面间,这种情况可表示为

$$F_{SO} - F_{SW} = F_{WO} \cdot \cos\theta$$

式中:F_{SO}—— 固油界面张力;

F_{WO}—— 水油界面张力;

F_{SW}—— 固水界面张力。

$\theta < 90°$,固体大部分在水中;$\theta > 90°$,固体大部分在油中;$\theta = 90°$,固体在中间。

所以,接触角的测定、润湿性的判断,对选择聚结材料十分重要。此外,油的表面张力(F_{LV})与聚结材料的临界表面张力(F_c)之间,如果 $F_c > F_{LV}$,则油就能润湿材料。表面张力的测量比较困难,尤其对细小粒料及纤维几乎不可能测量。L. R. Madi 提出了用气相色谱来测定比润湿的方法。将粗粒化剂装入气相色谱柱子中,在一定温度下注入蒸馏水及正己烷,注入后通过色谱柱,以热导池为检测器,测定水及正己烷的保留时间 t_w 和 T_h,取 $R = t_w/T_h$。Madic 做了一些测定,结果见表 3-4,

表 3-4　比湿润与除油效率的关系

粗粒化剂	$T_h(s)$	$t_w(s)$	$R = T_h/t_w$	除油率(%)
无烟煤	8	32	0.25	10.1
石英砂	8.5	7.5	1.13	77.1
聚丙烯	31	11	2.82	87.2
XAD-2	167	17	9.82	96.1

从实际看,材料的润湿是它能否作为聚结材料的关键,但必须说明的是这是一个表面作用,某些情况下从材料来看并不理想,但经过表面处理是可以获得理想效果的。

（3）影响聚结作用的因素

① 聚结材料的基本特性

A. 聚结材料亲油疏水性好,材料易为油所润湿,而不会被水润湿,可以滞留一定的油量,从而转变成大油粒。但过强的亲油性会使聚结材料在水流冲击下易生成油包水的缺点,所以在外层最好用亲水材料封套,防止产生油包水,或使用恰当的亲油材料。

B. 耐油性好,材料不能为油所溶胀或浮解。

C. 不产生板结,防止阻力的增加。

D. 比表面积大,以提高有效表面积。

E. 有一定的机械强度。

② 聚结床层的特性

A. 聚结材料应有一定的填充密度,从理论上讲,虽然极细微的油粒也能用聚结方法除去,如果按极细微的油粒为目标设计元件,则聚结材料密度很高,空隙率很低,相对而言阻力很大,容易为固体悬浮物堵塞,使用寿命短。考虑到这些因素,较现实的设计方案应根据油污水的水质情况来确定,一般能除去 $5\mu m$ 左右的油粒即可,无须做到一点油也不放过,填充密度一般控制在 $0.05 \sim 0.15 g/cm^3$。

B. 通过速度一般为 $0.1 \sim 10 cm/s$,过小则不利于处理,过大则聚结过程不易完成,使出水质量受到影响。

C. 油污水中表面活性剂会产生影响,使油粒在油污水中稳定性提高。

D. 其他方面的影响。如纤维的纤度一般大于15D,则处理效果较差,纤度越大效果越差。在流向问题上平行流向比垂直流向在确保相同流量的条件下,压降要低而且出水状态也要好。此外,原水的含油量、硫化物的含量、pH值、温度及床层厚度等均对聚结作用有一定的影响。

3.3.1.4 气浮分离法

(1)气浮原理

气浮就是通过产生气泡将污水中的细微油粒吸附上浮,从而达到油水分离的目的。气浮有时还同时加入凝聚剂,借以提高气浮的效果。对于含油污水,一般无须投加凝聚剂,因为细微粒本身就有黏到气泡上的趋势,所以近年来国内外开始利用气浮法来处理油污水。

气浮原理可以从表面张力现象来说明。由于液体表面分子所受的分子引力和液体内部分子所受的分子引力是不同的,如图3-5所示,表面分子受到不均衡的力。这种不均衡的力要把表面分子拉向液体内部,并力图缩小液体表面积。这种力就是液体表面张力。

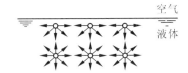

图 3-5 液体表面和内部分子受力示意图

当质量很小时,液体由于表面张力就力求成为球形,使表面积最小,如欲增大液体的表面,就须做功,以克服分子间的吸引力,才能使分子由内部转移到表面。因此,液体表层分子比内部分子具有多余的能量,即表面能,可表示为

$$W = F \times S \tag{3-15}$$

式中:W —— 表面能;

F —— 表面张力;

S —— 表面积。

表面能也有力图减小至最小的趋势。

在两种互不相混合的液体(例如石油和水)接触所产生的界面之间,两种液体不同的表面分子同样也因受力不均衡而产生表面张力,称为界面张力,见图3-6。水与油的界面张力可近似地写成

$$F_{水/油} = F_水 - F_油 \tag{3-16}$$

式中:$F_水$ —— 水与空气界面的表面张力;

$F_油$ —— 油与空气界面的表面张力。

同样,它们之间所产生的能量差异称为界面能,即

$$W' = F' \times S' \tag{3-17}$$

式中:W' —— 界面能;

F' —— 界面张力;

S' —— 界面面积。

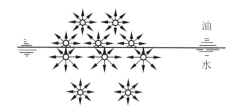

图 3-6　互不相溶液体界面和内部受力示意图

界面能也有减小至最小的自然趋势,所以水中细微油粒都呈球形。同样的体积,球的表面积最小,而且都有自然黏聚的趋势,所以液体黏聚后可以有更小的界面总面积。

当把空气注入含油污水中时,为了最大限度地减小界面能,油粒同样也具有黏附到气泡上的趋势。但并非任何物质都能黏附到气泡上,这取决于该物质被水润湿的程度。各种物质对水的润湿性,可用它与水的接触角 θ 来表示(以对着水的角度为准)。接触角 $\theta > 90°$ 者称为疏水性物质,$\theta < 90°$ 者称为亲水性物质。这可从图 3-7 中物质的水接触面积的大小看出。

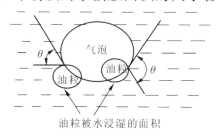

图 3-7　亲水和疏水性物质接触角示意图

当气泡与油粒共存于水中时,在未黏附以前,它们各自独立存在,在油粒和气泡的单位面积上的界面能分别为 $F_{水/油} \times 1$ 和 $F_{水/气} \times 1$,这时单位面积上的界面能之和为

$$W_1 = F_{水/油} + F_{水/气} \tag{3-18}$$

因为界面能有力求减小的趋势,当油黏附在气泡上时,界面能减小了,如

图 3-8 所示。在黏附面的单位面积上的界面能为 $W_2 = F_{气/油}$。

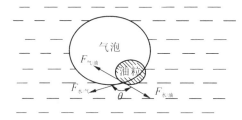

图 3-8 颗粒与气泡黏附后水、油粒、气泡间界面张力

$$\Delta W = W_1 - W_2 = F_{水/油} + F_{水/气} - F_{气/油} \tag{3-19}$$

此能量即转化为挤开水膜所做的功。

当油粒、水、气泡三者处于平衡状态时,三相界面张力的关系为

$$F_{水/油} = F_{水/气}\cos(180° - \theta) + F_{气/油} \tag{3-20}$$

代入式(3-20)得

$$\Delta W = F_{水/油} + F_{水/气} - (F_{水/油} + F_{水/气}\cos\theta) = F_{水/气}(1 - \cos\theta) \tag{3-21}$$

由式(3-21)可见,在水中并非所有物质都能黏附到气泡上。当 $\theta \to 0°$ 时, $\cos\theta \to 1$,$(1 - \cos\theta) \to 0$,界面能差值 $\Delta W \to 0$,表明这样的物质亲水性强,无力挤开水膜,故不能与气泡黏附而气浮。当 $\theta \to 180°$ 时,$\cos\theta \to -1$,$(1 - \cos\theta) \to 2$,则这种物质容易被气浮。例如分散在水中的乳化油,$\theta > 90°$,其本身的相对密度又小于 1,用气浮法分离就特别有利。在油粒黏附到气泡上以后,油粒的上浮速度就会大大提高。例如直径为 $10\mu m$ 的油粒,单独上浮时(清水的温度为 20℃)其上浮速度约为 $0.00059\mathrm{cm/s}$。若黏附到直径为 $80\mu m$ 的气泡上(利用加压气浮产生的气浮直径一般为 $30 \sim 120\mu m$),该气浮的上浮速度约为 $0.34\mathrm{cm/s}$,即该油粒上浮速度提高了约 500 倍。

对于细微分散的亲水性油粒,若用气浮进行分离,则必须在污水中加浮选剂,使被气浮的物质颗粒形成表面疏水性而黏附于气泡上。另外,浮选剂还有促进起泡的作用,可使污水中的空气泡形成稳定的小气泡,有利于气浮。

（2）气浮的种类

气浮按其产生气泡的方式分为溶气法和散气法。溶气法主要采用的是加压气浮。散气法主要有叶轮气浮、布气气浮等。气浮分离的效率取决于油粒与气泡的黏着力,因此疏水性强的物质容易与气泡黏附上浮分离。高度乳化的油粒其表面呈很强的亲水性,不易分离,所以严重乳化、含有表面活性剂、碱性物质和沙土的污水不能放入分离器内,而且还应尽量避免水流的强烈搅拌和紊流。因此为产生大小适宜、数量足够的气泡,通常采用加压气浮。

① 加压气浮

加压气浮就是在加压的情况下,使水中溶解的空气达到饱和,然后再急剧降压到常压状态,这时溶解度减小,则溶解于水中的空气形成细小气泡并以高速上浮,而吸附在气泡上的微小油粒也随之一起上浮到水面,达到油水分离的目的。加压气浮所加压力越高,产生的气泡就越小,气泡与油粒接触面积和接触概率越大,有利于提高油水分离效果。加压气浮工艺流程如图 3-9所示。

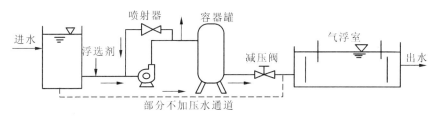

图 3-9　气浮分离工艺流程图

加压气浮的特点是产生的气泡小,气浮效率高,运行管理简单。但耗电量大,需要水泵等机械设备。这种方法主要用于炼油厂处理含油污水和港口压载水及洗舱水处理场。

② 叶轮气浮

叶轮气浮的充气是靠叶轮高速旋转时,在固定的盖板下形成负压,从空气管中吸入空气。空气进入污水中与循环水流被叶轮充分搅拌,形成细小的气泡并被甩出导向叶片处,经过整流板稳流后,气泡垂直上升,进行气浮,形成的泡沫由不断缓慢旋转的刮板刮出槽外。

叶轮气浮由于动力消耗大,构造较复杂,一般较少采用。

③ 布气气浮

布气气浮是直接将压缩空气通入气浮池底的布气装置里,通过布气装置使空气形成细小的气泡,进入污水中,进行气浮。

布气装置的种类较多,而且正在不断研究新的布气形式。目前采用的主要有微孔陶瓷板(管)、微孔塑料管等,它们比以前用的穿孔管、帆布管等材料所产生的气泡小而且均匀,但比加压气浮产生的气泡略大,直径通常从数百微米到数千微米。

3.3.1.5　吸附分离法

吸附分离并不是借油滴的聚合增大和利用密度差来进行分离,而是用多孔性固体吸附材料做滤器,当污水通过滤器时微小油粒被吸附在固体表面上,使油水分离。

固体吸附材料表面的分子在其垂直方向上受到内部分子的引力,但外部没有相应引力与之平衡,因此,存在吸引表面外侧其他粒子的吸引力,由固体表面分子剩余吸引力引起的吸附称为物理吸附。由于分子间的引力普遍存在,因此物理吸附没有选择性,而且可吸附多层粒子,直到完全抵消固体表面引力场为止。

吸附是一种可逆过程,被吸附的粒子由于热运动,会摆脱固体表面粒子引力而从表面脱落下来重新回到污水中,这种现象称为脱附。当吸附速度与脱附速度相等时,吸附达到平衡状态,这时单位质量吸附材料所吸附的油量称为吸附量,它是表面吸附材料吸附能力的参数,比表面积(单位质量吸附材料所具有的表面积)越大,吸附量越大。常用的吸附材料有纤维材料、硅藻土、焦炭和活性炭等。吸附材料吸附油料达到饱和时,失去油水分离效能。因此,吸附材料达到饱和之前就应更换,而吸附材料的更换和处理都比较困难,并且需要用大量吸附材料,所以吸附分离法主要用于含油量很少的污水的细分离。

3.3.1.6　超滤膜过滤法

超滤膜过滤属于膜式分离技术,是根据聚合薄膜的筛滤作用,利用一种只有水分子才能通过的超滤膜,截留污水中的细微油粒及其他杂质,达到分离油水的目的。

超滤膜涂在多孔材料制成的烧结空心管表面上,一般超滤膜孔径小于 $0.05\mu m$,比乳化油的粒径($0.1 \sim 0.3\mu m$)小得多,因此分离性能特别好。这种分离器分离能使污水含油量总是小于 $5mg/L$,特别是分离乳化油的效果更为显著。

3.3.1.7　反渗透分离法

反渗透法也属于膜式分离技术,是利用油污水被加压到一定的压力以上时半透性薄膜能使水透过而截阻油液的原理,使油污水的油分浓度从 $500mg/L$ 降到 $10mg/L$。处理薄膜常用醋酸纤维素等经加工制成,膜式分离装置都必须注意定期清洗,以消除污垢,保持原有处理效能。

目前,在船上实际应用的油污水分离装置所采用的分离技术主要是重力分离法、聚结分离法、吸附分离法、过滤分离法,而船用油水分离器既有按它们当中的一种分离方法设计而成的,也有按它们当中的几种分离方法组合设计而成的。其中重力分离法一般用于粗分离,而聚结、吸附等分离方法则用于细分离和精分离。

3.3.1.8　超声分离法

超声分离是借助于对含油污水发射超声波的方法,引起油粒振动,从而使微小油粒互相碰撞、聚结、扩大而分离上浮。超声分离性能良好,能分离用普通方法难以分离出的乳化油。然而,这种分离技术在使用时必须正确掌握振动频率,否则,水中的油粒由于振动频率的错误非但不能聚结,反而还会乳化,以致难以分离。另外,生产制造超声分离装置的价格较高,大型装置中也难以采用。

3.3.2　化学分离法

3.3.2.1　电解分离法

电解分离法属于物理化学分离法,是用油污水做电解液,当电极通电时水被电解,产生氢气和氧气的气泡,当气泡上浮时将黏附在气泡上的油粒带到水表面而达到油水分离的目的。这种方法也称为电解浮选分离法。含油污水通过直流电场时电流密度达到一定值,水被电解成带正电荷的氢离子和带负电荷的氢氧根离子,即

$$H_2O \longrightarrow H^+ + OH^-$$

氢离子在阴极得到电子生成氢气,氢氧根离子向阳极移动,在阳极放出电子生成氧气,即

$$4OH^- - 4e \longrightarrow 2H_2O + O_2 \uparrow$$

氢气泡直径为 $10 \sim 30\mu m$,氧气泡直径为 $20 \sim 60\mu m$,平均密度为 $0.5g/L$($20℃$ 时)。因此,电解产生的气泡捕获油粒能力强,浮载能力大。

电解浮选分离效果与电解时间、电场强度、电流密度有关,一般处理时间为 $10 \sim 20min$,电场强度为 $3 \sim 4kV/m$,最终电流密度为 $150 \sim 200A/m^2$,耗电量为 $0.1 \sim 1kW \cdot h$。电解分离的主要缺点是电解过程放出氢气,有爆炸危险,处理量为 $5m^3/h$ 的装置,电解放出的氢气为 $100L/h$。因此电解分离装置及排气管必须有良好密封,气体排出口应装在没有引火源的地方。电解分离需

消耗大量电能,整个装置比较复杂,目前电解分离法在船舶上并未得到实际应用。

3.3.2.2　凝聚分离法

凝聚分离法属于化学分离法,是在油污水中投入凝聚剂(如硫酸亚铁、氯化铁、硫酸铝和其他高分子化合物),使悬浮或乳化油粒凝聚成化学状的凝胶体沉淀或上浮而被分离。

3.3.3　生物化学法 —— 活性污泥法

活性污泥分离法是利用好氧性微生物的氧化能力来处理含油污水的一种方法。向污水中不断送入空气,使污水中的微生物获得良好的生存条件,则大量的好氧性细菌和原生动物生成对有机污染物具有吸附凝聚和分解氧化作用的微生物集团,即所谓的活性污泥。

装置工作时向曝气池供入空气和一定量营养物质,使之产生活性污泥。在曝气池污水与活性污泥接触时,油分被活性污泥吸收并受到微生物氧化作用,一部分分解为二氧化碳和水;另一部分合成为细胞质,变成新的污泥。然后流入沉淀池,活性污泥与除去油分的污水分离,清水上浮排出,污泥沉淀,大部分排掉,少部分回流到曝气池反复使用。

活性污泥分离法所能处理的油量有限,适用于油水分离装置最后一级处理少量的乳化油或溶解油。活性污泥分离法适用于陆地污水处理厂。

3.4　内河船岸含油污水处理设备与系统

3.4.1　船用舱底油污水分离装置

船用舱底油污水分离装置是指在船舶上使用的油水分离设备,主要是处理船舶舱底油污水的设备,使排放出的污水含油量达到一定的标准。在《船舶水污染物排放标准(二次征求意见稿)》(2017 年)中,内河中船舶含油污水排放控制要求是全部船舶在 2021 年 1 月 1 日前,浓度超过 15ppm 的机器处所的油污水不能排放入内河水域,需要收集并排入接收设施。因此在 2021 年以前,我国内河船舶允许使用舱底水油污分离装置。

3.4.1.1　船用舱底油污水分离装置技术条件

由于舱底油污水排放浓度限值为 15ppm,故船用舱底油污水分离装置一般为 15ppm 舱底水分离器。通过此船用油水分离器可对船舶上的含各种燃料油、密度极高的残余渣油以及由氧化铁、表面活性剂等配置的乳化液混合物舱底水进行有效处理。该分离器是由 MEPC(Maritime Environment Protection Committee,海洋环境保护委员会) 及国际海事组织公约根据 IMO. MEPC107(49) 决议所决定,并于 2003 年 7 月 18 日在其第 49 届会议上以 MEPC. 107(49) 决议的方式通过了《修订的船舶机舱舱底水防污染设备指南和技术条件》,它要求 15ppm 舱底水分离器主要的技术条件为:

①15ppm 舱底水分离器应有牢固的结构,适于船上使用,并要注意设置在船上的预定位置。

② 若预定将其设在可能有易燃气体的位置,则应符合此类处所的相关安全规定。作为 15ppm 舱底水分离器一部分的任何电气设备应设在非危险区域,或应由主管机关认证为可在危险区域安全使用。设在危险区域的所有活动部件的布置应避免形成静电。

③15ppm 舱底水分离器应设计为自动运转,但应有故障保护布置来避免在出现故障时有任何排放。

④ 向 15ppm 舱底水分离器送舱底水改为送油,送舱底水改为送乳化舱底水,或送油和／或水改为送空气时,不得导致排向舷外的任何混合物的含油量超过 15mg/L。

⑤ 启动该系统应方便。对用于机舱舱底水的设备,该系统的启动应不需对阀和其他设备作任何调整。该设备应能在不予照应的情况下,以正常功能运行至少 24h。

⑥15ppm 舱底水分离器所有易损坏的活动部件应易于接触,以便维修。

3.4.1.2　额定处理量

用于处理机舱舱底水的分离器额定处理量主要依据船舶在正常营运时所能产生的舱底污水量而定。但由于机舱舱底水的产生量受许多不定因素影响,如船舶吨位、动力装置类型、技术状态、新船、旧船、管理水平等不同,每天所产生的舱底水量可能有很大差异。因此,到目前为止还没有一个统一的标准,各国都是依据实际经验和本国船舶状况来制定自己的基本标准。

我国制定了船用舱底水分离器设计制造额定处理量系列标准,当船舶选配分离器时,其额定处理量必须是标准系列中某一处理量,否则就选购不到分离器。船用舱底水分离装置处理量系列如表 3-5 所示。一般根据船舶吨位大小估算舱底水产生量,所选用的舱底水分离器额定处理量应大于其舱底水产生量,一般应有 10% 的余量。此外,经处理后的排出水中含油量应符合排放标准。

表 3-5　《15ppm 舱底水分离器》(GB/T 4795—2009)额定处理量系列

额定处理量系列(m³/h)	0.1	0.25	0.5	1.0	2.0	3.0
	4.0	5.0	10.0	25.0	50.0	

3.4.1.3　船用舱底油污水分离装置结构形式

近年来,为达到排放标准提高的要求(油分浓度小于 15ppm),油水分离器大多为重力式分离器配以过滤、吸附等组合方式,即由粗分离和细分离(或精分离)两部分组成。

粗分离部分都是用于第一级,主要采用重力分离法,处理容易上浮的分散油滴。机械重力分离法结构形式有多层斜板式、多层隔板式、细管式及多层波纹板式等。

细分离部分用于第二级和第三级,多采用聚结法、过滤法、吸附法等,用以除去油污水中的微细分散油滴和乳化油滴。细分离部分结构形式有圆筒式和填充式,采用最多的是以纤维材料构成的圆筒式分离元件,其特点是结构紧凑、元件容易更换。填充式是在油水分离器中充填油性纤维等过滤吸附材料,截留和吸附微小油滴。在过滤吸附材料吸饱油后,可进行反冲洗,但当压力降达到一定值时,就必须更换过滤吸附材料。

重力式分离器主要有多层斜板式装置(德国的 TURBULO)、多层隔板式装置(英国的 VICTOR)以及细管式油水分离器(日本的“三菱今村”)等几种形式,这三种装置在我国船上均有采用。其中细管式油水分离器因根据流动的附面层理论,边界层流速最小,油粒易于碰撞而聚结,能加速上浮分离,所以一般认为效果最好,但它的缺点是制造较困难,体积较大,对不同油品的适应性差。

3.4.1.4　船用舱底油污水分离装置工作原理

以下主要介绍几种典型的舱底水分离器:

(1)TURBULO MPB 型(多层斜板式)舱底水分离器

TURBULO MPB 型舱底水分离器的工作原理是利用重力‐聚结原理完成油水分离,其结构及外观如图 3-10 所示。它由两级分离筒组成,一级分离筒

主要靠重力 - 聚结完成油污水的初级、细分离,二级分离筒是靠聚结来完成含油污水的精细分离。

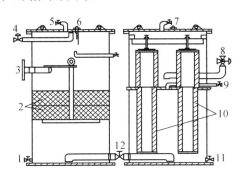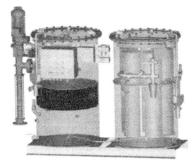

图 3-10　TURBULO MPB 型舱底水分离器结构及外观图

1,11— 泄放阀;2— 高效聚结元件;3— 含油污水进口;4— 自动排油阀;

5,7,9— 手动排油阀;6— 油位检测电极;8— 清水出口三通阀;

10— 烃分离元件;12— 连通阀

含油污水从左侧一级分离筒的左上部进口处 3 泵入,在进入分离筒上部粗分离室后,污水迅速分散,由于流速减慢,污水在向下流动的过程中,大颗粒油滴上浮到分离筒顶部的集油室,含有较小油滴的污水则向下通过聚结元件(High Efficiency Coalescer,HEC)2。聚结元件表面亲油,呈多孔海绵状结构,具有高比表面积和低压头损失,在污水中具有足够的稳定性,污水中的污垢对其不会造成损害,即使有一定程度的脏污也无须对其进行更换,只需将聚结元件拆下,用热水冲洗干净即可重新使用。污水通过聚结元件时,由于聚结元件表面的亲油作用,含油污水中的小油粒会短暂吸附在其表面,经过聚结长大,最后在浮力的作用下逐渐上浮进入到分离筒上部的集油室中。细小油粒则随处理后的污水一并经两分离筒底部的连通阀 12 进入二级分离筒中。

二级分离筒内装有多个圆筒式烃分离元件(Hydrocarbon Separator)10,每个元件外形一致,材质为高分子聚合纤维,具有良好吸油性能。每一烃分离元件分上、下两级,经中间挡板和顶部支架固定在分离筒内,构成了二级分离筒内两级油水聚合分离层。进入二级分离筒的污水从分离筒的底部,经下层烃分离元件的外表面流入,细小油滴聚合后从水中分离;流入下层烃分离元件内腔体的水沿腔体轴线向上流动,进入上层烃分离元件的内腔体,在水流压力的作用下,向外流出上层分离元件,其间,细微油粒被进一步分离。经处理满足要求的清水从二级分离筒的上部经排出阀 8 流出。

二级分离筒内上、下两层烃分离元件虽均由聚合纤维构成,但由于处理的水质不同,因此上层聚合纤维比下层聚合纤维更聚密,空隙更小,能分离的油粒也更加细微。在工作过程中,如果压力损失过大,则须要对烃分离元件进行更换,而不是对其进行清洗。新的烃分离元件压力差约为 0.015MPa,最大可用压力差约为 0.14MPa。

在一级分离筒的上部装有油位检测电极 6,可以感知分离筒上部的油位,控制排油阀 4 打开或关闭,间歇地进行排油。二级分离筒上、下两腔体内的集油量很小,采用人工方式定期通过手动排油阀 7、9 排油。在一级分离筒上部集油室还装有电加热器,可以保证高黏度污油在环境温度较低的情况下能够顺利排出。

新舱底水分离器在一级分离筒中,聚合元件顶部铺有一层"临时过滤垫"(选装),其作用是防止新船时期的大量污垢等进入,在分离器正式运行前,应将该垫去除。如果装有该垫,分离器会贴有标签。此外,舱底水分离器在首次运行时,需冲洗数次(每周 2 次,每次半小时),以免颗粒、铁锈等形成堵塞。

(2)CYF-B 型舱底水分离器

CYF-B 型舱底水分离器由二级组成,第一级为重力分离,第二级为聚结分离,工作原理如图 3-11 所示。

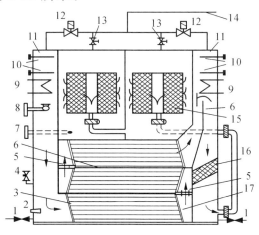

图 3-11　CYF-B 型舱—底水工作原理图

1—泄放阀;2—蒸汽冲洗喷嘴;3—多层波纹板;4—安全阀;5—流道;

6—隔板;7—清水排放口;8—含油污水进口;9—加热器;10—油位检测器;11—左、右集油室;

12—自动排油阀;13—手动排油阀;14—污油排油管路;15—聚结元件;16—过滤器;17—止动块

舱底水由专用污水泵经含油污水进口 8 和喷嘴从左集油室中部送入油水分离器内。由于喷嘴的扩散作用,进入油水分离器内的污水迅速分散开,大颗粒油滴上浮到左集油室 11 顶部,含有小颗粒油滴的污水向下流动进入由波纹板 3 和平板组构成的重力分离器内。为了增大湿周、减小上浮距离,波纹板和平板交替安装,使流道形成许多连续分隔的小水腔,如图 3-12 所示。

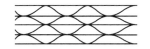

图 3-12　流道截面几何形状

几十层波纹板分成三组,每组之间用隔板 6 隔开,形成三折回路流道。由于湿周大、上浮距离小、流路长、水流平均流速低,含油污水以层流状态在波纹板流道内缓慢流动。粒径较小的油滴上浮聚积在波纹板表面上形成油膜,由于水流冲击,油膜从波纹板上剥离,聚结成大油滴随水流一起流出波纹板组,大油滴上浮到左集油室顶部。含有更小油滴的污水通过过滤器 16,滤除水中机械杂质及部分石蜡胶体,然后再顺次流经第一、第二级聚结元件 15,细微油滴聚结成大油滴,流出聚结元件后与水分离上浮到顶部,符合排放标准的水由排出口 7 排出。

第一、第二级聚结元件都是圆筒式,外形尺寸相同,填充的粗粒化材料是涤纶纤维或弹性尼龙纤维。第二级聚结元件填充的粗粒化材料数量比第一级的多,因此孔隙更小,粗粒化材料更加聚密,能分离更细微的油粒,但也更容易堵塞,安装时应注意两者不能互换。

聚集在左、右集油室 11 内的污油,根据油位检测器 10 测得的油位信号,控制排油阀 12 打开或关闭,间歇地进行排油。聚结元件室顶部的集油量很小,因此采用人工定期通过排油阀 13 排放污油。集油室还装设蒸汽或电加热器 9,使高黏度污油在环境温度较低的情况下也能顺利地排出。

(3)ZYF 型舱底水分离器

ZYF 型舱底水分离器与 CYF-B 型油水分离器不同之处在于,它靠后置螺杆泵抽吸,使分离筒内保持一定真空,油水在负压状态下进行分离,避免了因污水泵入乳化而造成的对分离效果的影响。图 3-13 为 ZYF 型油水分离装置原理及系统图,其工作原理如下。

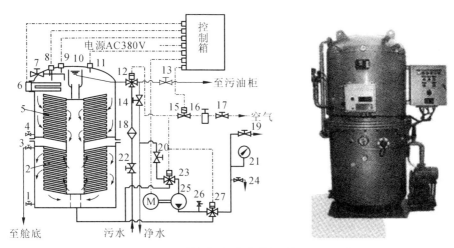

图 3-13　ZYF 型舱底水分离器工作原理及外观图

1—下部排污阀;2—第二级集油器;3—第二级排油电磁阀;4—上部排污阀;5—第一级集油器;

6—电加热器;7—检油旋塞;8—油位检测器;9—真空压力传感器;10—污水进入喷口;

11—温度传感器;12,23,27—气动三通阀;13—排油截止阀;14—清洗截止阀;15—电磁阀;

16—空气压力控制阀;17—空气截止阀;18—污水滤器;19—净水出口;20—净水吸入截止阀;

21—出口压力表;22—污水进口止回阀;24—取样阀;25—单螺杆泵;26—安全阀

　　分离器在运行过程中,专用污水泵 25 从分离器底部排出口处抽吸,使分离筒内产生真空。舱底水在内、外压差作用下,由污水进口止回阀 22,经进口污水滤器 18 和三通阀 12 的气关通道进入分离器上腔内部扩散喷口 10。初步分离出的大油滴浮在顶部,含有小颗粒油滴的污水向下由环形室进入第一级集油器 5(由多层圆锥形波纹板叠置),在内部进行首次聚结分离,形成的较大油滴逆向上浮至顶部集油室,污水继续由中心通道向下并进入第二级集油器 2 向外腔流动,聚结后的大油滴停留在环形室顶部。符合排放标准的水则向下经分离器底部排出,流向外部三通阀 23 的气关通道,经单螺杆泵 25 加压后,再经过三通阀 27 的气关通道排向舷外。

　　当分离出的污油在顶部聚积到一定程度时,油位检测器 8 触发信号,使电磁阀 15 开启,压缩空气同时进入三通阀 12、23、27 的顶部气缸推动活塞向下,使三通阀的气关通道关闭,气开通道开启,舱底水暂停进入分离器,分离后的水暂停排出。由于泵仍在继续运转,来自净水管的净水由三通阀 23 的气开通道进入泵 25 吸入口,泵出后通过三通阀 27 的气开通道进入分离器底部,净水逆向经过第二级、第一级集油器时,对集油器进行反冲洗,并使分离器内部补充淡水,顶部集油室由真空状态迅速变成压力状态。聚积在分离器顶部的污油通过三通阀 12 的气开通道排向污油柜。当污油排放完后,设备自动进入分离工况。

ZYF 型舱底水分离器具有下列特点:

① 污水泵不直接吸入含油污水,避免了污水的乳化,保证分离器具有较高的分离效果。

② 分离器中的聚结分离元件能自动反冲洗,不会堵塞,长期使用不需更换。

③ 有良好的排油自动控制及安全保护措施,操作简便,可靠性高,符合无人值班机舱要求。

④ 装置由单筒油水分离器、螺杆泵、电气控制箱、三通阀等组装在公共基座上,必要时也可以根据机舱位置将油水分离器、螺杆泵及电气控制箱分散独立安装。

(4)CYSC 系列船用舱底水分离器

CYSC 系列船用舱底水分离器由壳体、重力分离斜板组、滤芯、控制箱、泵及各种阀门等组成。壳体材料为碳钢,内壁涂有耐腐蚀涂层。斜板组由若干块斜板组装,用于初级分离油污水中的油分。滤芯材料为高分子聚合纤维,具有良好的吸油性能,能够保证处理后的水含油量小于 $15mg/L$。

污水由专用泵送入分离器中,流过波纹板组,由于波纹板的湿周大,污水流速低,含油污水处于层流状态,缓慢流动。在狭长的流道内,油滴相互碰撞,聚合形成较大油滴,上浮至粗分离腔上的集油室内。含有较小油滴的污水经过滤腔体,滤除水中机械杂质和部分石蜡状胶凝体后,进入粗粒化腔体,由于粗粒化材质的特殊聚结功能,残留的细微油滴在其中聚结成较大的油滴后与水分离,上浮至腔室顶部。符合排放标准的清水则由排放口排出。

聚集于粗分离腔集油室中的污油,通过油位检测器,经过自动排油阀可实现污油的自动排放。二级分离腔内也设有油位检测器,确保了装置的安全使用。根据需要,该装置可配装油分报警器、浮子开关、压力继电器等附件,以便装置全自动运行。对于在低温水域或寒冷港口作业的船舶,油水分离器上还可选装电加热器,以免集油室内的油凝结而影响排油。由于采用粗滤、机械重力分离、精滤和聚结分离等组合方式,因此该型舱底水分离器可适应分离各种船舶的含油舱底水。

3.4.1.5　影响分离性能的因素

舱底水分离器工作性能在实际使用中受诸多因素影响,同一台分离器在不同情况下使用,其工作性能相差很大,有时油水分离效果根本达不到要求。主要影响因素有以下几方面:

(1)泵的影响

污水中油的微粒化、乳化程度越高,舱底水分离器性能越差。因此,污水通过泵时应尽量不产生乳化、搅拌或节流。图 3-14 和表 3-6 所示是各种泵在排出口采样静置分离后污水中的油含量。图 3-14(a)纵坐标是泵排出后水中含油量,横坐标是静置分离时间。

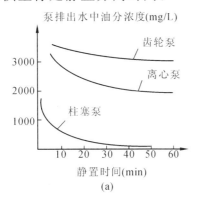 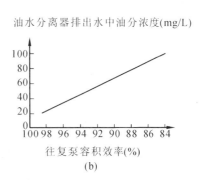

(a)　　　　　　　　　　　　　　　　(b)

图 3-14　泵的类型对分离性能的影响

容积式泵如往复活塞泵、多缸柱塞泵、单螺杆泵等排出的污水乳化程度最小,容易分离。在同样静置时间内,往复泵排出的水的含油量比离心泵、齿轮泵等的少,也就是说大部分油很快与水分离。

表 3-6　各种泵在排出口采样静置分离后污水的含油量

泵的类型		立式三缸柱塞泵	离心泵	齿轮泵
转速(r/min)		20	2900	1450
排量(m³/h)		5	96	6
静置一定时间后水中油分浓度	10 min	230	3050	3350
	30 min	100	2250	3200
	60 min	70	1800	3050

泵的回转数、阀的种类和开闭次数,对舱底水分离器性能都有影响,容积式泵泵内流体流速相当低,多数在 1m/s 以下,这样低的内部流速时舱底水不会发生大量乳化现象。乳化的发生主要是由阀的开闭和单螺杆泵密封时压力

差产生的逆流而引起的,阀的开闭、单螺杆泵密封次数多,乳化程度就严重。因此,舱底水泵根据不同类型,回转数都限制在某一范围内。试验证明,含油污水通过球阀比通过闸板阀节流小,乳化程度低。

泵的容积效率同转数一样,对油粒乳化有很大影响,与油水分离性能有密切关系。往复式活塞泵容积效率变化对单级平板重力式油水分离器分离效果的影响如图 3-14(b) 所示。当污水含油量为 10％ 时,泵容积效率从 95％ 降到 85％,油水分离器排出水的含油量从 50mg/L 升到 90mg/L。容积效率降到 83％ 以下,排出水含油量就会超过 100mg/L。

往复泵容积效率下降,主要是由于阀、活塞与缸体内部漏泄。从高压向低压方向漏泄的水流像从孔板喷出一样,以高速流动,油滴在这样激烈的逆流搅拌下被微粒化、严重乳化,难以分离。

（2）工作压力影响

舱底水分离器工作压力对分离性能有显著影响,工作压力提高,泵排出压力就要相应提高,则污水通过泵输送时,严重乳化,分离性能下降,排水含油量显著上升。图 3-15 所示是分离器性能与工作压力关系的试验实例,试验所用往复泵容积效率为 85％,三级分离进口含油量为 1％。如果油水分离器在真空条件下工作,比如污水泵不是以一定压力向分离器供水,而是从分离器出口吸水,这样,由泵输送污水所产生的乳化现象就可以完全消除。过滤式分离器在真空条件下工作,当过滤元件堵塞时,通流能力降低,而通流速度保持不变,不会影响分离效果。

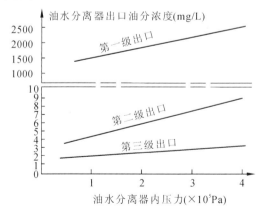

图 3-15　分离器性能与工作压力的关系

试验测得,在真空条件下工作的分离器比在压力状态下工作的分离器排水含油量降低$1/2\sim2/3$。但分离器在真空条件下工作,管路应保证良好密封,安装高度要尽量低,如分离器安装位置高于机舱底板$3\sim5m$,真空就无法实现。或者设置重力式沉淀柜,这样设备增多,系统复杂,分离器顶部集油室内油的排放系统更复杂。因此,虽然真空工况净化质量高,但因系统复杂、体积大,不宜在船舶上应用。

（3）油种类的影响

根据斯托克斯公式,油的相对密度越小越容易分离,但也容易乳化,而且乳化对分离性能影响更大,因此,相对密度小的油更难分离。图3-16所示是各种油的乳化程度,它是在泵出口取样测定透射率的变化,透射率增大越快,说明越容易分离。图中曲线1是相对密度为0.847（15℃时）的重油,2是原油,3是轻油,4是相对密度为0.9499的重油,5是润滑油。试验油混入量均为3%,温度为30℃。不同种类的原油分离性能也不一样,总的来讲,原油含有大量轻质油分,比较难分离。

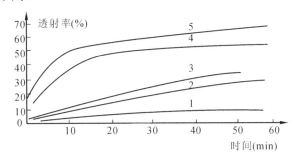

图 3-16　各种油的乳化程度

从图中可以看出润滑油比较容易分离,不同种类的润滑油,油质劣化程度、各种添加剂等都会影响分离性能。

（4）温度的影响

若含油污水温度升高及油水的相对密度差增加、水的黏度降低,则油粒上升速度快,但温度升高,油通过泵时乳化严重,反而使分离性能下降,因此,综合起来影响不大。如果是低温通过泵,高温下分离,则可取得良好分离效果,特别是陆用大型静止分离池,提高温度是提高分离效果的有效办法。对于一般船舶舱底水分离器,温度的影响与其他因素的影响相比是较小的。

（5）污水中含油量的影响

图3-17所示是从泵出口取样,测得透射率与浓度变化的关系曲线。污水中油分浓度高,分离性能会恶化。因为油分浓度增加,乳化程度也相应会加

重。但油粒相互碰撞机会也增加,一部分乳化油滴直径有加大的可能,使分离性能提高。油粒直径加大的程度,同油水分离器的种类、构造有关,但总的影响仍然是浓度增加,分离性能下降。

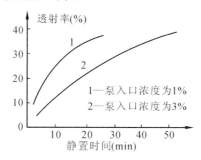

图 3-17　透射率与油分浓度变化的关系曲线

（6）管路的影响

舱底水分离器系统中管路的长度、直径、曲度、阀门、滤器等对分离性能的影响比较复杂。希望在到达分离器入口以前这段管路中也能进行一定程度分离,而且保持在层流状态下流动,因此,管径越大,管路越长,分离性能越好。图 3-18 所示曲线说明改变管径对分离性能的影响。阀门、滤器、管路弯曲部分等造成的节流,以及流动状态的变化都会使分离性能下降,使用管理中应注意保持油污水在层流状态下流动。

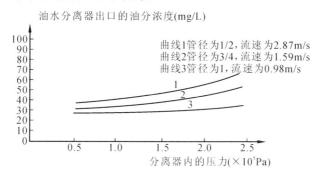

图 3-18　改变管径对分离性能的影响

（7）流量的影响

舱底水分离器流量增加,油水在分离器内停留的时间减少,流速增加,分离效果必然下降。当流量超过分离器标准处理量时,分离性能显著下降,排水质量根本达不到排放标准要求,在使用中和选用污水泵时应特别注意。

（8）旁通的影响

舱底水离系统的污水泵,往往用船上原有的舱底水泵。当排量大于分离器处理量时,多余部分经旁通再返回污水井,这部分经泵排出的乳化污水,下次再被泵吸入,会更进一步乳化,所以送入分离器内的油污水乳化程度相当严重,使分离器性能显著下降。如果污水仅一次通过泵,油水分离效果可达到30mg/L,当有一半污水旁通再次通过泵送入分离器时,其分离效果超过150mg/L。表 3-7 所示数值是用往复式活塞泵,把含油量为 1% 的油水混合液泵出,在泵出口取样,测取粒径分布的油分浓度值和一半旁通后的油分浓度值。

表 3-7　正常运转与旁通运转的油分浓度值

油粒径(μm)	油分浓度(mg/L)	
	正常运转	旁通运转
> 200	8420	8410
100 ~ 200	1580	1590
80 ~ 100	842	1430
60 ~ 80	810	1190
< 60	640	850

(9) 水质的影响

① 河水的影响:污水中河水成分多时,容易分离。一方面因河水相对密度大,油水相对密度差大,上浮速度增加;另外因河水中含有各种矿物质金属阳离子,而带有阴离子电荷的微粒油可以与这些阳离子结合成无电荷状态,这样油粒就容易相互结合成粒径大的油滴。

② 洗涤剂的影响:污水中混入含有界面活性剂的洗涤剂时分离困难。因为目前所有洗涤剂在水中都为乳化型,所以油粒乳化成 1μm 以下的微细油粒。这种微细油粒在油水分离器中非常难分离。

③ 空气压缩机排气中凝结水的影响:一般压缩空气中凝结水的油分浓度为 3000 ~ 5000mg/L,而且呈乳化液状态,油粒直径多数在 1μm 左右,外观和加入界面活性剂的洗涤剂一样,二者很难区分。如果将这些凝结水直接排入污水井,分离器性能就会下降,分离效果可能达不到要求,因此,压缩空气的凝结水最好不直接排入污水井,而把它排放到污油舱或专用污水舱。

④ 防锈剂的影响:主机冷却水等使用的防锈剂是水溶性的合成油,如果混入污水中,完全呈乳化状态,用分离器分离相当困难。因此,当含有防锈剂

的主机冷却水大量漏泄流入污水井时,分离性能就会下降。

⑤ 固体杂质的影响:污水中固体微粒(泥沙、微细铁锈等)和油粒一起存在时,就会形成以固体微粒为核心的油包杂质的大油粒,这种油粒的相对密度接近1,使油滴上浮速度受到影响。对于过滤式分离器,固体杂质容易使过滤材料堵塞,造成分离性能下降。

3.4.1.6　舱底油污水分离装置运转管理

舱底水分离器在使用中若管理不善,分离性能就会下降,排水中含油量将超过排放标准,甚至将大量污油排出舷外,违反防污染法规,管理人员将受到经济或法律制裁。因此,必须严格按照各项管理要求使用油水分离器,具体要求如下:

① 一定要按分离器说明书规定的条件(油水分离器工作压力、额定处理量、泵类型、转速等)使用舱底水分离器。

② 舱底水分离器首次启动运转时,首先应向分离筒内注满清水,注水时应将分离筒顶部空气阀和高位检查旋塞打开,直至水从这些阀流出后,再将其关闭并停止注水。

③ 分离器停止运转前,应向分离筒内泵入清水,将污油全部排除干净后再停止运转,并将清水保留在离筒内直至下次再启动。这样,可避免分离元件受到油的污染,减少腐蚀,有利于下次再使用。

④ 注意经常检查保养。定期清洗分离器内部或调换聚结元件,一般1～2个月应清洗一次。为清洗沉积在分离元件表面上的蜡质等黏附物,最好用50～60℃的热水清洗,但有的分离器不能用热水或蒸汽清洗,这一点应引起注意。一定不能用任何种类清洁剂清洗分离器。

⑤ 要及时排除聚积在分离器集油室内的油,自动排油装置如发生故障,应采用手动排油。

⑥ 注意经常清洗滤器,防止杂物混入分离器内影响分离性能。泵、阀、管路如有漏泄要立即修复,以防水中油分乳化。

⑦ 管路布置应尽量减少节流阻力损失,管路内径选择应使管内液体保持在层流状态下流动。不能用节流或旁通方法调节泵的排量。

⑧ 舱底水分离器在船上的安装位置,应保证在任何情况下装置停止工作时,不会因虹吸作用而使分离器内水位下降或全部排空。

为以后在船上检查起见,应按实际可行程度在尽量靠近15mg/L舱底水分离器出口的排液管垂直部分设一取样点。应在关停装置舷外出口后面及附近装有再循环设备,使包括 15mg/L 舱底水报警装置和自动关停装置在内的 15mg/L 舱底水分离系统能在舷外排放停止的情况下进行试验。

3.4.2　舱底水报警装置

3.4.2.1　舱底水报警装置技术条件

《修订的船舶机舱舱底水防污染设备指南和技术条件》要求的舱底水报警装置主要技术条件为:

(1)15mg/L 舱底水报警装置若预定设在可能有易燃空气的位置,则应符合此类处所的相关安全规定。作为 15mg/L 舱底水报警装置一部分的任何电气设备应设在非危险区域,或应由主管机关认证为可在危险区域安全使用。设在危险区域的所有活动部件的布置应避免形成静电。

(2)15mg/L 舱底水报警装置不得含有或使用任何危险性质的物质,除非有主管机关可以接受的合适布置来消除由此引起的所有危险。

(3)应设有 mg/L 显示器。mg/L 显示器不应受到乳状液和／或任何一种油的影响。无须在船上校验 15mg/L 舱底水报警装置,但应允许按制造厂的说明书做试验。读数精度应始终保持在 ±5mg/L 以内。

(4)15mg/L 舱底水报警装置的响应时间,即从送至 15mg/L 舱底水报警装置的样品发生变化至 mg/L 显示器显出正确的响应所花时间应不超过 5s。

(5)15mg/L 舱底水报警装置应记录日期、时间和报警状态以及 15mg/L 舱底水分离器的运行状态。记录装置还应储存数据至少 18 个月,并应能显示或打印官方检查所要求的报告书。若更换 15mg/L 舱底水报警装置,应有办法确保所记录的数据可在船上留存 18 个月。

3.4.2.2　舱底水报警装置工作原理

现在船用 15mg/L 舱底水报警装置连续测定水的含油量的方法主要有以下几种。

(1)荧光法

这种方法主要是利用紫外线照射含油污水,使石油中具有的环状共轭体分子(如芳香烃)在极短时间内发射出比照射光波长还要长的光,这种光称为荧光,所产生的荧光强度与水中荧光物质浓度有关。根据比尔定律,荧光强度可表示为

$$F = KI_0(1 - e^{-KCL}) \tag{3-22}$$

式中：I_0—— 入射光强度；

$\quad\quad K$—— 吸光系数；

$\quad\quad C$—— 溶液中荧光物质浓度；

$\quad\quad L$—— 溶液分析池长度。

当 $KCL \leqslant 0.05$ 时，荧光强度可近似表示为

$$F = KI_0CL \tag{3-23}$$

对于一种荧光测试仪来说，入射光强度 I_0 是一定的，分析池长度也是定值，对被测的某一种荧光物质溶液来说其 K 值亦是定值。从式（3-23）可知，荧光强度仅与溶液中的荧光物质浓度 C 成正比，即与水中油分浓度成正比，因此通过测取荧光强度即可得知油分浓度。但由于不同品种油的吸光系数 K 不一样，油品不同即使油分浓度相同，产生的荧光强度也不同，因此在用紫外荧光法检测油分浓度时，必须首先确定油品基准标定值，即进行油品荧光强度标定，然后才能正确地测取溶液中的油分浓度。

用紫外荧光法测油分浓度，较为精确的方法是用二氯甲烷或四氯化碳等溶剂，从试样中萃取油分形成真溶液，经脱水处理再测试油分浓度。

在精度范围要求不是很高的情况下，也可直接用油污水做试样检测荧光强度。这时只要在检测系统适当选择激发光波长及第二滤光片，就可在所要求的精度范围内清除水所产生的拉曼散射光对荧光测试的干扰。因此，船用紫外荧光油分浓度计都是直接用含油污水做试样连续检测油分浓度而不需萃取。

图 3-19 中，由水银蒸气灯产生的紫外光通过第一滤光片后，由反射镜反射到样水的水柱上，样水通过取样管的端头时分为三根有一定直径的水柱。这三根水柱的流量是稳定的，它在紫外光的照射下产生荧光，通过第二滤光片时，只有相当于荧光波长的光通过而其他杂乱光被滤掉，然后荧光由光电管接收，光电管接收到的荧光强度与样水中含油量成正比，并输出电流信号，经过电子回路转换和放大，送出相当于油分浓度的电流信号，在 mg/L 表头上指示出来，同时输出控制信号，控制声光警报装置和电磁阀动作。

（2）光学浊度法

光学浊度法是利用光通过油乳浊液产生散射光来测定油分浓度。根据瑞利散射定律，当入射光强度一定而且油粒直径 D 小于入射光的波长（$D/\lambda \leqslant 1$）时，

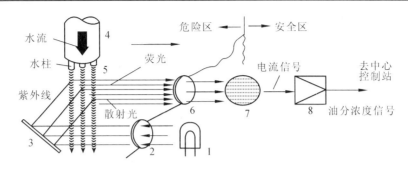

图 3-19　紫外荧光油分浓度计工作原理图

1— 水银蒸气灯；2— 第一滤光片；3— 反射镜；4— 取样管；

5— 取样管端头；6— 第二滤光片；7— 光电管；8— 电子回路

散射光强度与油粒数目（油分浓度）成正比，而与油粒品种无关。因此，通过测定散射光强度即可测得水中油分浓度。

为保证被测试样中油粒大小合适，分布均匀，一般都在测量管前设置二个均质器，使油水混合液转变为乳浊液，常用超声波使大油粒粉碎并乳化成乳浊液。

光学浊度法中的入射光光源可以是普通可见光、近红外光或激光，但其波长一定要大于所测油粒粒径。

用光学浊度法检测水中油分浓度不需用四氯化碳等溶剂萃取，故准确可靠，操作简便，反应迅速，测试精度仅与油粒大小有关，而与油种无关。因此，检测不同油品时无须逐个标定，适用于船上连续监控。由于光学浊度法不能分辨溶解油的成分，检测成品油时应考虑溶解油比例而采用一修正系数。

油分浓度测定原理如图 3-20 所示。检测器由一个浊度测量室和一个超声波换能器组成，超声波由夹心式压电换能器产生。浊度测量室的功用是将被测试液的浊度变为电信号并输出，在试料管两侧分别设置电光源和光敏电阻，光敏电阻有两个，互成 70° 角安装，分别接受电光源前面的透射光和侧面散射光。超声波作用间断进行，光敏电阻将接受的超声波作用前后的透射光和散射光强度转换成电压量，经放大器放大后在减法器中运算，所得差值正比于油分浓度值，由显示器指示出来，当浓度超过设定值时即发出报警信号。

荷兰 ITT 公司生产的激光油分浓度计工作系统如图 3-21 所示。该监控装置所监测的油分浓度为 0、100mg/L，报警和控制信号极限值可任意在 15 ~ 100mg/L 之间调定。样水取样阀有两个，可根据需要选择检测不同处所的含油污水的油分浓度。

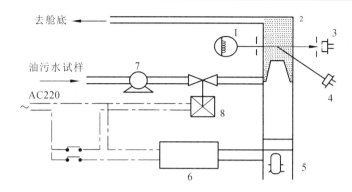

图 3-20   光学浊度法油分浓度测定原理图

1— 光源;2— 试料管;3— 透射光光敏电阻;4— 散射光光敏电阻;

5— 压电换能器;6— 超声波发生器;7— 试样泵;8— 电磁阀

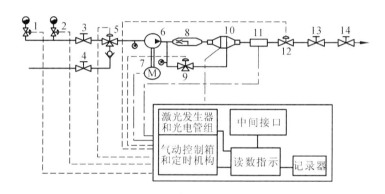

图 3-21   ITT 公司激光油分浓度计工作系统图

1— 第一级油水分离器出口取样阀;2— 第二级油水分离器出口取样阀;3— 样水截止阀;

4— 清洗水出口阀;5— 清洗水/样水转换阀;6— 取样泵;7— 样水水泵电机;8— 均质器;

9— 窗口清洗阀;10— 检测室;11— 流量计;12— 排出自动控制阀;13— 出口截止阀;14— 排放阀

样水从取样点取出,经取样泵 6 加压泵出,再经均质器 8(喷射式带有舌簧片的超声波乳化器)被连续乳化,然后送入检测室 10。激光发生器产生的激光由入射光光导纤维传入检测室内,穿过油污水试样后的透射光由透射光光导纤维导出,散射光由散射光光导纤维导出,两种光经各自光电池转换成电流信号,在计算器中进行计算,变成油分浓度信号,供报警和记录用,并在数字显示器上直接显示出油分浓度值(mg/L)。

为防止检测室的玻璃窗口被污染影响检测结果,在检测过程中,自动定时用具有一定压力的清水清洗检测室的玻璃窗口。整个样水流动系统在每次开始检测之前和停止之后,同样自动控制用清水进行清洗一定时间。系统和窗口也可随时进行清洗。

（3）红外线吸收法

红外线吸收法是利用油中化合物的 CH 基、CH_2 基和 CH_3 基等能吸收波长为 3.4、$3.5\mu m$ 红外线区域内振动波的特性来测定油分浓度的一种方法。在测定油分浓度时，由于水对近红外线波段也有吸收能力，因此不能直接用含油污水测定其含油量，必须用在近红外线波段内吸收率很小的 CCl_4 或氟利昂 113 等有机溶剂萃取试样中的油分，测定萃取液中油分浓度（由预先绘制的标准曲线查得），再按下式换算成原试样水的油分浓度：

$$C_2 = \frac{C_1 V_1 a}{V_2}$$ （3-24）

式中：C_2 —— 试样水的油分浓度（mg/L）；

C_1 —— 萃取液的油分浓度（mg/L）；

V_1 —— 萃取液容积（L）；

V_2 —— 试样水容积（mL）；

a —— 萃取液稀释倍数。

式（3-24）适用于测定油分浓度为 $0.1 \sim 200mg/L$ 的含油水样。

红外线吸收法与重量法或其他常规化学法相比较，由于各种油品的吸光系数接近，因而测定结果的可比性较好，具有操作简便、准确、快速等优点，而且对不同来源的油污染具有一定的适应性。其缺点是油分萃取液 CCl_4 有毒，而且萃取率将随所用 CCl_4 量和萃取操作而变。此外，油种不同时，因组分不同，吸收强度也有差异，所以尚需对各种油种制定出相应的标准。

红外线吸收法测定水中油分浓度在陆地上得到了广泛应用。但由于需要萃取和绘制标准曲线，目前在船上应用还不多。

（4）紫外线吸收法

紫外线吸收法是利用石油烃成分中具有共轭体系的烃类能吸收紫外线的特性，并根据紫外线被吸收的强度来测定油分浓度的一种方法。这种方法对于芳烃具有很高的灵敏度，最低检测浓度可达 $0.03 \sim 0.05mg/L$。但因各种原油和油品中芳烃含量不同，必须根据污染来源经常做出相应的曲线（对各种混合油的浓度则可用一根平均测量线来代替），因此操作较为麻烦。

紫外线吸收法与红外线吸收法一样，吸收能量与浓度的关系可由比尔定律表示

$$E = E_0 e^{-KCL}$$ （3-25）

式中:E——出射的紫外线能量;

E_0—— 入射的紫外线能量;

K—— 吸收率;

C—— 介质的浓度;

L—— 介质的厚度。

将式(3-25)改写为 $E/E_0 = e^{-KCL}$,两边取对数 $\ln(E/E_0) = -KCL$,得

$$C = \frac{\ln(E/E_0)}{-KL} \tag{3-26}$$

从式(3-26)可知,如果光源强度 E_0 和通过介质后的光强度都可测得,油的吸收率 K 和介质厚度 L 又已知,则可测得水中的油分浓度。

3.4.3 自动关停装置

在适用情况下,自动关停装置系当流出物含油量超过 15mg/L 时用于自动关停油性混合物任何舷外排放的装置。该自动关停装置为一种阀门装置,装于 15mg/L 舱底水分离器的流出物出口处,当流出物含油量超过 15mg/L 时自动将排向舷外的流出物引回船舶舱底或污水舱,其具体安装位置及工作原理如图 3-22 所示。

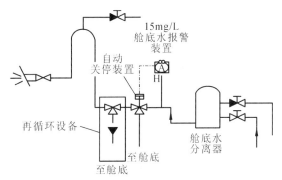

图 3-22　舱底水分离器的安装要求

3.4.4 油水界面指示器

如图 3-23 所示,这是一个油水界面指示器的检测原理图。这种指示器主要由测量钢带尺、微电流表、接船体夹和锌坠组成。由于污水具有一定的导电性,而油类几乎不导电;另外,锌在电解溶液中比铁的电位高,容易失去电子而被"腐蚀"。这样,在沉淀舱内的水中锌与船壳钢板(或油舱钢结构)之间便会产生一个电位差,并产生电流,这就是原电池。虽然产生出的电流较微小,但也可用微电流表检测出来。油水界面指示器就是利用这一原理来进行检测的,它不需要用电源。检测时,将锌坠落入需要测量的沉淀舱,当锌坠(锌坠用黄铜包嵌,只有尖顶裸露在外)落入水层时,微电流表指针将发生偏转,此时说明锌坠在水中与船壳钢板构成了原电池,由钢带尺、锌

坠、样水、钢板和接船体夹构成了回路,微电流表指针发生偏转。这时,记录钢带尺的读数 A。之后继续往下放钢带尺,直至锌坠接触到船舱底部,再记录下钢带尺的读数 C。然后回收钢带尺,再通过舱顶空档测量装置测得空档值 B。则油层厚度为:$A-B$;油水界面位置为:$E=C+0.13-A$。由于这种装置电流很弱,因此保持锌坠、接船体夹、钢带尺等部位的接触良好非常重要。

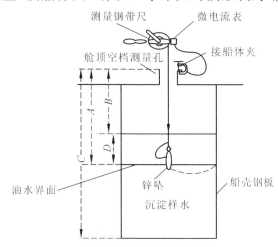

图 3-23　油水界面指示器的检测原理

3.4.5　船舶油污水排放监控系统

3.4.5.1　船舶油污水排放监控系统组成

根据公约规定,油船排放污压载水和洗舱水必须在排油监控系统监控下进行,控制油的瞬间排放率小于 30L/n mile,排油总量小于载油量的 1/30000。

瞬间排放率由下式计算

$$c = \frac{Q \times m}{v} \times 10^{-3} \tag{3-27}$$

式中:c—— 瞬间排放率(L/n mile);

　　m—— 油分浓度(mg/L);

　　Q—— 含油污水排出量(m^3/h);

　　v—— 船速(kn)。

排油总量计算公式为

$$L = \sum_{t_i}^{t} Q_{t_i} m_{t_i} \cdot t \times 10^{-3} \tag{3-28}$$

式中：L—— 排油总量(L)；

t—— 排放含油压载水的累计时间(h)；

m_{t_i}—— t_i 时刻排水中油分浓度(mg/L)；

Q_{t_i}—— t_i 时刻含油污水排出量(m³)。

由式(3-27)和(3-28)可知,要监测瞬间排放率和排油总量,就必须测得排水中油分浓度、单位时间排水量、排水时船舶航行速度和排水时间。排油监控系统对有关量进行计算输出控制信号,并在数字显示器上显示出记录。因此,排油监控系统主要应包括以下设备：

(1) 油分浓度计,测量排放物的油含量。

(2) 流速指示系统,测量排放物排入水中的的速度。

(3) 船速指示装置,指出船舶速度。

(4) 船舶位置指示装置,指出船舶位置,包括经度和纬度。

(5) 取样系统,把排放物代表性样品传送至油分浓度计。

(6) 舷外排放控制,终止舷外排放。

(7) 启动联锁,防止任何排放物向舷外排放,除非监控系统完全处于工作状态。

(8) 控制部分包括：

① 处理机,接收排放物含油量、排放物流速和船速信号,并将这些数值换算成每海里的排油量(升)和排油总量；

② 提供报警和向舷外排放控制提供命令信号的设备；

③ 进行数据记录的设备；

④ 展示目前操作数据的数据显示器；

⑤ 在监控系统发生故障时使用的越控系统；

⑥ 提供信号给启动联锁以防止在监控系统完全运作前排放任何排放物的设备。

3.4.5.2　船舶油污水排放监控系统技术条件

MEPC 第 49 届会议于 2003 年 7 月 18 日以 MEPC.108(49)决议的方式通过了《修订的油船排油监控系统指南和技术条件》。该指南适用于:(1) 在 2005 年 1 月 1 日或以后安放龙骨或处于类似建造阶段的油船上的设备;(2) 在 2005 年 1 月 1 日以前安放龙骨或处于类似建造阶段的其他油船上的设备应符合 IMO A·393(Ⅹ)、A.496(Ⅻ)、MEPC.13(19) 和 A.586(14) 决议通过的指南

和技术条件中所包含的要求,或符合新的指南和技术条件中包含的要求。主要技术条件包括:

(1)油分计:设计成监控大范围含油量的油分计的精度(应使读数能代表试样实际含油量),应在 ±10mg/L 或 ±10% 之内取其大者。由于有除油以外的污染,例如空气、铁锈、泥和沙,精度应保持在上述限制范围内。

(2)取样系统:取样探针应穿透排放管至管路直径的 1/4 处,取样整个过程时间应尽可能短,且在任何情况下不大于 40s。

(3)流速指示系统:用于测量速度的流量计精度应为排放期间的瞬间排放率的 ±10% 或更好。

(4)船速指示系统:所使用的速度信息可为对地速度或对水速度,取决于船上安装的速度测量装置。

(5)船舶位置指示装置:由一个全球航行卫星系统或地球无线电航行系统接收器或其他装置组成,它适于在整个预期航行中随时使用,以通过自动方式建立和更新船舶位置。

(6)舷外排放控制管理:能通过关闭所有相关的舷外排放阀或终止所有相关的泵来自动停止排放物排入水中。排放控制装置应为自动防故障装置,当监控系统不在工作状态、在报警状态或当监控系统失效时,能停止所有排放物的排放。

(7)处理机和传送装置:控制部分的处理机应在不超过 5s 的时间间隔内接收油分浓度计、流量指示系统和船速指示系统发出的信号,并能自动计算出油类瞬间排放率和在航程中油类排放总量。当电源发生故障时,处理机能记忆油类排放总量、时间和日期等与计算有关的信息。

(8)记录装置:控制部分的记录装置包括一个可电子格式化的数字打印机,记录数据至少包括油类瞬间排放率、瞬时含油量、排油总量、日期和时间、船速、船位、排放物流速、舷外排放控制或布置状况、油类种类选择器的调节情况、报警条件、不流通或故障等失效情况、越控动作记录等。

(9)数据显示:除打印记录外,能清晰显示现时数据。它包括诸如油类瞬间排放率、油类排放总量、瞬间含油量、流速、船速、舷外排放控制或布置状况。

(10)人工替代方法:当系统发生故障时,取得信息的替代方法如下:

① 油分浓度计或取样系统:靠目视观察排出物近旁的水面。

② 流量计:靠泵的排放特性等。

③ 船速指示装置:根据主机转速。

④ 处理机:靠人工计算和人工记录。

⑤ 舷外排放控制:能人工操纵泵和阀的动作。

（11）停止排放的报警:当油类瞬间排放率超过 30L/n mile、油类排放总量达到前个航次装载货油总量的 1/30000 时,当系统的操作发生故障（如动力源故障、取样停止、测量或记录系统的重大故障）时,当传感器的输入信号超过系统的有效容量时,系统均会发出报警并停止排放。

（12）报警指示器的位置:系统的报警指示器应安装在货油控制室（如设有）和 / 或能引起立即注意并采取行动的其他处所。

3.4.5.3 船舶油污水排放监控系统实例

（1）ITT 排油监控系统

ITT 排油监控系统由日本住友精密工业株式会社生产。该系统包括以下主要部分:① 油分浓度计;② 流量计;③ 取样系统;④ 放阀控制装置;⑤ 中心控制站。其中中心控制站又包括处理机、发讯装置、记录装置、人工越控系统。

该系统的基本工作原理如图 3-24 所示。

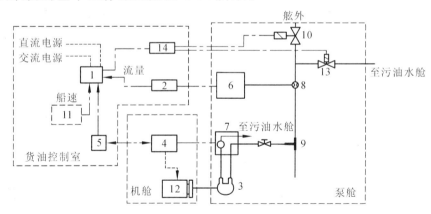

图 3-24　ITT 排油监控系统原理图

1— 中心控制站;2— 压电转换器;3— 取样泵;4— 光导 / 气动控制箱;
5— 数字显示控制箱;6— 压差传感器;7— 检测室;8— 孔板流量计;
9— 取样接头;10— 排放阀;11— 航速仪;12— 马达;13— 循环阀;14— 控制站

① 油分浓度计及取样系统

该系统由含油量检测室7、取样泵3、取样接头9、光导 / 气动控制箱4和光导纤维所组成。

这部分主要采用荷兰ITT公司的以激光作为光源的光学浊度法油分浓

度计专利技术。

在货油泵的排出管路上,由取样接头 9 取得所要排放含油压载水或洗舱水的分析水样,通过取样泵 3 送到检测室 7,最后把水样送至污油水舱。

在光导／气动控制箱 4 中所产生的激光束,通过光导纤维送入检测室 7,在此测得激光强度,送回光导／气动控制箱 4,在控制箱 4 中将光强信号转换成电信号,然后输出一个相当于油分浓度值的电流模拟信号(0～1000mg/L 所对应的输出电流量为 0～20mA)送至数字显示控制箱 5,通过数字显示控制箱输入带有记录器的中心控制站 1。

为了保证取样管路、取样泵以及检测室的清洁,反映水样本身的实际含油浓度,这些部件均需定期地(每次启动前及停止后)用清水进行清洗,每次清洗 4min。清洗是靠光导／气动控制箱 4 送出的气动信号通过控制泵、阀的启停与开关进行的。只有清洗完毕,系统方能停止工作。此外,在取样分析过程中,每隔 3min 还要对激光光束窗口用清水冲洗一次,为时约 10min,这个程序也是由光导／气动控制箱所发出的气动信号自动控制的。

油分浓度计及取样系统的供电电源总开关设在机舱接线箱的面板上,而测量的读数和记录器则放置在货油控制室内。在数字显示控制箱上还集中了一些控制开关和警报指示灯,其面板布置如图 3-25 所示。

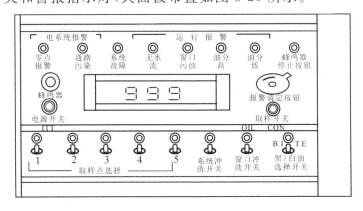

图 3-25 数字显示控制箱面板

图中电源开关作为显示及控制系统的电源。黑／白油选择开关是指在被测量的压载水中所含油类的品种,通常,原油、燃料油、柴油和润滑油均属"黑油",而汽油、煤油、石脑油和苯属于"白油"。操作前,应考虑本次压载前所装油类究竟是属于哪种油类,如属于"黑油",则应将此开关放在向上的位置。窗口清洗和系统冲洗开关是供人工清洗时用的。人工清洗时,将开关置于向下位置,即开始清洗,如将开关置于向上位置,则人工清洗即停止。对警报值的调整,可按要求预先进行,但最大为 1000mg/L。在系统工作期间,当排出压载水中的含油量达到此调定值的 80% 时,80% 的含油报警指示灯亮,发出蜂鸣声响警报。当高于这个调定值时,油分高指示灯亮,并发出蜂鸣声响警报,同时送出信号,指令压载水排出阀(图 3-24 中阀 10)关闭。当需要取样分析时,其操作程序是:按下电源开关,试验检查按钮和取样点选择开关;试验检查按钮仅用作检查各指示灯、蜂鸣器以及显示屏工作是否正常,按下时,所有指示灯全亮,报警指示灯发出闪光,蜂鸣器发出声响,显示屏上显示出 5g±50mg/L,表明这些部件正常;最后再按下取样开关,系统就会正常投入工作,并在显示屏上显示出排放水的实际含油浓度。

取样点选择开关是供检测不同安装位置的取样接头所要探测的排放管路中的油分浓度。

在窗口污浊警报和零点异常以及光通路污浊警报之间具有一定的相互关系,但也有区别。

零点异常可能因测量室中直射光的通过率不正常(由于窗口污浊或清洗水不清洁而引起),或因直射光的接收元件有问题而引起。光通路污浊是指散射光的接收不正常,可能因窗口污浊或光导接收件不正常而引起。所以当窗口污浊警报指示灯亮时,零点异常和光通路异常警报指示灯也会同时亮。此时,应进行人工清洗或将取样开关闭合,让系统自动清洗后再打开取样开关,如此反复直到警报指示灯熄灭为止。如果窗口污浊警报灯不亮而零点异常灯及光通路污浊灯亮,则首先应对系统及窗口进行清洗,如清洗无效,再检查光导通路部分。

在数字显示和控制箱旁边还设有专门的记录器,它将显示仪送来的同步信号转换成指针的位移,在坐标纸上记录出油分浓度值。坐标纸卷成筒状,装在仪表内,按时间定时转动,每分钟转 1cm。一卷坐标纸可以记录 250h,用完后更换。当需要记录时,打开记录器的面板盖,推上电源开关及送纸开关,记录器就会开始连续地记录出时间和日期、油分浓度、单位时间流量、船舶航速、总排油量和排放阀的位置(开启或关闭)。公约规定,记录器所记载的上述内容应保存 3 年。

② 流量指示系统

流量的测定是通过一个孔板式流量计进行的。由于在指示灯管路中流体的流量正比于通过孔板流体压降的平方根,因此要求测出板前后的压力差,并算出流量值。液流在孔板前后所产生的压力差送入压差／压力转换器($\Delta p/p$),该转换器是一个气动压力转换器,它输出一个空气信号并通过气／电转换后送至中心控制站1,见图3-24。在气／电转换过程中,按空气压力的高低转换成 $4 \sim 20\text{mA}$ 的电信号,并将其作为流量的模拟信号输入中心控制站的计算机中。

流量控制系统的测量精度,在工厂从 25% 到 100% 的测量范围内设为 $\pm 7\%$,而在船上则根据管路布置情况设为 $\pm 15\%$。

③ 中心控制站及阀控制箱

中心控制站及阀控制箱位于货油控制室内,其中主要包括三部分:中心程序单元、显示与记录单元、控制压载水排放阀和回流到污油水舱的循环阀的开关单元。

中心程序单元主要具有计算瞬间排放率和排油总量的计算程序和记忆程序。它从油分计取得排出含油污水中的油分浓度值,并从流量计中取得排放水流量的模拟信号。同时还从船舶航速仪中取得船舶航速的脉冲信号和从时钟取得的时间信号,通过程序计算出油类物质的瞬间排放率与排油总量。当这两项指标的任何一项超出规定指标时,即会发出信号,关闭通向舷外的排放阀,同时指令打开通向污油水舱的循环阀,并发出警报。

显示与记录单元主要备有一个阴极射线管(显像管)、一台打印机和一个输入键盘。在显像管的荧光屏上和打印机上均可同时显示及打印记录以下各项数据:时间和日期、油分浓度、单位时间流量、船舶航速、瞬间排放率、排油总量、排放阀的位置(开启或关闭)。各项数据可以定时进行显示和记录,记录可以在 10min 的时间间隔内任意设定。在需要时也可人工指令进行显示与记录。此外,当监测系统发生故障或排水量超过流量计测量范围时,系统将会自动地将时间及情况显示在荧光屏上并记录下来。

控制压载水排放阀和回流到污油水舱的循环阀的开关单元,其作用是将电信号送至货油阀控制箱,再将信号转换放大,然后送到电磁阀站箱中,用以控制一个三通电磁阀。该阀的开启和关闭是靠伺服油缸进行的。在系统自动工作时,排放阀和循环阀的开关相互联锁,即当排放阀关时,循环阀就开;而当排放阀开时,循环阀就关。

在系统正常运行期间,如发生下列任一情况,排放阀就会立即关闭:停止排放压载水的监控期间;油量瞬间排放率超过极限时;排油总量达到极限时;排水量超过流量计的测量范围时;系统中某单元发生故障时。

在上述后四种情况下,均会发出警报,与此同时,荧光屏闪亮,蜂鸣器声响。在油量瞬间排放率或排油总量接近极限之前也会发出警报,但此时排放阀并不关闭。

(2)OTM-17 型排油监控系统

OTM-17 型排油监控系统主要包括以下部件:油分浓度计(OTM-14 型);流量计;中心控制站(OTM-17 型);压载水排放阀控制系统;船舶航速仪。

其中,中心控制站又由计算机、监控、报警和记录部分组成。该系统的油分浓度测量采用紫外荧光法。

取样泵为一台具有自吸能力的单螺杆泵。取样泵可从压载水排放管路上接出的取样管取得水样,再由乳化泵吸入。乳化泵为一台高速回转的剪切式半闭叶轮离心泵,水样通过该泵后,水中的油粒被粉碎成粒径小于 $5\mu m$ 的细小油粒,水样成为极均匀的乳浊液。由乳化泵出来的水样经流量控制阀、含油状态监测器和冷却器进入检测室,在检测室中测出的荧光强度转换成代表油分浓度值的电流信号,然后输送到中心控制站。

如前所述,通过流量计及压差传感器的作用,将测量到的压载水排量信号转送到中心控制站。流量计孔板分别装在货油泵和扫舱泵的直径为 450mm 和 250mm 的舷外排出管路上。

中心控制站收到代表油分浓度值的电流信号、代表流量 Q 的电流信号以及代表航速 v 的脉冲信号后,通过计算,即令与事先存入的油类瞬间排放率及排油总量的极限值相比较,并在超过其中任一极限值时发出信号,通过货油系统控制台转换成液压信号,送至液压阀控制箱,关闭舷外排放阀,开启通至污油水舱的循环阀。

自动定量喷射器的作用是在校准含油量指示时,供给定量油样。因为紫外荧光法检测油分浓度时,对于不同的油种所产生的荧光强度是不同的,所以每当油船装载不同的油种时,都必须进行荧光强度的重新标定。

OTM-17 型排油监控系统的中心控制站主要包括计算机、显示仪表、记录仪和给定输入调节旋钮。其板面布置如图 3-26 所示。

在警报及数字显示面板 4 的上一排均为数字显示器,当排油总量,瞬间排放率,年、月、日、时和分等时间标示不对时,可重新调定。至于年份,则可通过

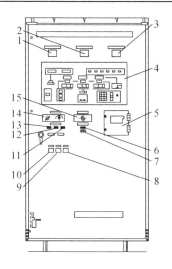

图 3-26　OTM-17 面板布置图

1— 总控电指示灯；2— 控制电源指示灯；3— 防火门关闭指示灯；4— 警报及数字显示面板；

5— 数字记录仪；6— 取样／校正；7— 高量程／低量程；8— 取样泵工作指示灯；

9— 泄水泵工作指示灯；10— 乳化泵工作指示灯；11— 取样故障／启动；12— 乳化泵电源；

13— 电源按钮；14—mg/L 校正调节；15— 主开关

直接转动手拨圆盘的方法使显示数字与年份相符。

"排油总量给定"是指每次压载航行之前,必须输入的一个总排油极限值,对新油船,其排油总量极限值应为本次残油所属的上次该种装载货油总量的 1/30000 对现有油船,其排油总量极限值则应为上次装载货油总量的 1/15000。

"流量全量程给定"是指排油监控系统中的流量计额定值,这个数字对已装在船上的流量计而言是一个定值。

在使用排油监控系统之前,必须校准不同油样的油分浓度值。为此,将图 3-26 中主开关 15 置于校准位置,同时将位于主开关下部的按钮 6 扳到"校正"位置,再将量程选择按钮 7 按到"低量程"位置(0～250mg/L),然后启动自动定量喷射器,并用 mg/L 校正调节钮 14 调节(粗调及微调),直到数字记录器 5 上显示为 160mg/L 为止。

在给定及校正完毕后开始排放压载水时,应准备启动排油监控系统。为此先将取样阀、流量计和传送转换器等投入工作,再按下电源按钮 13,并将取样／校正按钮 6 按到"取样"位置,量程选择按钮按到"高量程"位置(0～1000mg/L),然后将主开关置于"监测"位置(这时取样泵及泄水泵已投入工作),并将乳化泵电源 12 按下,最后按下"启动"按钮 11,直到水样压力足够高时放开按钮,如按钮上的"压下启动"灯亮,则说明整个排油监控系统已经开始正常工作。

3.4.5.4　船舶油污水排放监控功能试验和检验

船舶排油监控系统的功能试验和检验包括工厂功能试验、图纸审批、安装检验、船上功能试验和核查等程序。

（1）工厂功能试验

取得型式认可的油分计和监控系统,在其每一个控制部分交货以前,均应在合适的试验台进行性能试验。性能试验大纲应由制造厂制订。

油分计的性能试验应至少包括下列内容:核查流速、压力降或合适的等效参数;核查油分计所有报警功能;核查与系统其他部分相连接的所有转换功能;核查操作时所有测量刻度上油分浓度值的正确读数。

监控系统的控制部分性能试验应至少包括下列内容:核查所有报警功能;当油分浓度值的模拟输入信号、流量和船速改变时核查信号处理器和记录设备的正确功能;核查当输入信号改变到超过瞬间排放率和排油总量规定的排放极限时,是否报警;核查当达到报警条件时信号是否传至舷外排放控制;核查当每个输入信号变化至超过系统容量时报警器是否被激活。

（2）图纸审批

应在监控系统安装前准备好足够的文件且应提交给主管机关审批。提交的文件应至少包括:

① 监控系统说明。说明应包括泵吸和管道布置简图,确定来自货舱区域的脏压载水和油污水排放出口与油船货物和压载操作手册中的操作要求相一致。应特别考虑具有特殊泵吸和管路装置的油船上的装置。

② 制造商提供的设备手册,应包括监控系统主要组成部分的细节。

③ 准备安装在油船上的整个监控系统的操作和技术手册。该手册应包括整个系统的装置和操作,并应特别描述制造商的设备手册中未包含的系统部分。

④ 手册的操作部分应包括常规操作程序和设备发生故障时的油污水排放程序。

⑤ 手册的技术部分应包括足够的信息(监控系统泵吸和管路布置的说明和简图及电气/电子线路示意图)以帮助发现故障,并应包括保存维修记录的指令。

⑥ 安装技术条件,它特别规定零部件的位置和安装、保持安全和危险区

域边界完整性的装置和取样管路的布置,包括样品反应时间的计算。安装应符合制造商特定的安装标准。

⑦ 一份油分计型式认可证书副本和与监控系统其他主要组成部分相关的技术文件。

⑧ 对安装的监控系统特定的试验和核查建议程序。该程序应指定安装承包商在功能试验中应进行的所有核查项目,并应在验船师执行监控系统的船上检验和确定安装符合了制造商特定的安装标准时提供指导。

(3) 安装检验

① 确认船上有无合格的可供长期使用的文件,如油分计型式认可证书副本等。

② 确认油分计和监控系统控制部分的工厂证书的完整性。

③ 确认系统是否按验船部门审批的技术和技术条件进行安装。

④ 确认油分计和监控系统控制部分的安装是否按制造厂的设备技术条件进行,操作排放口是否确实位于取样管系布置图所示的位置。

⑤ 确认安装工艺是否令人满意,特别是舱壁贯穿件是否符合标准。

(4) 船上功能试验和核查程序

当监控系统用水工作时,功能试验应包括所有下列试验:

① 确认泵正常运行,样品泵吸和管路系统无裂缝,遥控取样阀正常运作;

② 通过核查流速或压力降(如适合)确认系统在正常的流量状态下运行,对每个取样点应单独重复该试验;

③ 确认当监控系统外发生故障时,例如无取样水流、无流量计信号、电源故障等,报警装置能正常工作;

④ 当监控系统用水工作时,手动改变模拟输入信号并核查数值和时间记录是否正确,改变模拟手动输入信号直到达到报警条件并确认记录正确,确定舷外排放控制正在工作并确认该动作正被记录;

⑤ 确认当瞬时排放率的值减至30mile以下时,可重新恢复到正常操作条件;

⑥ 激活手动越控控制,并确认已作记录,且确认舷外排放控制的功能;

⑦ 关闭系统并确认向船外排放阀自动关闭或相关泵已停止,舷外排放控制不能动作;

⑧ 按制造商的操作和技术手册启动系统,核查油分计的零位及增量

设定；

⑨ 核查流量计的精度，例如通过泵吸液舱中的水，流量可依据舱中的液位改变来计算，应在流量计额定流量 50% 的情况下进行核查。

3.5　原油洗舱技术

3.5.1　公约关于原油洗舱的要求

1982 年 6 月 1 日以后交船的 20000 载重吨及以上的原油船应设置使用原油洗舱的货油舱清洗系统。主管机关应保证该系统在该船第一次载运原油航行以后的一年内或载运适合于原油洗舱的原油的第 3 个航程结束时（两者发生较晚者）完全符合要求。原油洗舱装置及其附属设备与布置，应符合主管机关的要求。这些要求应包括《原油洗舱系统设计、操作和控制技术条件》的全部规定。

3.5.2　原油洗舱特性及意义

原油洗舱就是运输原油的油船在卸油的同时，用货油中的一部分原油在高压下通过洗舱机喷射到货油舱内，把附着在油舱构造物和舱底上的油渣清洗掉，并依靠原油的溶解作用，使油渣溶解在原油中，然后将这些油渣同原油一起卸到陆上储油设备中。

原油在运输过程中，会产生黏附在舱壁上的残留物质，不同部位的残留是由不同原因造成的。舱顶和上部没有装油的壁面，会因船舶摇晃等原因不断有飞溅油黏附在壁面上，这些黏附在壁面上的油经自流和挥发，油中的轻质成分大部分脱离了舱壁，但重质油分及原油中的一些黏着物质就会在壁面上结成一层硬质的油膜，比较难以溶解在静止的油中，但在喷射油流的强力搅拌下，残留物就会迅速溶解在原油中，从壁面上被冲洗掉。浸在油中垂直舱壁上黏附的残留物，主要是油水乳胶液，因为原油中总会有一定水分，由于液面波动或油的流动就会形成一种油水乳化液，它的黏性很大，牢固地黏附在舱壁上，不易溶解在静止的油中，同样在喷射油流的强力搅拌下可迅速溶解在原油中。在水平结构和舱底残留的大量沉淀物，一部分是乳化状态的有机物，另一部分是矿物质和铁锈、沙子等机械杂质，它们作为黏结剂与乳化液混合在一起形成油泥，同样这些油泥在静止的原油中很难溶解，但在喷射油流的强力搅拌下,有机物质就溶解在原油中随货油一起卸掉。

为防止海洋污染,英国自 1970 年开始进行原油洗舱研究,经过两三年的试验阶段,1973 年某些大型油船在欧洲各港卸油时,使用原油洗舱。美国于 1971 年也开始进行原油洗舱试验,1975 年发表详细研究报告。日本 1973 年以后开始研究试验,1976 年就进入实用阶段。

我国1978年开始进行高黏度原油洗舱技术研究,1983年大连远洋运输公司 60000 吨级原油船,开始实施原油洗舱。1988年国家港务监督局颁发了我国首批"油船原油洗舱监督员资格证书",从此,原油洗舱技术在我国推广应用。

用原油作为清洗工质,与只用水作为清洗工质比较,在防止水域油污染和经济性方面,都有许多显著优越性。

① 残油量减少,载货量增加

用原油洗舱,货油舱内沉淀物基本上可全部同货油一起卸出。油舱内残留物,原来就是货油的一部分,都是可以炼制的物质,然而在卸油作业中,这部分残留物不能卸掉。

② 可防止水域污染

原油洗舱后,油舱内油性残留物大大减少,作为压载用的油舱只要再用少量水冲洗,就可满足清洁压载要求,即压载水的含油量少于 15 mg/L,所以仅有少量冲洗水打入污水舱内。这样不仅污水舱内的污水量比单纯用水清洗时的大大减少,而且这部分洗舱水经过沉淀过滤后排出时,总排油量小于货油总量的 1/30000。

③ 货油中含水量减少

由于水和油接触减少,而且回收水量减少,乳状混合物也减少,故油水分离容易,可以较有效地把水分离出来,所以货油及污油中水含量大幅度下降。因而历来因油中混有水而造成炼油厂重大故障的现象也显著减少。

④ 可减少舱内构造物的腐蚀

用水洗舱后,舱内处于高温、高湿状态,最容易产生腐蚀,而原油洗舱减少了水与舱壁接触的机会,可起到防腐蚀作用。

⑤ 可缩短进厂修理前洗舱及除气工作时间

进厂修理前洗舱,如用原油洗舱只需 2 ~ 3d,最短 12h 就可完成,且不需大量人力和费用。同时因清洗比较彻底,舱内没有残留油渣,进厂修理时不易发生火灾爆炸事故。

3.5.3　原油洗舱系统设备和人员要求

3.5.3.1　原油洗舱系统设备

（1）惰性气体装置

为防止油船因原油洗舱而发生燃烧爆炸事故，MARPOL 73/78附则Ⅰ规定，凡有原油洗舱系统的油船，必须装设惰性气体系统。惰性气体系统必须保证向油舱内充注的惰性气体中的氧气含量不超过5%，总供气量等于或大于货油泵总排量的1.25倍。原油洗舱过程中能连续向货油舱内供应惰性气体，并保持舱内处于正压状态。其附属设备，如固定式氧气分析仪、记录器、报警装置以及各种仪表均应处于正常工作状态。

（2）固定式洗舱机

在原油洗舱作业中，为防止原油漏泄和保持舱内气体密封，必须设置连接固定管路的固定式洗舱机。洗舱机形式应从以下各方面考虑。

① 喷嘴

单喷嘴式洗舱机可向特定的方向喷射，特别适用于多段清洗方式。排量相同时，比双喷嘴式的喷射压力大，由于清洗压力增大，清洗效果更好。

因此，单喷嘴式洗舱机在原油洗舱中得到广泛应用，但底部洗舱机（潜入式）多数使用双喷嘴式。

② 洗舱机的驱动方式

洗舱机的驱动方式有空气式、淡水式、原油式3种方式。

空气式需用压缩空气驱动，所以要有软管和空气压缩机。这种驱动装置一般都与洗舱机分开安装，可将驱动机械装在其他洗舱机上，容易检修和更换。

淡水驱动式，其结构应保证不使淡水混入原油造成淡水污染，而且必须使淡水洁净地排到内河中。

原油自动驱动方式，用清洗原油的一部分驱动洗舱机，但驱动机构的构造不能因用高黏度原油等而不能转动。

（3）货油泵

货油泵的排量是根据船舶航线的各装卸港的主要设备、卸油时间及货油舱数量等来决定的，但原油洗舱作业条件也要考虑进去。卸油作业与原油洗舱同时进行时，货油泵排量就要依据卸油港储油能力、原油洗舱机同时工作的台数及喷射式扫舱泵等所需总容量来决定。上述各方面条件虽因情况不同而有变化,但最基本的是在不使卸油时间延长的前提下,泵排量必须保证在计划时间内卸完油所需排量加上原油洗舱所需油量。一般来说,洗舱机同时工作台数,可由扫舱泵能力来确定。因此,如能恰当地选择洗舱作业操作方法,就没有必要仅为原油洗舱而增加泵排量。

但是一定要注意,由于管路系统影响,可能存在各泵不能有效使用的情况。在货油泵运转时,供原油洗舱使用的泵,因洗舱机启停、喷射泵等工作压力变动,泵负荷会产生变动,因此最好在控制室装上遥控转速装置。为了卸油和洗舱安全,应设置下列安全装置:

① 泵壳及轴承温度计和高温报警器;

② 泵超速防止装置;

③ 遥控应急停车装置。

(4) 管路系统

原油洗舱的管路系统与一般的货油系统及扫舱系统连通时,需注意以下各点:

① 用油舱中抽出的一部分原油作为清洗原油时,卸油系统与清洗系统的分隔阀希望用闸板阀。因蝶形阀微调困难,阀座容易损伤,而且阀损伤时急速关闭,使管路和泵等造成损伤,甚至造成漏油事故,因此这种阀不适合做压力调整阀。

② 原油管路不可通过机舱。当一部分清洗系统管路延伸到机舱时应采取在管路上加盲板等措施,使原油不通过机舱。

③ 洗舱系统管路应能足够承受洗舱原油的工作压力,必须固定安装,而且油压达到工作压力 1.1 倍时也不许漏油。

④ 管路结构应能防止管路向洗舱加热器漏油,应在洗舱机分支管的进口处装设截止阀。

(5) 扫舱装置

虽然没有必要为原油洗舱装设特殊的扫舱装置,但为了排出溶解于原油沉渣中的高黏度残油,扫舱装置应有较大的排油能力。扫舱泵的性能,同货油泵一样应考虑洗舱作业计划和操作等,以确定合适的性能参数。

(6) 油舱油量的测量装置

为提高洗舱效率,在洗舱过程中需要经常掌握油舱内的残油量,因此应当装设能够经常(包括洗舱期间)准确测量油量的装置。

油量测量装置有空气式、浮子式、雷达式等。浮子式液面计精度最高,但在洗舱过程中使用时有损坏的可能,所以洗舱时不能使用。

清洗舱底测定残油量时,各种装置都难以确认是否还有相当量的残油,所以一般根据扫舱装置空气吸入状况或用扫舱终了指示装置等方法来测定。

为了保证安全及保持油舱气密,应尽量避免打开舱口盖用测深杆等方法测定残油量。

(7) 通信设备

进行原油洗舱作业时,以下各部位之间应设通信设备:甲板洗舱机安装处、甲板货油总管处、货油装卸控制室、甲板上安全监视站、货油泵舱、栈桥上(岸上储油设施)。通信设备必须是防爆型的,从甲板上和货泵间的任何地方都能联系。考虑设备可能出现故障,在主要部位还应设有备用通信设备。

(8) 检测仪表

为了提高卸油、洗舱和扫舱效率并监视安全状况,必须在甲板洗舱管、总管、喷射器、泵的吸入和排出侧装设压力表。在洗舱总管和洗舱水加热器出口管上还应装温度表。为能经常监视喷射器工作压力和洗舱机工作油压等,而且在紧急时能立刻采取措施并容易进行调整,应尽可能在货油装卸控制室安装远距离监视仪表。

3.5.3.2　原油洗舱系统人员要求

(1) 参加作业的主要人员,至少应有 6 个月的油船工作经验,在船工作期间,应从事过卸油和原油洗舱作业,或受过原油洗舱专业训练并熟悉《原油洗舱操作和设备手册》的内容。

(2) 原油洗舱作业总负责人应由持有海事主管机关签发的"原油洗舱监督员资格证书"的大副或船长担任。如本船没有持证的人员,应由船公司派一名持有原油洗舱监督员资格证书的监督员到船上负责指导、监督原油洗舱作业。

3.5.4　洗舱机工作原理及构造

洗舱机主要由固定不动的本体、回转体、喷嘴和回转驱动及传动装置等组成。一个转体上安装一个喷嘴称为单喷嘴洗舱机,一个转体上对称安装两个喷嘴称为双喷嘴洗舱机。

3.5.4.1　单喷嘴洗舱机

图 3-27 所示是 HY-OTACMARK Ⅱ 型单喷嘴洗舱机结构图。回转体的转动是由液压往复机构通过伞形齿轮传递装置变成回转运动。

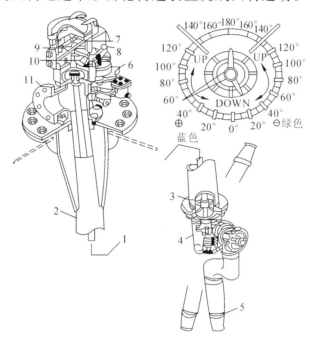

图 3-27　HY-OTACMARK Ⅱ 型洗舱机

1— 清洗液入口连接法兰;2— 导管;3— 传导轴;4— 喷嘴回转体;

5— 喷嘴;6— 往复式驱动装置;7,10— 伞形齿轮;8— 换向手柄;

9— 牙嵌式离合器

往复驱动机构主要由活塞、棘爪、棘轮、导向阀、限位环圈、弹簧等组成,如图 3-28 所示。活塞在高压清洗液推动下向上移动,连接在活塞杆上的棘爪也随之向上移动,与棘爪啮合的棘轮则被带动向逆时针方向转动。活塞向上移动的同时导向阀也在清洗液推动下随活塞一起移动,但当导向阀上的限位环圈与导套的凸肩接触时,导向阀停止移动,活塞上的溢流口打开,清洗液泄放掉,活塞和导向阀在弹簧作用下回复到原来位置。而活塞向下移动时棘爪与棘轮脱离,棘轮不转动。因此,活塞一个往复运动棘轮只转动一次,即只有活塞向上移动时棘轮才转动。

棘轮水平轴的回转运动,通过伞形齿轮传递机构转换成垂直轴在水平方向的回转运动,并带动转体喷嘴回转。喷嘴随转体水平回转,同时通过行星齿轮和蜗轮蜗杆机构,在垂直方向的喷射角度也不断改变,喷嘴水平方向回转

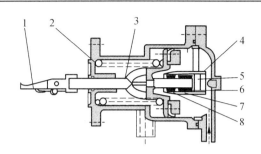

图 3-28　往复式驱动装置结构图

1— 棘爪；2,6,8— 弹簧；3— 活塞杆；4— 导套；5— 导向阀；7— 限位环圈

一周,垂直方向角度改变 $360°/130 = 2.8°$,喷嘴垂直角度可在 $0 \sim 160°$ 范围内变化。

棘轮和水平轴总是逆时针方向回转,如顺时针方向回转,棘轮或棘爪将损坏。但当用滑键滑套在水平轴上的牙嵌式离合器与左边的伞形齿轮接合时,喷嘴在水平方向顺时针回转;相反,离合器与右侧伞形齿轮接合时,喷嘴在水平方向逆时针回转。离合器接合和脱开由换向手柄控制。

喷嘴的垂直角度和水平方位及回转方向,通过辅助齿轮传递机构,分别由顶部指示盘上的长指针及连在一起的两个短指针指示。当长指针(喷嘴垂直角度)在左边蓝色(指示盘及指针都涂有颜色)范围内移动时,蓝色短指针所指方向即是喷嘴的水平方位;当长指针在右边绿色范围内移动时,绿色短指针指示水平方位。

这种洗舱机主要特点是,回转速度可任意调节,而且不影响清洗液流量,并且可以实现定点冲洗,所以洗舱效果好。

MARK-Ⅰ型洗舱机有 DK-A、DK-B 两种型号,每种型号又有许多不同直径的喷嘴。DK-A 型在额定工作压力($7.8 \times 10^n = 5Pa$)下使用不同直径喷嘴,其喷射量为 $100 \sim 180m^3/h$,DK-B 型为 $60 \sim 100m^3/h$。

3.5.4.2　双喷嘴洗舱机

舱底部安装的潜入式洗舱机、移动式辅助洗舱机都采用小型双喷嘴洗舱机,这种洗舱机特点是喷嘴角度不能随意调节,转速及喷嘴方位在甲板上都没有指示,其工作是否正常只能靠听声响判断。图 3-29 是 MBT-30 型双喷嘴洗舱机结构原理图。

高压清洗液(油或水)由进口流入,经导向叶片、涡轮,从两个对称装设的喷嘴喷出。高压液体流过涡轮时推动涡轮回转,经涡轮轴顶部的蜗杆与其啮

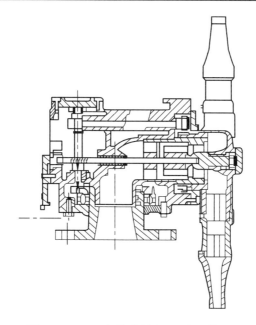

图 3-29 双喷嘴洗舱机工作结构图

合的蜗轮,使轴回转,而其一端的小齿轮与固定在进口法兰上的大齿轮啮合。由于进口法兰和大齿轮固定不动,因此,小齿轮随轴自转,同时还必须绕着大齿轮公转,则使洗舱机转体连同喷嘴一起绕着进口法兰回转。另一方面,轴另一端的蜗杆与轴顶端的蜗轮啮合,轴另一端小齿轮又与喷嘴上的大齿轮啮合,因此,轴的回转使喷嘴随本体一起绕进口法兰回转,同时又通过蜗轮蜗杆、小齿轮使喷嘴绕涡轮轴回转,形成一个球面形的喷射轨迹。

MBT-30 型洗舱机安装不同直径喷嘴,在额定工作压力($9×10^5$ Pa)下,喷射量可达 27 ~ 140m³/h,有效射程为 10 ~ 26m,本体转速为 2r/min,喷嘴转速为 0.132r/min。

3.5.5 洗舱机布置原则和清洗方式

3.5.5.1 货油舱洗舱机的布置原则

货油舱洗舱机布置的位置和数量,主要根据油舱容积、形状及位置(中舱或边舱)来确定。为保证清洗效果,被清洗油直接喷射(不包括飞溅和滴流)冲洗的垂直舱壁面积应占总垂直壁面 85% 以上,水平壁面(包括大型水平构造物)应占总水平面 90% 以上。由于货油舱内部结构复杂,而且各舱的大小和形状都不一样,因此,设计时必须通过作阴影图或模型照光法,计算出每个舱不能直接冲洗到的面积,如果不能直接冲洗到的垂直壁面超过 15%,水平壁面超过 10％,则应调整布置或增加洗舱机数量。底部洗舱机应尽量安装在货油管吸入口附近,顶部洗舱机导管较长,要加强固定防止产生振动,还要注意喷嘴转动不应受到舱内构造物的妨碍,不能装在船桥或甲板货油管下面。

图 3-30 是一艘 60000t 原油油船洗舱机布置图,全船共 15 个货油舱,7 个中舱,6 个边舱,2 个污油水舱。每个中舱安装 3 个顶部洗舱机,1 个底部洗舱机;1、3 边舱(左及右)每舱有 4 个顶部洗舱机,3 边舱还有一个底部洗舱机,5 边舱(左及右)只有 3 个顶部洗舱机;污油水舱(左及右)每舱有 2 个顶部洗舱机,1 个底部洗舱机。共计 47 台 DK-B 型顶部洗舱机,11 台 MBT-30 型底部洗舱机。

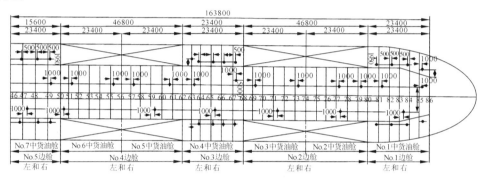

图 3-30　洗舱机布置

各舱直接冲洗的面积如表 3-8 所示。

表 3-8　各舱直接冲洗到的面积

货油舱	垂直面(％)	水平面(％)	货油舱	垂直面(％)	水平面(％)
No.1 中货油舱	92.3	98.4	No.6 中货油舱	93.5	98.4
No.2 中货油舱	93.5	98.4	No.7 中货油舱	94.4	98.6
No.3 中货油舱	93.5	98.4	No.1 边货油舱(左、右)	93.4	99.3
No.4 中货油舱	93.7	98.4	No.3 边货油舱(左、右)	98.1	98.6
No.5 中货油舱	93.3	97.9	No.5 边货油舱(左、右)	92.2	99.3
污油水舱(左、右)	99.5	100.0			

3.5.5.2　清洗方式

洗舱方式不仅影响清洗效果,而且影响卸油时间和整个航次计划,每次洗舱时应根据装卸油计划、油舱脏污程度、设备状况和原油性质来确定。原油洗舱的方式有多段清洗和一段清洗两种方式。

多段清洗是指在卸油的同时随着液位下降分段清洗露出的舱壁,一般分二段或三段清洗。进行上部和中部清洗时,清洗油不能直接冲击到油面上,因此,每段开始冲洗的时间和清洗角度范围要根据卸油速度及洗舱机转速来确定。分段交界处要有一定重叠冲洗。

图 3-31 是一典型三段清洗程序。当货油卸到一定程度时,开始从 110° 清洗到 60°,货油继续卸下后,再从 70° 清洗到 30°,货油全部卸出后,再从 40° ~ 0° 进行底部清洗。

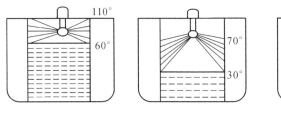

图 3-31 三段清洗程序

多段清洗效果好,特别是对高黏度原油,不易发生冲洗油黏附在舱壁上的现象,还可缩短因原油洗舱而延长的卸油时间。但多段清洗操作复杂,工作量大。

一段清洗一般是在货油卸完后,从顶部向底部一次连续清洗完。一段洗舱所用的油是另外油舱正在卸的油,清洗用油不能含有水分,不能用不同品种的油,因此,货油至少卸掉 1m 以上才能作为洗舱油,同一航次装载几种原油时要特别注意不能混油。一段洗舱同时使用的洗舱机台数其总喷油量要小于扫舱泵的排量,清洗到底部应重复(0 ~ 45° 范围内)清洗 2 ~ 3 次。

一段洗舱操作很容易,但卸油时间延长较多,对高黏度原油来说,有时会影响清洗效果。

对舱内某些角落堆积的沉渣层,只用一般冲洗很难冲净,可采用局部定点清洗,将洗舱机角度对准某一点或一定范围进行反复冲洗。定点清洗时间不能太长,防止损伤舱内构造物的薄弱环节。

如果同一航次在几个港卸油,可利用在两港航行期间进行原油洗舱,这样可避免原油洗舱造成的卸油时间延长。如在航行中进行上部清洗使沉渣完全溶解在货油中,进港卸完油后再进行底部清洗,残油及沉渣可彻底清除干净并随货油一起卸掉,这是比较理想的清洗程序。

3.6　惰性气体系统

3.6.1　惰性气体系统的功用

油舱内可燃气体发生燃烧爆炸事故,必须具备 3 个条件:可燃石油气浓度在爆炸范围内;有足够量的氧气,舱内氧气含量在"临界点"以上;有引火源,其能量达到可燃气燃烧所需最低点火能量。

因此防止油舱发生燃烧爆炸事故,也可从以下三个方面采取措施:

(1)控制油舱内可燃石油气浓度。从图 3-32 可知,如能控制可燃气浓度处于爆炸上限以上的"过浓区",或者处于爆炸下限以下的"稀释区",就不会产生燃烧爆炸。实际上,要控制油舱内可燃气浓度始终处于"过浓区"或"稀释区"是很困难的,操作难度很大。

(2)控制引火源的产生。控制火源一直是油船极为重视的控制燃烧爆炸事故的措施,但它有许多不确定因素,存在很多不可预见情况,特别是由于静电放电产生的引火源而发生的燃烧爆炸事故屡见不鲜。因此单纯依靠控制引火源的产生,并不是最安全可靠的措施,不能完全防止油船发生燃烧爆炸事故。

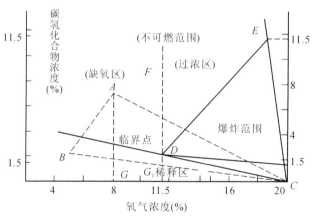

图 3-32　石油气爆炸范围

(3)控制油舱内氧气含量。如图 3-32 所示,如能使油舱内氧气含量保持在"临界点"以下,使舱内气体状态处于"缺氧区",这样无论可燃气浓度处于何种状态,有引火源也不会产生燃烧爆炸。所以最简单也最容易实现的办法,就是向油舱内充注氧气含量很少的所谓"惰性气体",使油舱内氧气含量降低到

"临界点"以下,这样就可保证油船在任何营运状态下,油舱内气体氛围均处于安全区。

3.6.2　船舶各种营运状态惰性气体充注效果

油船在各种营运状态下,向货油舱内充注惰性气体,可有效防止发生燃烧爆炸事故。

3.6.2.1　卸油时惰性气体的充注

装满油的货油舱上部空间,无论是否充满惰性气体,油气浓度都是处于过浓区域,没有爆炸的可能性。图 3-32 上 A 点是充满惰性气体的状态,E 点是未充入惰性气体的状态。在开始卸油以后,随着油位下降,油舱上部空间逐渐增大,舱内压力下降造成一定真空,则外部空气流入,这时在已充满惰性气体情况下,混合气状态按 AC 线变化,在未充满惰性气体情况下,按 EC 线变化,由此看出不论事先是否充满惰性气体,在卸油时舱内油气浓度都有可能进入爆炸范围之内。因此,在卸油过程中应不断向油舱内充入与卸油量容积相当的惰性气体,防止空气流入,并保证油舱内总是处于充满惰性气体的状态。

例如充入的惰性气体氧气浓度为 8%,则油气浓度按图上 AG 线变化,不会进入爆炸范围。所以,使油舱内处于正压状态,防止空气流入,并使氧气浓度保持在 8% 以下,这样可以有效地防止发生爆炸事故。

3.6.2.2　航行中惰性气体的补充

无论是满载或空载,在航行中都有可能由于某些原因而发生舱内压力下降到低于大气压力,空气通过呼吸阀流入油舱。即使原来已充满惰性气体,但当空气流入时,舱内气体状态按图 3-32 上 AC 线变化,由于氧气浓度升高,有可能进入爆炸范围。因此,在航行中应定期测量舱内氧气浓度,根据需要向舱内充入惰性气体,保证舱内氧气浓度在 8% 以下。

3.6.2.3　货油舱内压入和排出压载水时惰性气体的充注

（1）压载水压入时

由于卸油时不断向油舱内充入惰性气体,卸油后立即向舱内压入压载水时,气体状态处于图 3-32 上 A 点,而且压水时,只有气体向外流出,空气不会流入油舱,舱内气体状态总是处于 A 点,不会进入爆炸范围内,故不需充入惰性气体。

（2）压载水排出时

开始排放压载水时，舱内气体状态处于图 3-32 上 A 点。如不向舱内充注惰性气体，会使空气流入舱内，气体状态就要按 AC 线变化，舱内气体状态就可能进入爆炸范围之内。但如在排放压载水时，也不断向舱内充注氧气含量低于 8％ 的惰性气体，舱内气体状态按 AG 线变化，这样舱内气体状态就不会进入爆炸范围。

3.6.2.4　装油前惰性气体的充注

开始装油时舱内氧气浓度若在 11.5％ 以上，如图 3-32 中 G_1 点，随着货油不断装入，石油气浓度逐渐增加最终将达到爆炸上限以上，如图 3-32 中 F 点，这时处于爆炸范围以外。然而在装油过程中，舱内气体状态按 G_1F 线变化，因此装油初期一段时间内，气体状态会处于爆炸范围以内。为防止这种现象发生，在开始装油前，油舱内必须充注惰性气体，使油舱内氧气浓度在临界点以下，如图 3-32 中 G 点，则装油过程中气体状态按图 3-32 中 GA 线变化，这样在装油的任何时期气体状态都不会进入爆炸范围。

3.6.2.5　清洗油舱时惰性气体的充注

许多油船爆炸事故发生在洗舱时，这是由于洗舱喷射高速流动的水或油，可能将舱内构件冲击坠落而碰撞产生火花，或者由于喷射液流产生静电引起油气燃烧而发生爆炸事故。因此，开始清洗油舱之前，必须测定所有要清洗油舱内氧气浓度，确认氧气浓度在 8％ 以下，根据使用的洗舱机形式不同按下述两种方法充入惰性气体。

当使用固定式洗舱机时：多段原油洗舱时，必须按卸油时的要求，不断向舱内充入惰性气体。一段原油洗舱或用水洗舱时，由于扫舱泵的排量可能大于洗舱机的喷射量，将舱内一部分气体吸出，产生负压，空气流入舱内使氧气浓度增高，气体状态可能进入爆炸范围。再加上洗舱时会产生静电，危险性很大，因此，洗舱过程中也要连续向舱内充入惰性气体，保持舱内氧气浓度在 8％ 以下。

当使用移动式洗舱机水洗舱时：由于洗舱时舱盖口都开着，空气流入量一定比固定式洗舱机的空气流入量多，因此应定期测定氧气浓度，及时补给惰性气体，以保持舱内氧气浓度始终处于 8％ 以下。

3.6.2.6　除气作业时惰性气体的充注

油船进厂修理或人进入舱内检查，必须除气，使舱内氧气浓度达到 19％

以上,可燃气浓度在 0.05% 以下。但如油舱内可燃气浓度在 5% 以上时,开始用新鲜空气除气,舱内气体状态变化是通过图 3-32 中 AC 线达到 C 点,这样就会进入爆炸范围内。因此,首先用惰性气体置换油舱内石油气(驱气),当油气浓度降到 4% 以下(图 3-32 中 B 点)时,再用新鲜空气置换(除气),这时气体状态通过 BC 线达到 C 点,不会进入爆炸范围内。

3.6.3   船舶惰性气体装置组成及工作原理

3.6.3.1   惰性气体装置类型

油船为防止货油舱燃烧爆炸,向舱内充注的惰性气体,可由三种方式获得。一种是利用锅炉排气经冷却、脱硫、洗涤后得到惰性气体。这种方式称为"烟道气"方式,简称 IGS。另一种是用专门的惰性气体发生器,燃烧煤油等液体燃料得到惰性气体。这种装置称为"惰性气体发生装置",简称 IGG。还有一种是将两者串联起来使用,形成"组合式"惰性气系统。

(1)烟道气式惰性气体系统

IGS 的组成及标准工作流程如图 3-33 所示。IGS 主要由以下部件组成:①控制由烟道取气的烟气抽气阀;②冷却、净化烟气的洗涤塔;③去除惰性气体中水分的除湿器;④向货油舱输送惰性气体的鼓风机;⑤防止油舱内可燃气体逆流的甲板水封装置;⑥防止油舱及管路高压或负压的压力/真空切断阀;⑦测定惰性气体中氧气浓度的氧气分析仪;⑧各种控制阀和仪表等。

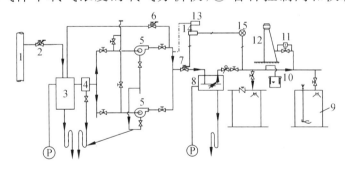

图 3-33   烟道气式惰性气体系统

1— 锅炉烟道;2— 烟气抽气阀;3— 洗涤塔;4— 除湿器;5— 风机;6— 循环阀;

7— 主气阀;8— 甲板水封;9— 货油舱;10— 压力/真空切断阀;11— 呼吸阀;

12— 透气舱;13— 氧气分析仪;14— 控制箱;15— 压力变送器

锅炉排气通过烟气抽气阀送入洗涤塔,在其中冷却、脱硫、清洗除尘,再经除湿器去除气体中的水分,干燥清洁的惰性气体由风机抽吸经甲板水封装置送入货油舱。系统运转时,由氧气分析仪连续检测惰性气体中含氧量。为保证安全运转,系统中装有许多安全联锁装置、测示仪表和报警装置。

烟道气式惰性气体系统供气量大,含氧量一般在 4% 以下,不需额外消耗燃料,成本低,经济性好。但由于锅炉燃烧低质燃料,惰气中含有较多的二氧化硫和烟尘等杂质,而且含氧量受锅炉负荷变化的影响较大。在低负荷时由于锅炉燃烧的过量空气较多,烟气中含氧量增加,超过规定值。因此,为降低含氧量,不得不增加锅炉负荷,多消耗燃料,并要采取措施处理多余蒸汽。

(2)惰性气体发生装置

惰性气体发生装置系统组成如图 3-34 所示。由燃油泵供给的燃料和由风机供给的空气在燃烧室内混合燃烧,产生的燃气经洗涤塔冷却、除硫、去尘和除湿,再经甲板水封送入各货油舱。

这种系统所产生的惰性气体,含氧量低,最低可达 0.1%,二氧化硫少,烟尘少;缺点是需额外消耗燃料,经济性差,要设置专用燃烧室、燃油泵等设备,造价高。因此,主要用于对惰性气体质量要求较高的运输液化石油气或天然气的船舶、没有大蒸发量锅炉装置的成品油船以及一些石油／矿石兼用船。一些原油船也装设产生气量比较小的辅助惰性气体发生装置,当需要气量较少或航行补气,或锅炉停用时,启动该辅助装置,向舱内提供惰性气体。

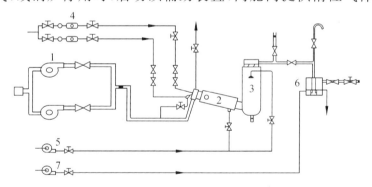

图 3-34　惰性气体发生装置系统组成

1— 风机;2— 燃烧室;3— 洗涤塔;4— 燃油泵;5— 冷却水泵;6— 甲板水封;7— 水封水泵

(3)组合式惰性气体系统

这种装置是惰性气体发生装置系统的改进,它是将含氧量大于 13% 的柴油机或辅助锅炉的排气供入燃烧室,与燃料混合再燃烧,产生含氧量小于 5% 的惰性气体。系统组成如图 3-35 所示。

锅炉或柴油机排气经预冷却器冷却后,由风机抽出送入燃烧室,燃油由

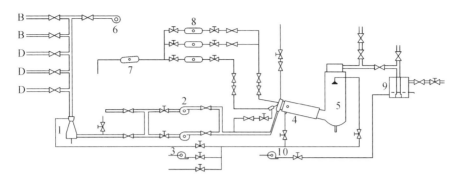

图 3-35　组合式惰性气体发生器系统

1—预冷却器;2—风机;3—冷却水泵;4—燃烧室;5—洗涤塔;6—密封空气风机;
7—燃油输送泵;8—燃油泵;9—甲板水封;B—锅炉烟气;D—柴油机排气

燃油泵供入燃烧室与排气混合后燃烧,产生的惰性气体经洗涤塔冷却、除硫、去尘、除湿,再经甲板水封送入货油舱。

这种装置同单纯的发生器比较,主要优点是可节省燃料。根据燃烧理论计算,用含氧量为 21% 的空气做助燃剂,每燃烧 7.3kg 燃油可产生含氧量为 5% 的惰性气体 100m³(标准状态下)。用含氧量为 15% 的柴油机排气做助燃剂,同样产生含氧量为 5% 的惰性气体 100m³(标准状态下),需消耗燃料 4.5kg。因此,产生同样质量、相同体积的惰性气体,组合式发生器可节省燃料 40%。

各种惰性气体装置产生的惰性气体所含成分的体积百分比列于表 3-9。

表 3-9　惰性气体成分

	烟道气式	发生装置式	组合式
氮气(%)	77	77 ~ 79	77 ~ 79
二氧化硫(%)	0.3	0.01	0.1
氧气(%)	4	0.1 ~ 4	1 ~ 4
二氧化碳(%)	13.5	12 ~ 14	12 ~ 14
水蒸气(%)	5	饱和	饱和
烟尘等杂质(%)	150	8	15

3.6.3.2　惰性气体装置主要设备结构及工作原理

(1)烟气抽气阀

烟气抽气阀是一个可从控制室远距离操纵的截止阀,这个阀装在锅炉烟道气抽出口与洗涤塔之间的抽气管路上,工作环境恶劣,长期在高温烟气冲刷条件下工作,阀座容易结炭,使阀关闭不严,或者在关死状态下黏住打不开,阀盘可能由于高温烟气冲击而产生变形。因此,对烟气抽气阀要特别注意检修保养,一般在这个阀的连接管路上都有接入蒸汽冲洗管,需要时对阀进行冲洗。另外还接入空气密封管,当抽气阀处于关闭状态时,由锅炉鼓风机或密封空气风机供给空气,使抽气阀冷却并阻止烟气进入抽气管。

(2) 洗涤塔

洗涤塔的功用是对惰性气体进行冷却、脱硫和除尘。

① 冷却:在洗涤塔内应尽量使烟气温度降低到接近冷却河水的温度,一般设计标准要求洗涤塔出口气体温度比冷却河水温度高 $2 \sim 5℃$。

② 脱硫:脱硫就是尽可能除去烟气中硫的氧化物(SO_2、SO_3),设计标准要求洗涤塔脱硫率为 $90\% \sim 95\%$。从防止船体腐蚀的观点来说,还希望再提高一点,因此,现有洗涤塔脱硫率可达 98% 以上。

③ 除尘:烟气中的烟尘等固体杂质应尽量去除,一般要求除尘率在 90% 以上。

脱硫、除尘是通过气体与液体接触,使气体中可溶解物质溶解在液体中的所谓吸收过程来实现的,烟尘也可通过和液滴接触而被去除。因此,要提高吸收和除尘的效率,首先必须使气体与液体有尽量大的接触面积,最好的办法是使气体形成小气泡分散在液体中,或者相反,使液体形成液滴或液膜状分散在气体中;其次是气体与液体的相对速度越大越好,应尽量保持连续高速气流,逆流比顺流效果好,能使气体与液体两相薄膜厚度很小,最好造成气液两相十分混乱的结构。洗涤塔允许的最大气体流量,应与惰性气体风机总容量相等。

船用洗涤塔结构基本有两种类型,一种是填充式洗涤塔,另一种是喷雾式洗涤塔。填充式洗涤塔在塔内装入填充物,从上部以薄膜状均匀分散供入的河水,沿填充物表面向下流动,而与经填充物间隙上升的气体相接触,达到冷却、脱硫、除尘的目的。其典型结构如图 3-36 所示。塔内的填充物可以是瓷球环、聚丙烯制作的球体、玻璃纤维增强塑料制作的菱形棒、聚丙烯制作的空心球、石英颗粒以及聚丙烯网等。

喷雾式洗涤塔有一种是将河水在文丘里管内喷出,形成雾状水滴,增大河水与高温气体的接触面,增强冷却和净化效果。这种形式大多数情况都是

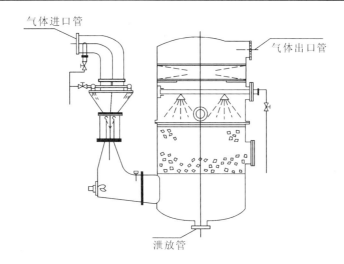

气体进口管

气体出口管

泄放管

图 3-36　文丘里管式和填充式并用的洗涤塔

与填充式组合使用。图 3-36 所示是文丘里管式和填充式并用的洗涤塔结构。另外一种喷雾式洗涤塔是气泡罩盖式洗涤塔。其工作原理是使气体通过数层托盘和罩盖的水封间隙,与形成气泡的水相接触进行冷却、脱硫、除尘。

在洗涤塔烟气进口处设置水封,是为防止装置不工作时可燃气体逆向流回锅炉烟道。为防止腐蚀,洗涤塔内壁衬附一层硫化硬橡胶,因此,塔内温度不能过高,高温烟气在洗涤塔进口处一定要充分冷却,使其温度降到安全值以下,以防损坏塔的内衬及其他部件。

（3）除湿器

除湿器用于去除洗涤塔排气中的水滴。由于水分与残留的二氧化硫化合,是货油舱严重腐蚀的主要原因,因此要求除湿器的除水效率在 99％ 左右。比较常用的除湿器有 3 种类型。

① 过滤式除湿器

过滤式除湿器是用细孔滤网吸附水滴,当随气体一起流动的水滴通过多层网目很细的滤器时,比网孔直径小的水滴就被截留吸附在滤器上,当水滴达到一定大小时,自重克服表面张力和气流阻力,下落到滤器底部,从汇水管排出。典型结构如图 3-37 所示。这种滤器的滤网容易被烟尘等堵塞,使用时要经常清洗或换新。船用惰性气体系统的除湿器,一般都采用过滤式除湿器,而且安装在洗涤塔内顶部惰性气体出口处。

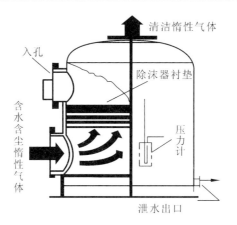

图 3-37　过滤式除湿器

② 旋流式除湿器

使含有水滴的气体流经导向叶片,形成旋转运动产生离心力,水滴被甩向外侧,附着在壁面上,达到一定厚度靠自重下落,从汇水管排出。典型结构如图 3-38 所示。这种方式不必担心堵塞等故障,一般无须进行保养和检修。

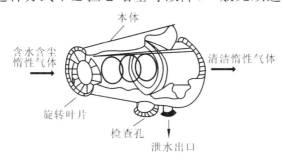

图 3-38　旋流式除湿器

③ 挡板式除湿器

气流通过曲折挡板时,水滴因惯性力和离心力的作用,撞击附着在薄片状的曲板上,再沿曲板表面流出。典型结构如图 3-39 所示。

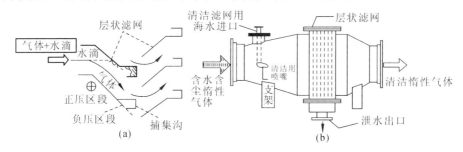

图 3-39　挡板式除湿器

（4）甲板水封

甲板水封是防止货油舱内可燃气体逆流到含水含尘惰性气体洗涤塔和锅炉内的安全装置,其工作原理如图3-40所示。

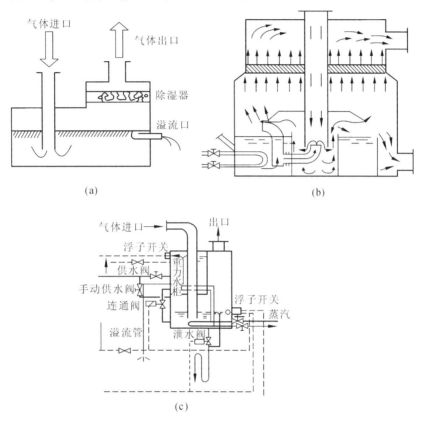

图 3-40　甲板水封

（a）湿式甲板水封;（b）半干式甲板水封;（c）干式甲板水封

风机正常运转时系统处于正压状态,惰性气体经甲板水封输送到各货油舱。当风机停止工作,若甲板水封表面受到货油舱油气压力的作用,即有逆压产生时,进气管内的水柱就会升高,直到由水柱产生的静压与逆压压力平衡时为止,从而使可燃气体不能逆流到洗涤塔内。平衡条件由下式表示,

$$p = H \cdot \rho \tag{3-29}$$

式中:p—— 逆压;

H—— 水柱高度;

ρ—— 水封水密度。

水封水量一定要保证进气管内水柱达到有效的水封高度,即

$$Q \geqslant \frac{\pi}{4}D^2 \cdot H + A_1 H_1 \qquad (3-30)$$

式中:Q—— 水封水量;

　　D—— 进气管直径;

　　H_1—— 进气管出口与水柜底之间距离;

　　A_1—— 水柜截面积。

水封水柱 H 必须大于呼吸阀和压力／真空切断阀设定的压力水柱高度。甲板水封最大允许气体流量,也应等于风机总容量。

① 湿式甲板水封

图 3-40(a) 所示是最简单的水封装置,进气管一直浸没在水封水内。系统工作时,水封水由于气流搅动,有一部分水滴被气体带走,因此,在出口处必须设置除湿器。在寒冷地区使用时,为防止水封水冻结,内部还应装设蒸汽加热管。

② 半干式甲板水封

为减少气体中夹带水分,惰性气体流经甲板水封时,应尽量避免与水接触,如图 3-40(b) 所示的甲板水封,仅在系统开始工作时,导向管内的水被带走。正常工作后,气体不与水直接接触,只是从逸出管携带少量水滴,撞击到折流板下落,从泄水管排走。

③ 干式甲板水封

惰性气体系统正常工作时,气体流经水封水柜完全不与水接触,则气体不会夹带水分。图 3-40(c) 所示是设置两个水柜的干式甲板水封装置。水封水直接供入重力水柜,水位达到一定高度时,由浮子开关控制供水阀关闭。当惰性气体风机启动、系统开始送气时,水封水柜的泄水阀打开,连通阀关闭,水封水柜内的水迅速排出,气体通过没有水的水封水柜,不仅不会夹带水滴而且流动阻力减小。风机停止运转,泄水阀自动关闭,重力水柜与水封水柜之间的连通阀自动打开,水封水急速流入水封水柜达到水封状态。

这种干式水封装置比较复杂,但气体质量高,用于要求使用无水分夹带的干惰性气体的船舶,如化学品船和液化气船上。图 3-41 所示也是一种干式甲板水封。

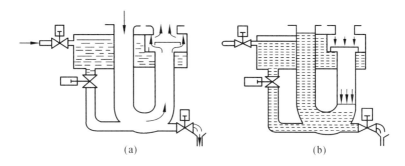

图 3-41 干式甲板水封

（a）工作状态；（b）水封状态

图 3-42 所示是依据文丘里管原理工作的结构比较简单且工作比较可靠的干式甲板水封。

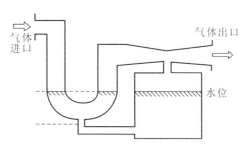

图 3-42 文丘里管式干式甲板水封

（5）压力／真空切断阀

压力／真空切断阀是惰性气体系统中为保护货油舱和管路免遭过高的正压或负压的专用安全设备。它的作用是当呼吸阀失灵、防火罩堵塞或由于误操作等而产生意外高压或负压时，迅速将过剩气体放入大气，不使油舱产生高压；或从大气吸入空气弥补舱内气体不足，不使油舱内产生高负压。工作原理如图 3-43 所示，内管与惰性气体总管相接，外管与大气相通。内、外管内充入不冻液（水与油脂的混合物）或高级润滑油等，作为密封液体。

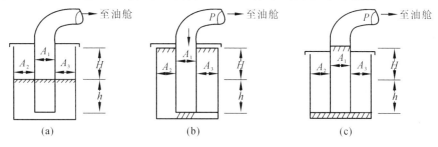

图 3-43 压力／真空切断阀

　　当油舱压力等于大气压力时,内、外管内的液位一样高,如图 3-43(a) 所示。如油舱压力升高,内管液位下降,当压力 P 等于设定最高允许压力时,内管液位等于零,这时过剩的气体就会从内管逸出,放入大气,使油舱内压力不会再继续升高,如图 3-43(b) 所示。相反,当油舱内压力低于大气压力,外管液位下降,内管液位升高,舱内压力降到允许的最大负压时,外管液位降到与内管管口一样高度,则大气被吸入到舱内,如图 3-43(c) 所示。

　　压力／真空切断阀高压设定压力大于呼吸阀正压动作压力,一般设定值为 1600～1900mm 水柱,负压一般设定值为－700mm 水柱。

　　为确保安全,造船规范明确规定惰性气体系统必须装设压力／真空切断阀。

　　(6) 鼓风机

　　惰性气体系统一般使用大容量、高静压离心式电动鼓风机。风机容量是根据在最大卸油量下鼓风机能保证油舱内压力维持一微小正压的要求来确定的。造船规范规定风机总容量比货油泵总容量至少大 25%。

　　风机是惰性气体系统中比较容易发生故障的一个设备,为保证不因一台风机发生故障而影响整个系统正常工作,每套惰性气体系统至少设置两台风机。每台风机的容量,根据风机可靠性、营运中惰性气体使用情况等,一般按以下 3 种方式配置:设置两台,每台容量都是总容量的 50%;设置两台,一台容量等于总容量,另一台容量是总容量的 50%;设置两台,每台风机容量都等于总容量。除此之外,也可有其他配置方式,主要依据船主要求、生产厂标准、规范要求等决定采用何种方式。

　　(7) 固定式氧气分析仪

　　现代船舶惰性气体系统,一般安装使用锆电池式固定式氧气分析仪。该种类型氧气分析仪可连续测定惰气中的氧气含量,测定范围分为三挡:0～5%,0～10%,0～25%。

　　氧气分析仪每次使用之前,都应用标准氮气(N_2)进行校准。使用中应定时检查分析气样流量是否正确。检测元件电阻超过 1000Ω(正常值为 5～100Ω)时,说明性能恶化,应更换检测元件。更换检测元件时要按说明书规定的程序进行拆装。

　　活性炭滤器使用一定时间后会失去吸附能力,如惰性气体中二氧化硫含量为 200mg／L,连续流量为 500L／min 的情况下,可使用 168h。因此,应根据惰性气体中硫的含量、分析气体流量和使用时间,定期更换活性炭滤器。

（8）泄放排气阀压力指示控制器

压力指示控制器的功用是自动调节惰气风机排气压力,使惰气供气压力保持恒定。在惰气风机启动后,泄放阀根据所设定的压力,自动调节开度,也可转换为手动遥控调节开度。

（9）惰性气体主供气阀压力记录控制器

惰性主阀压力记录控制器的作用是维持甲板主管压力的恒定,并且根据设定压力自动调节惰气主阀开度,从而控制惰气流量。

应注意,当向货油舱充注惰气时,自动／手动转换开关应该永远在"A"(自动)位置。

3.6.4　船舶惰性气体装置操作管理

3.6.4.1　安全装置和仪表控制系统

为了保证船舶安全营运,保护装置本身并维持其应有的性能,惰性气体系统需装设各种安全机构或装置。

（1）联锁机构

联锁机构和报警系统是安全装置中的中心设备。惰性气体系统应有以下联锁机构:

① 风机应急停止机构。在发生下列任何一种异常情况时,风机都应立即停止运转:

a.洗涤塔冷却水的压力或流量过低;

b.风机出口气体温度异常升高(通常温度设定在65℃以下);

c.洗涤塔水位异常升高;

d.控制用的空气压力过低;

e.控制电源断电。

② 风机停止运转与主控制阀或泄放阀、回流阀自动开关的联锁。

③ 洗涤塔高水位与河水泵自动停止的联锁。它是为防止河水逆流到甲板管系造成重大事故而设置的联锁装置。

④ 锅炉吹灰和风机运转的联锁。如果锅炉吹灰和惰性气体系统的运转同时进行,将会给系统造成恶劣影响,所以二者不能同时运转。为此,通常都采用惰性气体系统运转优先的联锁方式。即惰性气体系统运转时,锅炉吹灰启

动不起来,相反如在吹灰过程中启动惰性气体系统,则锅炉吹灰自动停止。

(2)报警系统

当发生下列各种情况时,报警装置(蜂鸣器和指示灯)就要动作,报知系统发生了异常状况:洗涤塔冷却水的压力或流量不足(包括洗涤塔给水泵停止)、惰性气体(风机出口)温度升高、洗涤塔内水位高、控制电源失电、控制用的空气压力下降、甲板水封给水量不足、惰性气体中氧气浓度上升(一般氧气含量达到 5% 和 8% 这两个设定值时均发出警报;有的装置与货油泵有联锁,当氧气含量超过 8% 时,货油泵自动停止运转)、甲板惰性气体总管的压力下降。

除上述各项,许多装置在下列情况下也将发出警报:风机由于故障而停止、甲板水封水位低、甲板水封水位高、洗涤塔水封水不足、风机出口压力上升或下降、甲板主管惰性气体压力升高、有关各泵(水封水泵、冷却水泵等)停止运转。

(3)防止危险气体逆流到安全区域的装置

① 甲板水封,必须经常供给适量的淡水;

② 止回阀,在甲板水封与手动主截止阀之间,必须装单向阀;

③ 回流阀的自动封闭机构,至少应与洗涤塔淡水停止供给及风机停止运转联动,使阀锁闭;

④ 主截止阀的手动锁闭,风机停止工作时,应一直将其关闭;

⑤ 洗涤塔入口处水封。

(4)防止货油舱产生高压或负压的装置

① 压力／真空切断阀;

② 呼吸阀;

③ 调节阀及回流阀的压力调节机构。

为使惰性气体系统运转、监视、报警以及维持系统的正常运行而装设的各种控制装置、指示装置及报警用仪表的主控制板,通常设置在货油控制室内。此外,在机舱的控制室和驾驶室,也设置仅有部分报警和指示仪表的辅控制板。有关控制板的布置和各自机能(操作、指示、报警)列于表 3-10。

表 3-10　控制板的布置及其机能分配

控制板种类	位置	操作	指示	报警
主控制板	货油控制室	IGS 的主开关 IGS/驱气转换开关 主截止阀(开/关) 洗涤塔的给水泵(运转/停止) 洗涤塔给水阀(开/关) 风机(运转/停止) 主控制阀(开/关) 氧气浓度分析仪(运转/停止) 有些设置在机舱辅控制板上或在机旁操作	IGS 主开关指示灯(运转) 主截止阀指示灯(开/关) 洗涤塔给水泵指示灯(运转/停止) 洗涤塔给水正常指示灯 洗涤塔给水阀指示灯(开/关) 风机指示灯(运转/停止) 主控制阀指示灯(开/关) 气体温度表 氧气浓度指示计 气体压力表 控制用空气压力表	控制用空气(过少) 控制用电源(失电) 洗涤塔水位(过高) 洗涤塔供水量(过少) 洗涤塔给水泵(停止) 风机(停止) 气体温度(过高) 气体压力(过高) 甲板水封给水量(过少)
辅控制板	机舱控制室		IGS 主开关指示灯(运转) 主控制阀指示灯(开/关) 洗涤塔给水泵指示灯(运转/停止) 风机指示灯(运转/停止) 氧气浓度指示器	洗涤塔给水泵(停止) 洗涤塔水位(过高) 洗涤塔给水量(过少) 风机(停止) 氧气浓度(过高)
	驾驶台		气体压力表	气体压力(高/低) 甲板水封给水量(过少)
	货泵间人口		气体压力表	

3.6.4.2　惰性气体装置操作管理

惰性气体装置在船舶不同营运状态下使用情况不一样,不同类型的惰性气体装置操纵使用的程序和方法也不完全相同,所以具体的操作应根据各种装置使用说明书进行,但必须共同注意以下各项:

（1）装置启动运转以前,必须做好各项准备工作,检查各机械设备是否处于良好状态,确认各类阀开关位置正确,特别是洗涤塔、甲板水封、压力／真空切断阀、呼吸阀、风机、氧气分析仪等主要设备处于正常状态。

（2）操作顺序是先启动洗涤塔冷却水泵向洗涤塔供水,再打开烟道阀,然后启动风机,打开循环阀或排气阀使气体循环或排入大气,待含氧量达到要求后,才允许打开主供气阀向油舱内供气(如用干式甲板水,水封水放干后再供气)。

（3）在运转过程中,定期检查各主要参数,特别是冷却水流量和洗涤塔水封水位、惰性气体温度和含氧量。洗舱、排压载水或航行中补气,可能因锅炉负荷过低、过量空气系数较大,惰性气体氧气浓度不符合要求,这时应多启动几台蒸汽驱动的水泵,如压载水泵或货油泵循环打水,或者以其他形式消耗蒸汽,增加锅炉负荷,降低惰性气体氧气浓度。卸油时充注惰性气体,如系统发生故障必须停止工作,应同时停止货油泵运转,暂停卸油作业。

（4）船舶航行时应根据舱内压力变化和氧气含量,定期或不定期向舱内补充惰性气体,保持舱内压力为正压。补气时应首先启动锅炉,并注意锅炉负荷和燃烧质量,保证惰性气体氧气浓度符合要求。

（5）用惰性气体系统风机驱气时,必须关闭烟气抽气阀和风机的惰性气体吸入阀,打开风机的新鲜空气吸入阀,运转中要依据氧气分析仪来判断是否有烟气吸入。

（6）装置停止运转时,应先关控制阀,停止风机运转后关闭烟气抽气阀,洗涤塔冷却到一定程度后再关停冷却水泵,通常至少运转 30min 后再关停冷却水泵。确认甲板水封水位正常,关闭主截止阀,检查压力／真空切断阀液位是否处于正常状态。

装置停止运转后,应认真检查烟气抽气阀等是否泄漏,定期检查洗涤塔、风机是否污损,并及时用淡水冲洗风机叶轮。

3.6.4.3　惰性气体系统运行中应注意的问题

惰性气体系统在运行中有以下几个问题应加以注意。

（1）腐蚀问题

惰性气体中含有的 SO_2 或 SO_3 与水反应生成亚硫酸(H_2SO_3)或硫酸(H_2SO_4),因此惰性气体管路、阀件、机械设备(洗涤塔、除湿器等)以及油舱内构件都会发生腐蚀。

虽然现在惰性气体装置系统对易发生腐蚀的部件都采用良好的防腐材料,并采用许多防腐措施,但实际使用中腐蚀现象仍时有发生,所以在使用过程中还应注意尽量避免发生腐蚀。

(2)对人身健康的影响

人呼吸氧气浓度小于 16% 的空气,就会感到呼吸困难,低到 6% 整个勺子前面已有交待"人"就会失去知觉,4% 以下 40s 内就会晕倒。惰性气体中氧气浓度在 5% 以下,所以吸入惰性气体就会发生缺氧反应。工作人员应尽量避免吸入过多的惰性气体,不能进入充满惰性气体的油舱,操作时应站在上风侧。

(3)冷却水排放二次污染问题

洗涤塔冷却水中含有一定量的亚硫酸和硫酸,一般洗涤塔冷却水 pH 值在 2.5 ~ 3 之间,含有硫酸的大量冷却水排入内河,会造成二次污染。

规范要求洗涤塔排泄的冷却水 pH 值在 5 以上,对不符合要求的河水应进行处理。船舶广泛用的处理方法是在辅助冷凝器中用河水稀释冷却水,使 pH 值达到 6。另一种方法是在排水中加入一定量苛性钠,使酸中和形成固态物质,然后再排入河中,这种方法需要专用泵和苛性钠储存柜等,成本高。

3.7　扫舱装置

油船在卸货即将结束的阶段,需要利用扫舱装置完成货油舱残油的清扫。油船一般都装有 2 ~ 3 台扫舱泵,当主货油泵(离心泵)在卸货后期尚未吸入空气时,就停止运转,应改用扫舱泵继续卸货扫舱。现代油船尤其是大型油船都装有自动扫舱装置。自动扫舱装置的出现,不仅使扫舱作业的劳动强度大大减轻,也使卸货速率有所提高,并且省去了专用的扫舱管路。

3.7.1　扫舱泵

扫舱泵一般是蒸汽往复泵,这是由于蒸汽往复泵具有的安全性和高自吸能力。往复泵适于用作排量相对较小而压头较高的扫舱泵,一般油船上配的都是双缸蒸汽直接作用式往复泵。

除往复泵外,油船也往往配备喷射泵作为扫舱泵,这是由于喷射泵结构简单,没有任何运动部件,而且很少发生故障,可靠性高。此外喷射泵也无须特殊保养,启动迅速,能形成很高的吸入真空度,在吸入气体或气液混合物时,其工作效率不受影响,因而它很适合用来扫舱。

除完成正常的扫舱作业外,扫舱泵还可用于在卸货完成时清扫管线中的残油,抽除货油泵中的空气,排除泵舱中的舱底污水,在采用顶装法时用以排出舱内的水分,排出兼用船在运输矿石航次中的舱内污水等。

3.7.2 自动扫舱装置

自动扫舱装置即是在主货油泵旁装设一些必要的装置,从而在卸货的最后阶段能有效连续地进行扫舱作业,将舱内的残油抽除卸到岸上。自动扫舱装置主要有循环式自动扫舱装置、真空式自动扫舱装置和喷射式自动扫舱装置。

3.7.2.1 循环式自动扫舱装置

循环式自动扫舱装置结构简单、紧凑,运转操作容易,不像其他扫舱装置那样需要外部控制装置,因而在现代油船上被广泛使用。这种装置同离心式货油泵组合成一体,使卸油作业从开始一直到扫舱结束都用同一台泵来完成,而无须再使用扫舱泵。

该装置如图 3-44 所示,主要由循环自吸阀组、回流吸入箱、吸入管、排出止回阀、抽气止回阀以及抽气管路等组成,能感受泵排量的变化而自动动作循环自吸阀组,使泵自动地进行"吸入"从而达到连续抽入残油和排岸的目的。

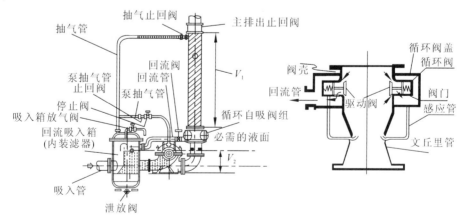

图 3-44　循环式自动扫舱系统

循环式自动扫舱装置可防止由于泵的空转和超速而造成的金属密封件的损伤以及泵在吸排阀全关下运转时所引起的损伤。除此之外,还有一个特点是完全不需其他辅助的控制装置。

循环式自动扫舱装置的工作原理如下：

循环自吸阀由文丘里管、感压管、活塞式驱动阀（循环阀）等部件构成。当泵工作时，排出油液流过文丘里管并在其后部增加流速，降低压力，经感压管传递到循环阀控制活塞的后方。排出液体通过文丘里管后，随着流速的降低，压力又将回复到原来的数值，并作用在循环阀控制活塞的前方，因此，在控制活塞的前后就会产生压差。

循环阀是内部装有弹簧的常开型阀，当有液体流经文丘里管时，循环阀控制活塞的两侧就要产生压差，靠此压差，克服弹簧的张力，就会使阀关闭，而压差的大小则与流经文丘里管的液流量的二次方成比例。因此，在泵的排量下降时，由于文丘里管的作用，控制活塞两侧的压差就将变小，而当流量等于零时压差消失。这样，当泵的排量降低到额定排量的 40% 以下时，由于活塞两侧的压差小于弹簧的张力，循环阀将会开启，这时液体就会经阀口而流入回流吸入箱中。

在正常卸货期间，循环阀处于关闭状态。当泵失去吸入能力时，泵的吸入端口充满了空气。这时通过文丘里管的液体不再流动，循环阀便开启。然后，从循环阀到排出止回阀之间的管路中的液体（引泵所需液体量）经回流管流回吸入柜，同时将回流吸入柜和泵内的空气经抽气管抽送到排出管中，亦即吸入端口的空气已被排除而管内已充满液体，从而完成"引泵"工作，此时，泵的叶轮已完全浸没在液体中。当泵完全恢复吸入能力进行排卸时，排出管内的空气经排出止回阀排出，货油（残油）又被吸入，扫舱作业又恢复到正常状态。

从泵失去吸入能力到重新恢复吸入能力的过程，称为引泵循环。完成一个引泵循环大约需要 30s。

3.7.2.2　真空式自动扫舱装置

现代油船安装真空式自动扫舱装置的越来越多。真空式自动扫舱装置由气液分离柜（G/E）、流量控制阀、蒸汽喷射器、回流阀、抽气阀、液位变送器、负压信号发送器、蒸汽阀和控制板等组成。图 3-45 为某船的真空式自吸扫舱装置布置图。

该装置利用气液分离柜内部保持的负压，将油舱内部的液体和气体吸入到分离柜中，同时使货油泵以一定的转速从气液分离柜内吸入液体，其排量

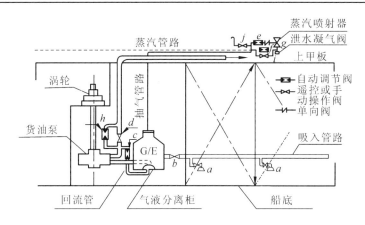

图 3-45　真空式自动扫舱装置布置图

依分离柜内部的液位高度由自动操纵的流量控制阀控制,而多余的排量则经回流管返回分离柜,以防止流量控制阀全关时货油泵发热。一旦分离柜内的负压减小到一定数值以下,蒸汽喷射器就会自动地投入工作,使负压提高以恢复并保持在规定的数值以上,这样便依靠自动控制分离柜负压并依分离柜内的液位高度自动控制泵的排量,即可进行扫舱作业。

3.7.2.3　喷射式自动扫舱装置

喷射式自动扫舱装置是利用喷射泵不仅能抽吸液体而且也能抽吸含杂质液体的特点,将它与货油泵组合在一起,以货油泵排出的货油的一部分作为喷射泵的驱动液体,从而进行自动扫舱作业。装置工作原理如图 3-47 所示。

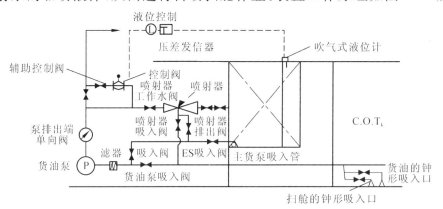

图 3-46　喷射式自动扫舱装置工作原理图

装置在舱内液位较高时不使用喷射泵,只按正常情况运转,但当舱内的液位降到从吸入喇叭口吸入空气时,将转换为使用喷射泵进行自动扫舱。此时,喷射泵所用的驱动液体由货油泵从污油水舱抽出供给,而喷射泵的排出液体则排至污油水舱。

为了使喷射泵的驱动压力正常,污油舱内必须保持足够的液位。该预定的液位是通过调节货油泵排出端控制阀开度来保持的。该控制阀的开度则由污油水舱内吹气式液位计的差压变送器和液位控制器进行控制。

3.8　内河船舶油污应急计划

3.8.1　内河船舶油污应急计划的主要内容

油船油污应急计划主要包括以下几方面的内容。

3.8.1.1　前言

指出本计划的责任范围、目的和意义。

3.8.1.2　溢油应急组织机构

在应急情况下,为了有效地迅速采取应急措施,必须建立一个分工明确的组织机构。船长应作为总负责人或叫总指挥,大副和轮机长可为其中成员,船长除作为总指挥外,还要承担向有关方面报告油污事故的工作。大副将作为具体执行应急计划的现场指挥,轮机长主要负责协调反应行动的工作,其他船员根据职务分别履行其应尽的职责,作为油污时的应急部署。

3.8.1.3　船员培训和资历情况

凡是列入应急计划中的反应人员,均应写明其职务、资历情况以及受过油污应急反应培训或训练的情况。

3.8.1.4　演习程序

应根据反应组织机构编制的应急反应部署,定期进行演习。因此,在计划中应说明拟定的演习程序,如演习的间隔时间、演习警报信号、假设的位置等。

3.8.1.5　清除油污的设备与用品清单和使用方法

在应急计划中,应说明船上所有的用于清除油污的设备和用品,如围油栏、吸油材料、铁桶、铁铲、锯末、拖把等,并注明其数量、型号、性能和使用方法。

3.8.1.6　油污的探测方法

在应急计划中,应说明尽早探知溢油的手段和措施,包括:拟定的监视计划(巡回核查,应列明检查的路线和项目及方法)、渗漏检查(对管系的专门检查,包括阀门、法兰等)、监视系统、溢油检测仪表。

3.8.1.7　油污的评估方法

在应急计划中,应说明评估溢油事故的方法和措施,包括:① 如何确定溢油源、污染类型、溢出的数量以及污染特性的排放率等;② 如何评估溢油范围和可能的后果,包括依据平面图或舱容来确定自某特定油舱或管路可能排出油类的方法;③ 如何评估溢油漂移态势,包括观测盛行风和水流的程序;④ 如何确定将要影响到的水域、岸上管路、结构和任何预期的环境损害。

3.8.1.8　油污应急反应行动

（1）最初的应急行动

① 船用燃料油加装时溢油反应应急程序,至少应包括:

a. 制止溢流,即迅速通知供油方立即关闭泵和阀门等;

b. 向全体船员报警,各就各位,采取相应的措施,并通知供油船船员采取应急措施;

c. 切断火源,包括电机、电路和明火等;

d. 防止溢油扩散,主甲板上和／或在水面上使用围油栏或吸油材料;

e. 向有关方面报告;

f. 清除油污。

② 船舶间转载时溢油反应应急程序,至少包括:

a. 制止溢油,装油时,通知卸油船立即停泵,关闭阀门,本船应联通相邻空舱（若本船某舱满溢并留有空舱）;

b. 向全体船员报警,立即采取相应措施,向对方船告警,并共同采取应急措施。

③ 码头装卸时溢油反应应急程序,至少应包括:

a. 制止溢油,在装油时,立即通知岸方停止泵,关闭阀门,本船应联通相邻空舱（若某舱满溢尚有空舱）,在卸油时,应立即停止货油泵,关闭有关阀门;

b. 向全体船员报警,立即采取相应措施,向岸方告警,并共同采取应急措施。

（2）应急报告程序

报告程序包括报告的对象、报告的手段和报告的内容。

① 报告的对象可能是下列某些方面或者是全部:主管机关,地方管理机构,船东,船东代理人。

② 报告手段,应说明使用何种装置,通过何种途径以最快的速度报告给

上述有关方面；应列出所有有关方面的无线电频率（VHF 频道）电话／电传／传真号码，还应说明与有关方面保持沟通的方法。

③ 报告的内容：分为最初报告和期间报告。最初报告至少应包括下述内容（给主管机关）：

a. 船名，船东，租船人，经营人和货主；

b. 溢出的油品名称及其密度、黏度、闪点、含蜡量和挥发性；

c. 溢油时间／日期／地点（纬／经度、离岸或最近城市距离），包括目前溢出的范围，可能影响到的环境敏感区域和居住区；

d. 已经溢出的大致数量和排放速率；

e. 溢油的原因分析和已经达到的程度；

f. 为遏制或降低排放，船员正在采取的应急措施和已经取得的效果。

应急反应期间的报告，至少应包括下述内容建议采取的行动；溢油漂移态势方面的信息；气象和水况（潮、流、风力和风向）；船员清除溢油的进程，以及其他任何必要的信息。

（3）甲板溢油时的应急措施

甲板溢油主要指在加装燃油或装卸及洗舱作业时，因货舱或燃油舱满溢而流出舱口至甲板上的情况及集油舱满溢的情况等，应分别制订出应急反应措施。

（4）管路渗漏时的应急措施

管路渗漏是指货油管系渗漏，燃油管系渗漏，COW 管系渗漏，油舱透气孔溢油和某些注入管的溢油情况，也应分别制订出应急反应措施。

（5）小量舷外排放的应急措施

小量舷外排放是指自舷外排放管路的排放、从甲板的流水孔的排放、自甲板舷外开口的排放以及自甲板围板上沿的排放等，也应制订出反急反应措施（减小纵倾和横倾，布设甲板围油栏，堵疏水孔和开孔等）。

（6）大量排放时的应急措施

大量排放是指遇恶劣天气使船舶结构遭到严重破坏而使舱内货油大量流出的情况，应制订应急反应措施（围油栏、缆绳等）。

3.8.1.9　必备的材料和文件

在应急计划中应附加下述资料。

① 船名、登记号码以及船籍（船籍证书）。

② 船东、租船人和经营人及船东代理人的名称和地址。

③ 一套总布置图,包括舱容图、货油管系图,压载管系图和拖带专用设备图等。

④ 标明总管尺度和集油舱容积及排净方法的设计简图。

⑤ "移油程序"及其存放、张贴位置和检查报告。

⑥ 一份包括阀门、法兰、测深管、空当测量舱口、洗舱机检查孔板玻璃等位置用来判定溢油原因的油舱和管系(综合)图。

⑦ 关于固定(移动)式的在总管下部的集油槽、接头和透气孔的说明。

⑧ 关于将油留在船上和处理残油及污油水的方法的说明。

⑨ 一本可行的装载手册。

⑩ 在应急计划中应附加下列文件:a. 执行该计划的决议案(决定);b. 反应行动的契约和任何承包商履行承包项目的文件;c. 在发生溢油事故时需要签署的契约清单,该清单包括有关当局、反应承包商、陆上代理人或公司主管部门的电话／电传／传真号码和地址;d. 任何其他必要的文件。

3.8.2　我国法律法规关于船舶油污应急计划的要求

150 总吨及以上的油船、油驳和 400 总吨及以上的非油船、非油驳的拖驳船队应当制订《船上油污应急计划》。150 总吨以下油船应当制定油污应急程序。

4 防治内河船舶载运有毒液体物质污染

4.1 内河船舶载运有毒液体物质的分类与特性

有害物质危害评估程序始定于 1972 年,最初版本已远不能满足当今社会发展的需求。根据联合国环境发展会议(UNCED)里约宣言的要求,需采用全球统一程序对化学品进行重新评估和分类。根据新的有害物质危害评估程序,海洋污染科学问题专家组(GESAMP)危害评估程序也重新作了修订。根据修订的 GESAMP 危害评估程序,IMO 化学品安全和污染风险评估(ESPH)工作组对《国际散装运输危险化学品船舶构造和设备规则》(IBC CODE)中现有的所有物质进行了危害评估和重新分类。MARPOL 73/78 附则 Ⅱ 中的有毒液体污染物分类系统也因此有了变化,具体分类准则详见 MARPOL 73/78 附则 Ⅱ 附录 1。

4.1.1 内河船舶载运有毒液体物质的分类

有毒液体物质,是指排入水体将对水资源或者人类健康产生危害或者对合法利用的水资源造成损害的物质。包括在《国际散装运输危险化学品船舶构造和设备规则》第 17 章和第 18 章的污染种类列表中标明的或暂时被评定为 X、Y、Z 类的任何物质。

4.1.1.1 目前的分类

重新确定的有毒液体物质分为以下 4 类:

①X 类。这类有毒液体物质,如从洗舱或卸载作业中排放入水,将对水资源或人类健康产生重大危害,因此禁止其排放入水。

②Y 类。这类有毒液体物质,如从洗舱或卸载作业中排放入水,将对水资源或人类健康产生危害,或对水上的休憩环境或其他合法利用造成损害,因此严格限量其排放入水。

③Z 类。这类有毒液体物质,如从洗舱或卸载作业中排放入水,将对水资源或人类健康产生较小危害,因此限制其排放入水。

④ 其他物质。指在 IBC CODE 规则第 18 章的污染物种类列表中被标为 "OS",经评定认为不能列入上述定义的 X、Y 或 Z 类范围的物质,且目前这类物质如从洗舱或卸载作业中排放入水不会对水资源、人类健康、水上休憩环境或其他合法利用产生危害。仅含有这类"其他物质"的舱底水、压载水、其他残余物或混合物的排放不必符合 MARPOL 73/78 附则 Ⅱ 的任何要求。

4.1.1.2 新旧有毒液体物质的分类比对

新旧有毒液体物质的分类比照见表 4-1。

表 4-1 新旧有毒液体物质的分类比照

新分类系统	旧分类系统
X	A
Y	B
	C
	D
Z	
	Ⅲ
OS	

从表 4-1 可以看出对所有物质重新进行了分类。原来的 A 类物质划为 X 类;原来的 B 类、C 类、部分 D 类化学品及大部分植物油成为 Y 类,需用 2 型化学品船运输(原无船型要求),取消了"类油物质"的分类,不能再用油船运输有船型要求的有毒液体物质(N)/化学品;部分 D 类、Ⅲ 类物质划分为 Z 类;只有很少一部分的 Ⅲ 类物质被重新评定为 OS 物质(目前只有 7 种)。对重新划分的各种化学品指定所适用运载船型(参见 IBC CODE 第 17 章),不经分类和评估的有毒液体物质不允许载运。

4.1.2 内河船舶载运有毒液体物质的特性

(1)由化学品的闪点、易爆性、易燃性的限制范围和自燃温度所确定的火灾危险性。

(2)由下述情况确定的健康危险性:

① 在液体状态下,对皮肤的刺激作用。

② 急性毒性作用,确定时要考虑到以下数值:

a.口服致死剂量 LD50(口服):指口服时,导致 50% 的受试验者死亡的剂量;

b.皮肤致死剂量 LD50(皮肤):指作用于皮肤时,导致 50% 的受试验者死亡的剂量;

c.致死浓度 LD50(吸入):指吸入时,导致 50% 的受试验者死亡的浓度。

③ 其他如致癌及敏感的健康危害作用。

(3) 由与下列物质的反应性确定的反应危险性:水、空气、其他化学品、化学品本身(例如聚合作用)。

(4) 由下述情况确定的海洋污染危险性:

① 生物积聚性;

② 缺乏生物易降解性;

③ 对水中有机体的急性毒性作用;

④ 对水中有机体的慢性毒性作用;

⑤ 对人类健康的长期影响;

⑥ 引起货物漂浮或下沉的物理特性,并因此造成对水生物的负面影响。

4.2　内河散装液体化学品运输的法律法规及相关管理规定

4.2.1　《中华人民共和国防治船舶污染内河水域环境管理规定》关于防治有毒物质污染的要求

4.2.1.1　《中华人民共和国防治船舶污染内河水域环境管理规定》关于散装液体化学品运输的相关要求

根据《中华人民共和国水污染防治法》和《危险化学品安全管理条例》,交通运输部于 2015 年 12 月 31 日颁布了《中华人民共和国防治船舶污染内河水域环境管理规定》(以下简称《规定》)。本规定适用于防治船舶及其作业活动污染内河水域环境。规定中要求:

(1)150 总吨及以上载运散装有毒液体物质的船舶应当按照交通运输部的规定制订《船上有毒液体物质污染应急计划》和货物资料文书,明确应急管理程序与布置要求;400 总吨及以上载运散装有毒液体物质的船舶可以制订《船上污染应急计划》,代替《船上有毒液体物质污染应急计划》。

(2)水路运输企业应当针对所运输的危险化学品的危险特性,制定运输船舶危险化学品事故应急救援预案,并为运输船舶配备充足、有效的应急救援器材和设备。

(3) 通过内河运输危险化学品的船舶,其所有人或者经营人应当投保船舶污染损害责任保险或者取得财务担保。船舶污染损害责任保险单证或者财务担保证明的副本应当随船携带;通过内河运输危险化学品的中国籍船舶的所有人或者经营人,应当向在我国境内依法成立的商业性保险机构和互助性保险机构投保船舶污染损害责任保险。具体办法另行制定。

(4) 禁止船舶向内河水体排放有毒液体物质及其残余物或者含有此类物质的压载水、洗舱水或者其他混合物。

(5) 载运散装有毒液体物质的船舶应当将有关作业情况如实、规范地记录在经海事管理机构签注的"货物记录簿"中。

(6) 船舶将含有有毒有害物质或者其他危险成分的垃圾排入港口接收设施或者委托船舶污染物接收单位接收的,应当提前向对方提供此类垃圾所含物质的名称、性质和数量等信息。

(7) 从事散装液体污染危害性货物装卸作业的,作业双方应当在作业前对相关防污染措施进行确认,按照规定填写防污染检查表,并在作业过程中严格落实防污染措施。船舶从事散装液体污染危害性货物水上过驳作业时,应当遵守有关作业规程,会同作业单位确定操作方案,合理配置和使用装卸管系及设备,按照规定填写防污染检查表,针对货物特性和作业方式制定并落实防污染措施。

(8) 在长江、珠江、黑龙江水系干线作业量超过 300 吨和其他内河水域超过 150 吨、其相对密度小于 1(相对于水)、溶解度小于 0.1% 的散装有毒液体物质的装卸和过驳作业,港口、码头、装卸站应当采取包括布设围油栏在内的防污染措施。

(9) 船舶有在内河水域排放有毒液体物质的残余物或者含有此类物质的压载水、洗舱水及其他混合物等情形,由海事管理机构责令改正,并处以 2 万元以上 3 万元以下的罚款;船舶未按规定如实记录散装有毒液体物质作业、未按规定保存"货物记录簿"、载运有毒液体物质的化学品船舶在港从事水上船舶清舱、洗舱、污染物接收、燃料供受、修造、打捞、污染清除作业活动未按规定向海事管理机构报告等情形,由海事管理机构责令改正,并处以 3000 元以上 1 万元以下的罚款;从事散装液体污染危害性货物装卸、过驳作业且作业双方未按规定填写防污染检查表及落实防污染措施的船舶,由海事管理机构责令停止违法行为,并处以 5000 元以上 1 万元以下的罚款。

4.2.1.2 《中华人民共和国防治船舶污染内河水域环境管理规定》相关要求解读

(1)防污染管理新要求

① 新增船舶污染损害民事责任保险的要求。船舶或者有关作业单位造成水域环境污染损害的,应当依法承担污染损害赔偿责任。通过内河运输危险化学品的船舶,其所有人或者经营人应当投保船舶污染损害责任保险或者取得财务担保。船舶污染损害责任保险单证或者财务担保证明的副本应当随船携带。通过内河运输危险化学品的中国籍船舶的所有人或者经营人,应当向在我国境内依法成立的商业性保险机构和互助性保险机构投保船舶污染损害责任保险。具体办法另行制定。该条规范了内河运输危险化学品的船舶的投保行为和险种,切实提高了船舶污染事故损害赔偿能力。同时,在日常监管中需关注,船舶仅需持有有能力的保险机构出具的单证即可,不需要按照海船和国际航行船舶的要求持相关的保证证明。

② 新增船舶污染损害争议调解机制。船舶污染事故引起的污染损害赔偿争议,当事人可以申请海事管理机构调解。在调解过程中,当事人申请仲裁、向人民法院提起诉讼或者一方中途退出调解的,应当及时通知海事管理机构,海事管理机构应当终止调解,并通知其他当事人。调解成功的,由各方当事人共同签署"船舶污染事故民事纠纷调解协议书"。调解不成或者在 3 个月内未达成调解协议的,应当终止调解。明确了海事管理机构调解的法律地位和调解终止的若干情形。

③ 新增"防污染检查表"制度。提出了船舶从事散装液体污染危害性货物装卸作业、从事散装液体污染危害性货物水上过驳作业、从事船舶燃料供受作业等,需提前对防污染措施进行确认,并按照规定填写防污染检查表。防污染检查表制度主要是通过吸收《ISGOTT 国际油轮与油码头安全指南》中船岸安全检查表制度先进经验而提出的,有利于帮助船岸作业双方进一步理清责任,共同加强作业的防污染管理。海事管理部门监管工作中需要灵活把握,防污染检查表制度在日常监督检查中不必拘泥于防污染检查表固定格式,船岸双方确认的"船岸安全检查表"等将船岸防污染管理要求纳入其中的表格也可视为满足防污染检查表制度的要求。

（2）防污染要求调整内容

① 完善了船舶污染防治工作原则。25 号令第三条指出："防治船舶及其作业活动污染内河水域环境，实行预防为主、防治结合、及时处置、综合治理的原则。"与原 11 号令相比，本条增加了"及时处置、综合治理"的原则。一方面与其上位法《中华人民共和国水污染防治法》相一致，另一方面也集中体现了船舶污染事故应急处置、船舶污染物按规处置的要求。

② 扩展了码头防污能力建设的内涵。港口、码头、装卸站以及从事船舶水上修造、水上拆解、打捞等作业活动的单位，应当按照国家有关规范和标准，配备相应的污染防治设施、设备和器材，并保持良好的技术状态。同一港口、港区、作业区或者相邻港口的单位，可以通过建立联防机制，实现污染防治设施、设备和器材的统一调配使用。一方面在配备港口装卸站污染物接收设施的基础上提出了配备污染防治设施设备的要求；另一方面也是第一次从法规层面提出了船舶污染防治能力建设联防联控机制的要求。

③ 扭转了船舶污染物接收作业格局。港口、码头、装卸站应当接收靠泊船舶生产经营过程中产生的船舶污染物，明确了要建立"以港口、码头、装卸站为主，社会接收单位接收为辅"的船舶污染物接收新格局。长期以来，内河码头与作业船舶等级地位不对等，由于接收设施建设不到位或者懒于承担船舶污染物接收处理责任等各种原因，内河码头大多采取各类手段甚至公然拒绝作业船舶在码头排放污染物，规定对港口、码头接收船舶污染物的责任进行了明确，将逐步扭转港口、码头这种懒于承担责任的现象。同时要求船舶污染物接收单位要将接收的船舶污染物交由岸上相关单位按规定处理，进一步明确了船舶污染物上岸处置的要求。

（3）防污染要求取消内容

① 取消了船舶从事污染危害性货物装卸作业和水上过驳作业时，防污染措施作业前报海事管理机构备案的要求。

② 取消了船舶在港口冲洗载运有毒有害物质的甲板和舱室时应当事先按照有关规定报经海事管理机构批准的许可要求。一方面，船舶冲洗含有毒有害物质的甲板和舱室的许可具体管理效果不佳；另一方面，该项许可的设置主要是为了防止相关的污染物入水，关于污染物入水的要求已经明确，没有必要再设置相关的许可内容。

③ 取消了从事散装污染危害性货物装卸作业的经营人编制的污染事故

应急计划报海事管理机构备案的要求。

④ 取消了《船上有毒液体物质污染应急计划》需要经海事管理机构批准的要求。

4.2.2 《内河船舶水污染物排放标准》关于防治有毒物质污染的要求

（1）适用范围

本标准规定了含有毒液体物质的污水的排放控制要求以及标准的实施与监督等要求，适用于中华人民共和国管辖水域内船舶向环境水体排放含有毒液体物质的污水的排放管理，不适用于为保障船舶安全或救护水上人员生命安全所必须进行的排放。本标准适用于法律允许的污染物排放行为，特殊保护区域内船舶污染物排放的管理。按照《中华人民共和国水污染防治法》《中华人民共和国环境影响评价法》等法律、法规、规章的相关规定执行。

（2）含有毒液体物质的污水排放控制要求

任何在内河水域航行、停泊和进行相关作业的船舶，都不得违反法律、行政法规和国务院交通主管部门的规定，向内河水域排放含有毒液体物质的污水。

4.3 关于载运有毒液体物质的化学品船相关系统、程序与设备

4.3.1 化学品船舶货物围护系统

（1）舱型

IBC CODE 第 17 章最低要求一览表中的"f"栏中已经规定了适合装载每种有毒液体物质船舶的舱型要求，通常分为以下几种结构形式：

独立液货舱（1）是指不与船体结构相连接或不是船体结构的组成部分的货物围护容器。建造和安装独立液货舱是为了尽可能消除（或降至最小）由相邻的船体结构的应力或运动所造成的应力。独立液货舱对船体的结构完整性不是必需的。

整体液货舱（2）是指构成船体结构一部分的货物围护容器，且以相同方式与邻近的船体结构一起承受相同的载荷。它通常是船体的结构完整性所必需的。

重力液货舱(G)是指顶部设计压力不大于0.07MPa(表压力)的液货舱。重力液货舱可以是独立液货舱或整体液货舱。重力液货舱的建造和试验应按照公认的标准进行,考虑载运货物的温度和相对密度。

压力液货舱(P)是指设计压力大于0.07MPa(表压力)的液货舱,压力液货舱应为独立液货舱,对其结构的设计应按照对压力容器公认的标准进行。

随着运载方式的发展,目前已经出现了货舱内设置多个用于装载无机酸和碱液体货物的、采用滚塑工艺制造的圆柱形塑钢复合液货罐,液货罐应设计为使其不构成船体结构的组成部分,液货罐的安装与固定应避免因相邻船体结构的变形而产生的对液货罐体的影响。

(2)船型

IBC CODE第17章最低要求一览表中的"e"栏中已经规定了适合装载每种有毒液体物质船舶的船型,通常分为以下三种船型:

1型船舶,运输具有最大危险性的货品;

2型船舶,运输具有中等危险性的货品;

3型船舶,运输具有较小危险性的货品。

1型船舶是指用于运输IBC CODE第17章中对环境或安全有非常严重危害的货品的化学品船,需用最有效的预防措施防止此类货品漏逸。图4-1是典型1型船舶液货舱布置示意图。1型船舶应能承受最严重的破损,其液货舱应位于舷内离外板具有最大规定距离之处。

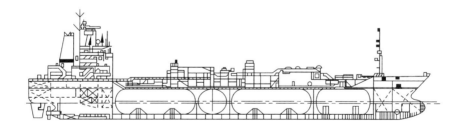

图4-1　1型化学品船舶货舱布置图

液货舱在船内的具体位置为:距舷侧外板的横向破损距离应不小于$B/5$或11.5m(在夏季载重水线平面上从舷侧沿垂直于船体中心线的方向向船内量取,取小者);距中心线处船底外板型线的垂向破损范围应不小于$B/15$或6m(在中心线处自船底外板型线量起,取小者);其任何部位距船体外板都应不小于760mm。

2型船舶是指用于运输IBC CODE第17章中对环境或安全有相当严重危害的货品的化学品船,需用有效的预防措施防止此类货品漏逸,图4-2是典型2型船舶液货舱布置示意图。液货舱在船内的具体位置为:距中心线处船底外板型线的垂向破损范围应不小于$B/15$或6m(在中心线处自船底外板型线量起,取小者),但其任何部位距船体外板都应不小于760mm。

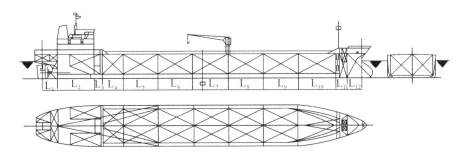

图 4-2　2型化学品船舶货舱布置图

3型船舶系指用于运输IBC CODE第17章中对环境或安全有足够严重危害的货品的化学品船,需用中等程度的围护以增强其在破损条件下的残存能力。图4-3是典型3型船舶液货舱布置示意图。液货舱在船内的具体位置不作要求。

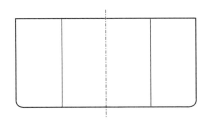

图 4-3　3型化学品船货舱布置图

4.3.2　液货及相关系统

4.3.2.1　液货系统

（1）货泵和液货系统

旧式散装化学品船舶通常采用泵舱式结构,这种设计使得货舱的分隔能力受到限制,船舶只能运输2～3种不相容的化学品。比较典型的是4管路系统,即4台货泵,货泵通常为离心泵、螺杆泵、往复泵,集中安装在泵舱内,通过4条舱底和甲板管路及4对跨接线完成对货舱的液货装卸。该种结构的优点是便于运输大量同种类型的化学品,造价便宜;但其缺点也相当明显,即船舶装载的货品种类受到很大限制,这远不能满足社会发展的需求。

现代散化船一般采用单舱单泵设计结构(图 4-4),即每个货舱都单独设置液货泵,液货泵通常采用深井泵和液压潜水泵。该设计结构特点清晰,能使船舶同时装载多种不相容的化学品,一般为十几种,多的可达数十种,可以满足运输多种少量货物的要求;此外也可避免部分装载或者部分空舱营运,节约运输成本。图 4-5 是该种船舶典型液货泵结构图。

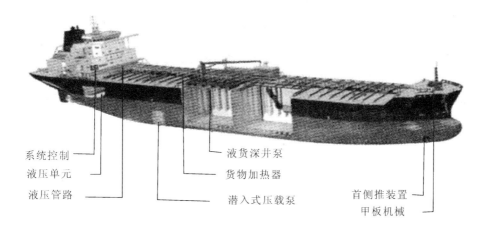

系统控制
液压单元
液压管路
液货深井泵
货物加热器
潜入式压载泵
首侧推装置
甲板机械

图 4-4　典型的单舱单泵液货系统

(2) 液货管系的布置

① 管子的壁厚 t

$$t = \frac{t_0 + b + c}{1 - \dfrac{a}{100}} \tag{4-1}$$

式中:t_0—— 理论厚度,mm,$t_0 = [p \cdot D/(2K \cdot e + p)]$,

其中:p—— 设计压力,MPa;

D—— 外径,mm。

K—— 许用应力,N/mm^2。

e—— 有效系数(对于无缝钢管和由认可的焊接管制造厂供货的纵向或螺旋焊接管,在按照认可的标准对焊缝进行了无损探伤,且认为与无缝钢管相当的情况下,e 为 1.0;在其他情况下有效系数 e 应小于1.0,按照认可的标准,根据制造工艺提出具体要求)。

b—— 弯曲附加余量,mm,$b = (D \cdot t_0)/(2.5R)$,b 值的选取应使管子仅

　　在内压力作用时,其弯曲部位的计算应力不超过材料的许用应力。其中 R 为平均弯曲半径,mm。

c—— 腐蚀余量,mm。如果预计会发生腐蚀或侵蚀,则管壁厚度应适当增加,其增加的数值应考虑到管路的使用寿命。

a—— 制造负公差与管子公称壁厚比的百分数,%。

　　② 货物管路间应为焊接连接,但下列情况除外:截止阀与膨胀接头的认可型连接;主管机关特别许可的其他例外情况。

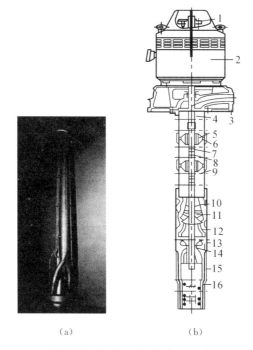

（a）　　　　　　　　（b）

图 4-5　现代散装化学品船舶典型液货泵结构图

（a）液压驱动潜水泵;（b）电机驱动长轴深井泵

1— 调整螺母;2— 电动机;3— 泵座;4— 电机传动轴;5— 轴承体;6— 连管器;7— 传动轴;8— 联轴器;
9— 扬水管;10— 壳轴承;11— 锥套;12— 泵壳;13— 叶轮;14— 叶轮轴;15— 防松圈;16— 进水管部件

　　③ 除非能保持破损保护所要求的距离,否则,货物管路不应安装在甲板以下的货物围护处所外侧与船体外板之间。但是,如果管子损坏不会导致货物泄漏,若能保持检查所需的距离,则此距离可以减小。

　　④ 位于主甲板以下的货物管路可以穿过其所服务的液货舱并穿过舱壁或穿过纵向或横向与液货舱、压载舱、空舱、泵舱或货泵舱邻接的共同边界,前提是在其所服务的液货舱内的管路上装有能在露天甲板上操作的截止阀,且在管路受损时能确保货物的相容性。作为例外,当液货舱与货泵舱相邻接

时,能在露天甲板上操作的截止阀可位于货泵舱一侧的液货舱舱壁上,条件是在舱壁上的阀和货泵之间应加装一个阀。然而,可安装在液货舱外面的全封闭液压操纵阀,需满足下列条件:

  a. 设计成无泄漏危险;

  b. 安装在其所服务的液货舱舱壁上;

  c. 经适当保护,可防止机械损伤;

  d. 安装在离外板符合破损保护要求的距离处;

  e. 能在露天甲板上进行操作。

  ⑤ 任何货泵舱内,当1台泵服务多于1个液货舱时,在每个液货舱的管路上应安装1个截止阀。

  ⑥ 安装在管隧内的货物管路应满足上述要求。管隧的有关结构、位置和通风应满足对液货舱的要求以及防止电气危险的要求。当管路破损时应确保货物的相容性。在管隧内除设有通往露天甲板和货泵舱或泵舱的开口外,不得设有任何其他开口。

  ⑦ 穿过舱壁的货物管路应布置成能防止其在舱壁处产生过大的应力,以螺栓连接的法兰不应穿过舱壁。

  4.3.2.2 环境控制系统

  (1) 基本概念

  承载危险品液货的船舶在运输过程中会挥发出各种蒸气,这种蒸气在卸货、空载、航行、除气、洗舱等作业的情况下,如果与空气接触,容易形成一种易燃易爆的混合气体,同时某些货品还存在各种化学反应和毒性。所以,不同的货物在运输过程中,其液货舱内蒸气空间以及在某些情况下液货舱周围空间,为了防止危险事故的发生,可要求具有特别的环境控制。液货舱的环境控制,通常有以下4种不同方式:

  ① 惰化法,用不助燃且不与货物反应的气体或蒸气充入液货舱及其管系和(对某些货物有规定的)液货舱周围空间,以维持状态;

  ② 隔绝法,用能使货物与空气隔绝的液体、气体或蒸气充入液货舱及其管系,以维持状态;

  ③ 干燥法,用大气压力下露点为 $-40℃$ 或更低的干燥气体或蒸气充入液货舱及其管系,以维持状态;

  ④ 通风法,进行强制通风或自然通风。

（2）惰性气体系统

目前最为常用的环境控制方法为惰化法。由于惰性气体化学性质不活跃，与大部分的化学品不发生反应。当惰性气体被送入化学品舱内或者周围空间，可大大降低舱内可燃气体中的氧含量，使其失去燃烧爆炸的风险。

用于化学品船的惰性气体，一般应满足如下的要求：

① 低氧量（氧含量应低于 5%），极低的烟尘和 SO_2 含量；

② 无毒性；

③ 对液货舱不会产生腐蚀；

④ 不能与载运的货物发生化学反应和产生其他方面的污染；

⑤ 清洁，不会产生沉积污染物。

因此，对于散装化学品船舶使用的惰性气体，要求的质量也相应地比油船要求的高。这种惰性气体通常由独立的惰性气体发生装置来提供，一般的烟气式惰气系统仅用于油船。此外，由于独立的惰气系统不能去除 CO_2，还含有少量的水分和氧，其适用范围仅限于与 CO_2 相容且与少量水和氧相容的货物，这使得船舶能够装载货物的种类减少。因此通常的做法是，化学品船上携带一定数量的氮气钢瓶，由岸上充注氮气，作为惰性气体的补充。

独立的惰性气体发生装置，一般燃油用轻质柴油或重油，其工作原理同油船的惰性气体发生器的相似，由于此装置设有一套特殊的燃烧装置和控制系统，进入燃烧室的燃油能充分燃烧，产生的惰气中氧、烟尘的含量很低，一般情况下氧含量都小于 0.5%，因此惰气质量高。在流程上，惰气发生器产生的烟气经过洗涤塔的冷却、除尘和除湿后，通过风机加压，再经过干燥器和甲板止回装置，进入甲板惰气总管，经各支管分配到需惰化的货舱，过量惰气经透气管排空。

4.3.2.3　透气／除气系统

（1）液货舱透气系统类型

① 开式液货舱透气系统，系指在正常操作期间，货物蒸气进出液货舱的自由流动（除摩擦损失外）无任何限制的系统。开式透气系统每个液货舱可设单独的透气管，也可在考虑货物适当分隔的情况下，将单独的透气管汇合成一个或几个总管。但在任何情况下，在各个透气管或总管上均不得设置截止阀。

② 控制式液货舱透气系统，系指在每一液货舱设置压力和真空释放阀或

压力／真空阀,以限制液货舱内的压力或真空。控制式液货舱透气系统每个液货舱可设置单独的透气管,也可以考虑在货物适当分隔的情况下,将上述仅与压力有关的透气管组合成一个或几个总管。但在任何情况下,在压力或真空释放阀或压力／真空阀的上面或下面不应设置截止阀。在某些操作条件下可以设有压力或真空释放阀或压力／真空阀的旁通装置,并且应有一个适当的指示器表明该阀是否被旁通。

(2) 透气系统的要求

① 液货舱透气系统的设计和操作应能保证在货物操作期间液货舱内所产生的压力或真空不超过液货舱的设计参数。在确定液货舱透气系统的尺寸时应考虑的主要因素如下:

a. 设计装卸率;

b. 装货期间气体逸出,至少应为最大装货速率乘以 1.25;

c. 货物蒸气混合物的密度;

d. 透气管、交叉连接阀和配件的压力损失;

e. 释放装置的压力／真空调定值。

② 与抗腐蚀材料制造的液货舱相接的透气管路,或与 IBC CODE 要求的加有衬垫或涂层以装载特殊货物的液货舱相接的透气管路同样应加有衬垫或涂层,或用抗腐蚀材料制造。

③ 控制式液货舱透气系统应由一个主透气装置系统和一个辅助透气装置系统构成,当其中一套装置发生故障时允许能完全释放蒸气以防止过压或欠压。作为替代方法,辅助装置可在每个液货舱安装压力传感器和在货物控制室内的监控系统或能正常进行货物作业的位置设有一个监视设备。该设备还应有报警装置,由舱内过压或低压状况触发。

④ 应向船长提供与透气系统的设计相一致的每个液货舱或液货舱组的最大许用装卸速率,该速率可由整个透气系统管路压降计算得到。

⑤ 控制式液货舱透气系统的透气出口的位置应布置成:

a. 在露天甲板上的高度不小于 6m,如设在升高步桥的 4m 范围内,则在升高步桥以上的高度应不小于 6m;

b. 离开起居处所、服务处所和机器处所的空气进口或开口及点火源的最近水平距离至少为 10m。

⑥ 只要设有一个型式认可的高速透气阀,能将蒸气／空气混合物以至少

30m/s 的出口速度向上自由喷射,则上述的透气口在甲板或升高步桥以上的高度,可减至 3m。

⑦ 同时装运不相容的货物,每个货舱的透气管都连通至蒸气控制系统,则应在各个透气支管与蒸气控制系统总管之间设置盲通法兰或者等效设施,以防止货物发生危险化学反应。

（3）除气系统

装载的货物不允许用开式透气方式透气的液货舱,其除气装置应能使易燃或有毒蒸气在大气中的扩散危害或易燃、有毒蒸气混合物在液货舱中所造成的危害降到最低限度。此类蒸气放出就立即进行除气作业,一般通过以下开口进行除气:

① 通过上述"透气系统要求"中的 ⑤ 和 ⑥ 规定的透气出口;

② 通过比液货舱甲板平面至少高出 2m 的出口,在除气作业期间能保持至少 30m/s 的垂直流动速度;

③ 通过比液货舱甲板平面至少高出 2m 的出口,且能保持至少 20m/s 的垂直流动速度,同时在这些出口应用适当装置予以保护,以防止火焰通过。

当出口处的易燃蒸气浓度降至可燃下限的 30% 时和有毒货品的蒸气浓度对健康没有严重危害时,可在液货舱甲板平面上继续进行除气。上述除气可以通过甲板固定的风机和管路,也可以通过移动式风机和专用接头来进行。

4.3.2.4　洗舱系统

船舶在运输散装化学品的全部过程中,洗舱作业最能反映出化学品运输的特点。同时也是全过程中最重要的作业环节,因为洗舱作业关系到两载货的质量,在两载货之间起到承上启下的作用。制订具体货物的洗舱方法、程序时必须顾及上载货的特性和下载货的装载要求。

（1）洗舱系统组成

液货舱洗舱管系如图 4-6 所示,系统一般由以下几部分组成。

① 洗舱水供给泵

洗舱水供给泵通常由设在泵舱的扫舱泵或者货泵来代替,对于不设泵舱的单舱单泵液货系统的化学品船,一般在机舱设有专门的洗舱水供给泵。泵的排量选择通常按照《程序和布置手册》中满足同时工作的洗舱机的排量之和的要求,压头须满足洗舱机的工作压力,同时还需考虑管路、阀件、弯头的压力损失及重力压头损失。洗舱水通常为海水或者淡水,海水通过设在机 / 泵

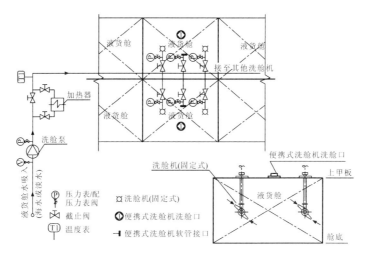

图 4-6　化学品船舶液货舱洗舱管系简图

舱的海水箱吸入,淡水由船舶设置的淡水舱提供。

② 供给洗舱机伸入的甲板洗舱开口

供给洗舱机伸入的甲板开口的直径标准是 318mm(12.5in),有时候也称为巴氏孔。为了使舱表面、舱底区域能获得最佳洗舱效果,通常这些孔设在离舱壁 6 ～ 10m 处。除该位置要求外,为洗舱机设置的甲板开口位置直接影响到洗舱的效果。所以,根据洗舱机的工作压力,对不同货舱选择一个或者多个甲板开口,才会得到最佳的洗舱效果。

③ 洗舱水供给管路

一般情况下,洗舱管路和甲板消防管路共用,也有设置专门的洗舱管路。如果洗舱泵设在机舱内,应在洗舱管路出机舱部位设置止回装置,防止货舱内有毒、易燃蒸气进入机舱处所。在连接洗舱软管之前,必须打开洗舱管路的接头,放水数分钟,防止管内的铁锈等杂物流入洗舱机内。为了监视运行状况,通常还在管系的重要部位安装温度表和压力表。

④ 洗舱机

洗舱机是洗舱的直接设备,其内部结构与油船洗舱机的类似,大都由伞形齿轮匹配或蜗轮蜗杆匹配。也分为固定式和移动式两种,固定式洗舱机一般用于大型化学品船舶,移动式洗舱机多用于旧船和小型化学品船舶。洗舱机的特点和工作原理参见油船洗舱机系统中的内容,这里不再作具体说明。

⑤ 加热器

加热器通常设在洗舱机的出口端。加热器的容量选择很重要,一般需满足《程序和布置手册》中规定的同时工作洗舱机的数量,同时把海水或者淡水的温度加热到可接受的范围。加热器的形式一般分为壳管式和板式。加热的热源可以是锅炉或其他装置,如热风器或空气加热器。加热器所用的加热介质可以是蒸气、热油或其他介质,加热方式可以是直接加热或者间接加热。通常在加热系统设有温度调节阀,以控制洗舱水温度。

⑥ 扫舱泵或喷射

为了使液货舱的清洗工作顺利进行,扫舱泵必不可少。喷射泵是最有效的扫舱泵,因为它能把大块的黏稠物质直接从货舱内扫出。对于液压驱动的潜水泵和电机驱动的深井泵,本身均带有扫舱系统。

(2) 洗舱程序

由于船载化学品种类繁多,物理、化学性质也不尽相同,因此不同货品的洗舱程序也不相同。为满足 MARPOL 73/78 附则 Ⅱ,化学品船舶洗舱需要预洗。以下是适用于 1994 年 7 月 1 日或之后建造的船舶,并建议适用于 1994 年 7 月 1 日前建造的船舶的预洗程序,以及所使用的洗舱介质最小容量的确定方法。

① 不带循环的非凝固物质的预洗程序

a. 液货舱应采用有足够水压力的旋转喷射水柱的方法予以冲洗,对于 X 类物质,洗舱机的运行位置应能冲洗到所有液货舱表面。对于 Y 类和 Z 类物质只需使用一个位置。

b. 在洗舱时,应采用不断将洗舱污水泵出并促使流向吸入点的方法,将舱内污水的总量减至最少。如果不能满足此条件,洗舱程序应重复 3 次,每次冲洗完毕进行彻底扫舱。

c. 在 20℃ 时黏度大于或等于 50mPa·s 的物质,应用热水(至少 60℃)洗舱,除非该类物质的性能使得洗舱的效果不好。

d. 所用洗舱水的数量应不少于 ④ 中规定的数量或 ⑤ 中确定的数量。

e. 预洗后,货舱和管路应予以彻底清扫。

② 不带循环的凝固物质的预洗程序

a. 液货舱在卸货后应尽早进行洗舱。如有可能,液货舱洗舱前应进行加热。

b. 预洗前,最好能清除舱口及人孔上的残余物。

c. 液货舱应采用有足够水压力的旋转喷射水柱的方法予以冲洗,同时应确保所有液货舱的表面都能冲洗到。

d. 在洗舱时,应利用不断将洗舱污水泵出并促使流向吸入点的方法将舱内污水的总量减至最少。如果不能满足此条件,洗舱程序应重复 3 次,每次冲洗完毕应进行彻底扫舱。

e. 液货舱应用热水(至少 60℃)洗舱,除非该类物质的性能使得洗舱的效果不好。

f. 所用洗舱水的数量应不少于 ④ 中规定的数量或 ⑤ 中确定的数量。

g. 预洗后,货舱和管路应予以彻底清扫。

③ 循环利用洗舱介质的预洗程序

a. 可采用循环洗舱介质的方式,用于不止一个液货舱的洗舱。在确定数量时,必须适当注意液货舱中残余物的预期数量和洗舱介质的性能,以及是采用初步漂洗还是冲洗。除非提供足够数据,洗舱介质中的货物残余物的最终计算浓度应不超过基于常规扫舱数量的 5%。

b. 循环洗舱介质应仅用于清洗含有相同或类似的物质的液货舱。

c. 足以连续洗舱的大量洗舱介质应加到将予以冲洗的液货舱中。

d. 所有液货舱表面应采用有足够水压力的旋转喷射水柱予以清洗。洗舱介质的再循环可以在予以冲洗的舱进行,也可以通过另外的舱进行,例如污液舱。

e. 洗舱应连续进行直到累积的通过量不少于 ④ 中规定的对应相关数量,或 ⑤ 中确定的数量。

f. 当水作为洗舱介质时,凝固物质以及那些在 20℃ 时黏度大于或等于 50mPa·s 的物质,应用热水(至少 60℃)洗舱,除非这些物质的性能使得洗舱效果不好。

g. 当循环洗舱达到 ⑤ 中规定的程度结束洗舱后,洗舱介质应排放掉并对液货舱进行彻底扫舱。此后,液货舱应进行漂洗,用干净洗舱介质,不断吸入并排入接收设备。漂洗液应至少覆盖舱底并足以冲洗管路、泵和滤器。

④ 用于预洗的最小水量

预洗中所用的最小水量由舱内有毒液体物质的残余量、液货舱尺寸、货物性质、洗舱水排出物的许可浓度以及操作区域来确定。可用下列公式计算:

$$Q = k \left(15r^{0.8} + 5r^{0.7} \times \frac{V}{1000} \right) \tag{4-2}$$

式中:Q—— 要求的最小水量,m³。

r—— 液货舱的残余量,m³,r 值应为实际扫舱效率试验中确定的值,但对于舱容为 500m³ 及以上的液货舱,不应低于 0.10m³;对于舱容为 100m³ 及以下的液货舱,不应低于 0.04m³;对舱容在 100m³ 和 500m³ 之间的液货舱,在计算中允许使用的 r 的最小值由线性插值法求得;对于 X 类物质,r 值应按照标准基于扫舱试验予以确定,注意上述给出的较低限值,或取 0.9m³。

V—— 舱容,m³。

k—— 调整系数,对于 X 类,非凝固低黏度物质,$k = 1.2$;X 类,凝固物质或高黏度物质,$k = 2.4$;Y 类,非凝固低黏度物质,$k = 0.5$;Y 类,凝固物质或高黏度物质,$k = 1.0$。表 4-2 中数值是当 k 取 1 时用公式计算所得,以便参考。

表 4-2　用于预洗的最小水量

液货舱残余量(m³)	最小水量(m³)		
	舱容 = 100m³	舱容 = 500m³	舱容 = 3000m³
≤ 0.04	1.2	2.9	5.4
0.10	2.5	2.9	5.4
0.30	5.9	6.8	12.2
0.90	14.3	16.1	27.7

⑤ 考虑到船舶载运的物质,对预洗容量低于上述 ④ 中给定的值的批准可进行验证试验,达到主管机关满意,以证明满足第二节中的排放要求。如此验证的预洗容量,对其他预洗条件,应采用上述 ④ 中定义的系数 k 予以调整。

(3) 通风程序

对于那些在 20℃ 时蒸气压力超过 5kPa 的化学物质的残余液货,可用通风作业从液货舱中除去。在用通风除去液货舱内有毒残余物质前,应考虑到液货可燃性和毒性的危险。有关安全方面,应参考经修正的 SOLAS 1974、IBC CODE、BC CODE 中关于货舱开口的操作要求以及国际航运公会(ICS)《液货船安全指南(化学品)》中的通风程序。港口当局也可以指定液货舱通风规则。

通风管路通常利用船舶惰性气体固定管路,通过鼓风机或者专门的风机吸入新鲜的空气,注入各个货舱,然后通过高速透气阀排出。当出口处的易燃蒸气浓度降至可燃下限的 30% 和有毒货品的蒸气浓度对健康没有严重危害时,可在液货舱甲板平面上继续进行除气通风。

除去货舱中残余液货的通风程序如下:

① 完成管路扫线,并且用通风设备进一步将液体清除;

② 船舶横倾和纵倾应调整到尽可能最小的程度,以促进舱内残余物的挥发;

③ 采用能产生气流达到液货舱底部的通风设备;

④ 通风设备布置的位置应最靠近液货舱汇集井或吸入点;

⑤ 如果实际可行,通风设备应位于使气流直接吹到液货舱汇集井或吸入点上并尽可能避免碰击到货舱构件的位置;

⑥ 通风应持续到液货舱内看不到有液体留存为止,这应通过目视检查或等效方法来核实。

4.3.2.5　货物温度控制系统

当载运货物要求按 IBC CODE 第 17 章表"O"栏内规定进行温度控制时,货物温度控制系统的设计首先应保证货物加热系统或冷却系统必须有足够的能量,确保液货舱在表 4-3 所列环境条件下维持装载温度。

表 4-3　液货舱环境条件

	加热系统	冷却系统
水温	0℃	32℃
空气温度	5℃	45℃

具体设备要求按照 CCS《散装化学品船舶构造与设备规范》(2006) 设置:

(1) 货物加热系统或冷却系统的每一液货舱应不少于 2 套独立的循环盘管或导管,每套的最小能量应确保任一套发生故障时另一套仍能满足货物不发生危险变化的最小加热或冷却总量的要求,且循环应布置成能加热或冷却整个货物。

(2) 货物加热系统应有 2 套独立的供应热源,可以是锅炉或其他装置,如热风器或空气加热器,每一套热源应符合维持所载货物不发生危险变化的最低要求。

(3) 热交换器(如设有)应有 2 套。

(4) 货物循环泵和加热或冷却介质泵(如设有)应有 2 套。货泵可以用作货物循环目的。

（5）用于特定货物加热或冷却的介质应为认可型。加热盘管或导管的表面温度应给予特别考虑，以避免货物局部过热或过冷而产生危险的反应。

（6）加热或冷却系统中应设有阀，以便隔断每个液货舱的加热或冷却系统并可以人工调节流量。

（7）任何加热或冷却系统应配备设施，确保在任何情况下（系统排空者除外）均能使系统的压力高于液货舱内货物作用于该系统的最大压力。

（8）载运有毒货物时，加热或冷却系统应满足：

① 独立于船上其他用途系统（除为另一货物的加热或冷却系统外），而且不进入机器处所。

② 应在装运有毒货物的液货舱之外。

③ 介质循环到船上其他用途的系统或进入机器处所之前，应取样检查。取样设备应位于货物区域内，并能检测出任何被加热或被冷却的有毒货物的存在。如果采用这种方法，不仅在开始加热或冷却有毒货物时应对盘管回路进行检测，而且还应对在不需加热或冷却有毒货物的盘管首次用于加热或冷却的有毒货物之前进行检测。

4.3.2.6　测量与检测

（1）液位测量

化学品液货舱，包括污液舱应设有下列形式之一的测量装置：

① 开式装置。利用液货舱的开口进行测量，可以将测量仪表放置于货物与其蒸气之中。

② 限制式装置。此装置深入液货舱，使用时允许少量货物蒸气或液体逸入大气。不使用时，这种装置是完全封闭的。其设计应确保在打开这种装置时不致使舱内货物（液体或气雾）发生危险的外溢。

③ 闭式装置。此装置伸入液货舱，成为封闭系统的一部分，且能防止舱内货物逸出，如浮筒式系统、电子探测器、磁性探测器和带有防护的观察装置等；也可采用不穿过液货舱壳板而与液货舱无关的间接式装置，如货物称重装置和管式流量计等。

开式和限制式测量装置只允许用于 IBC CODE 允许使用开式透气者或在操作测量装置之前能释放舱内压力者。上述液位测量装置应独立于液货舱高位、高高位报警装置。

（2）温度测量

对于那些在运输货物过程中需要控制温度的船舶,整体液货舱载运货物的温度能影响到钢构件时,要求设置温度测量设施和报警设施。独立液货舱载运需要加热或冷却的货物,至少应设有两个测温点分布在60%舱深处。测量货物温度的设施分以下两种形式:

① 限制式温度测量装置,应符合上述对限制式测量装置的定义,例如便携式温度计安放在限制式测量管内;

② 闭式温度测量装置,应符合上述对闭式测量装置的定义,例如传感器安装在液货舱内的遥控读数式温度计。

（3）蒸气探测

载运有毒和/或易燃货物的船舶,至少应配备2套专为探测该类蒸气而设计并经校准的仪器,如果这种仪器不能测试毒性和可燃性二者浓度的,则应分别配备2套独立的仪器。蒸气探测仪可以是便携式,也可以是固定式。如果已安装了1套固定式探测系统,则至少还应备有1套便携式探测仪。IBC CODE第17章表"k"栏内已注明需要探测某些货物的有毒蒸气,而目前没有适用的探测设备时,主管机关可以免除该船装设探测设备的要求,但在"国际散装运输危险化学品适装证书"上应做适当的记录。在批准这一免除时,应考虑必须适当增加呼吸器用的空气供应量,并应在"国际散装运输危险化学品适装证书"上注明。

4.3.3 港口有毒液体物质接收处理设施

港口接收船上含有化学品的污水,其成分通常为芳烃类、酯类、醇酮类。芳烃类物质主要是苯、二甲苯、对二甲苯、苯乙烯等属类油物质,难溶于水。酯类、醇酮类多为无色澄清液体,易溶于水。芳烃类可按照化学性质采用蒸馏提取、活性炭吸附、生物处理等方法进行处理;按物理性质上述物质比水轻,可采用液/液分离的方法进行处理。酯类可采取萃取、活性炭吸附、化学氧化及生物处理法进行处理。酮类可采用蒸馏提取、活性炭吸附、无机吸附剂 Al_2O_3-MgO 吸附及化学氧化进行处理,而生物法是处理含酮废水的重要手段。

图4-7为一种污水处理系统流程图。整个处理系统主要由储罐、粗分离器、反应器、酸碱中和池等组成。其系统及处理流程如下:

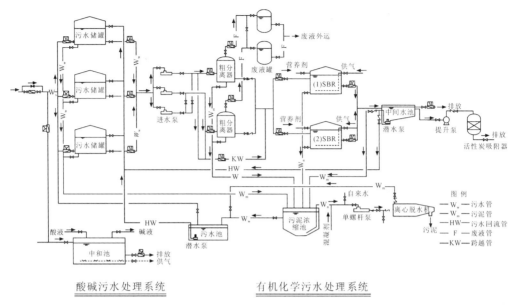

图 4-7　某港口污水处理系统流程图

（1）储罐

洗舱水经计量后通过 DN200 管道进入储罐，储罐为 3 只 $100m^3$ 的罐。化学品洗舱水根据其化学种类大致可分为醇酮类污水、苯类污水、酯类污水。这三类污水应分别进 3 只储罐经不同方式处理。若 3 只储罐进水都达到高位，则应停止液货舱排洗舱水，洗舱水满罐后可静置一定时间（3～4h）。3 只洗舱水储罐轮流出水至下一级处理装置，其中醇酮类直接进入 SBR 反应器，苯、酯类则应先通过粗分离器装置，然后再进入 SBR 反应器。

（2）粗分离器

该工程设 DYF-50 粗分离器 2 台，每台处理能力为 $50m^3/h$ 左右，视储水量多少及类别可开启 1 或 2 台粗分离器。粗分离器编号为 1 和 2。经粗分离器分离后的苯类进入苯类储罐（$5m^3$），分离后的出水进入 SBR 反应器。

（3）SBR 反应器（附加营养剂系统）

该工程设有 2 台 BT-100 型 SBR 反应器，每台处理能力为 $4m^3/h$，一次处理能力约 $50m^3$，根据洗舱水量可同时开启或分别开启 2 台 SBR 反应器。经粗分离器处理的苯、酯类污水或由储罐来的醇酮类污水，通过 DN150 管道进入 SBR 反应器进行生物降解，去除 CODcr，去除率达 90% 左右。在开启 SBR 进水阀的同时，启动加营养剂的螺杆泵，营养剂进入 SBR 反应器，10min 后停泵。

（4）水质排放

经 SBR 处理后出水排入中间水池,当排水 CODcr 大于 200mg/h 时由中间水池潜水泵打回储罐;经 SBR 处理后排入中间水池的排水 CODcr 在 200～100mg/L 的水由泵提升至活性吸附塔处理后排放;小于 100mg/L 的水直接排放。

（5）SBR 运行周期

SBR 运行周期有 4 类,分别为运行模式 1、2、3 和 4。运行模式 1 为常规使用,即周期 12h 进水到高位。运行模式 2 为特殊情况使用（进水浓度偏高）,即周期 24h 进水到高位（曝气 17h,沉淀 3h）。运行模式 3 为污水少的情况使用,即周期 24h 进水到中位。运行模式 4 为无化学污水仅生活污水时使用,运行周期 6h（曝气时间 3h,沉淀 2h）。无化学污水时,打开进生活污水 DN150 电动阀,进生活污水至 SBR 高位时关阀。操作人员在散装化学品船进港后,即应判断用何种运行模式,在开启 SBR 前应在中心控制室将选择模式键设在相应位置,然后再开启 SBR。

（6）酸碱处理系统

该处理中心设酸碱中和池 1 个,容积为 120m³,池底布散气管。酸碱散装船到码头后,船上洗舱水通过专门管道输送至中和池,通过加酸或碱充分搅拌反应,pH 值达 6～9 后排放。

（7）污泥处理系统

储罐、粗分离器、SBR 排泥至污泥浓缩池,经沉淀分离后,污泥由泵打入污泥脱水机,污泥脱水后外运到焚烧炉烧掉,污水排入污水池。污泥脱水每周进行一次。

4.4　船舶载运有毒液体物质作业程序

4.4.1　货物装卸计划

（1）装货计划

装货计划是指经岸同意、由值班驾驶员（包括泵浦员）来执行的装货程序书,是指导性文件,它包括了装货的全过程,由大副制订。装货计划的重点是配载,由于多舱柜散化船的配载极为复杂,有时不能由船方来制订,必须由岸上的专门人员来制订配载方案,必要时还要请专家指导。

除了进行科学的配载外,装货计划通常还包括以下的几个方面的内容:

① 使用的管系及装货舱的装货顺序；

② 接管数即货物软管的对接数、序号、规格等；

③ 最初装货速率、正常装货速率和平舱作业时要求的速率，主管路能经受的最高压力和正常工作压力；

④ 温度限制、停止装货程序和应急程序；

⑤ 压载水操作；

⑥ 纵倾和吃水调整；

⑦ 防火、防爆及防污染工作的布置；

⑧ 系泊管理；

⑨ 其他安全防范措施等。

（2）卸货计划

散化船装运多种货物时，常常装卸同时进行，即某些舱在装货的同时，而另一些舱在卸货。所以，大副在制订装货计划的同时，也往往需要制订卸货计划，以保证省时、安全、有条不紊地卸货。卸货计划中应涉及以下内容：

① 卸货使用的管系，泵的初始泵速，卸货时的泵速；

② 液货舱的卸货顺序；

③ 惰性气体设定压力；

④ 各液货舱空当多少时停主泵，何时开始扫舱，扫舱时纵倾达多少，何时开始压载，压载顺序如何，污液舱如何控制；

⑤ 画各舱空当示意图，标注各舱扫舱开始时的空当高度；

⑥ 温度限制、停止装卸货程序和应急程序；

⑦ 纵倾和吃水调整；

⑧ 防火、防爆及防污染工作的布置；

⑨ 其他安全防范措施等。

4.4.2　装货作业准备

4.4.2.1　准备货物资料

（1）装货清单和技术资料

货物托运人应负责向船舶操作人员和／或船长提供一份装货清单，上面应正确写明货物的技术名称、联合国编号（UN No.）、装卸数量、装卸港口以及货物的反应性分类等。

船上还应备有必要的技术手册和指南,如:

①Tanker Safety Guide,ICS;

②Chemical Data Guide for Bulk Shipment by Water,USCG;

③CHRIS(Chemical Hazard Response Information System)Manual,USCG;

④The Condensed Chemical Dictionary Rheinhold;

⑤Dangerous Properties or Industrial Materials,Sax;

⑥The Procedures and Arrangements Manual。

（2）货物资料

在任何情况下,如果不能得到货物安全运输所需的全部资料,承运人或者船长可以对该货物拒绝装运。货物资料主要包括以下内容:

① 为了货物安全围护所需要的物理化学性质的详细说明书,包括货物与空气、水、其他物质的反应危险性,以及对各种金属或货物围护系统（液舱、管线、阀件、泵等）的腐蚀性。

② 万一货物泄漏时应采取的处置方法。

③ 蒸气吸入、吞咽或皮肤接触对健康的危害性,以及防止人身意外接触的防范措施和医疗急救措施。

④ 货物的易燃性,包括蒸气压、沸点、闪点、爆炸下限和爆炸范围等,以及发生火灾后的消防程序和使用的灭火剂。

⑤ 货物相容性的编号,以便安全配载。

⑥ 货物是否可以装载在任何液货舱内,是双层舱壁的还是单层舱壁的,是不锈钢的还是涂层的。

⑦ 货物是否需要加热,加热是否会引起危险反应或货物变质,如有可能,则对邻舱应有怎样的温度限制。需要加热时,应根据泵送时的黏度要求,规定运载和卸货时的温度范围。货物应用蒸汽加热还是用热水加热或用热油加热,由外部盘管加热还是用相容物质间接加热。

⑧ 货物是否需要冷却,冷却温度应控制在何范围。

⑨ 货物是否需要稳定或抑制,如果需要,货主是否提供了有关的证书,如"抑制剂含量证书"等。

⑩ 装货前是否需要用氮气清除舱内的蒸气和氧气,装货后货物上部空间是否需要充填氮气,以确保货物质量和装卸工作的安全。对能放出察觉不到的剧毒蒸气的货物,是否已放入能察觉到的添加剂,否则可以拒运。货物驳运

程序,以及卸货后压载、洗舱和驱气程序、方法和工具。

上述资料以及货物装卸计划等,应放于易于取用的地点,供所有有关人员随时查阅。

4.4.2.2 准备货物装卸设备

① 消防设备:开始装卸作业前,应在甲板配置 2 个能正常工作的灭火器,其他消防设备处于随时可用的状态;

② 太平斧:应在船首尾适当部位,配置用于紧急情况时砍断钢缆的太平斧;

③ 气体检测器、静电检测器和氧检测仪:装卸货期间应在甲板配置一套气体检测器(包括能检测有毒气体和可燃气体的检测器)、静电检测器和氧检测仪,用于检测泵舱、机舱、压载舱、留空处所及其他气体容易聚积场所的气体浓度,以保证装卸货物期间的安全;

④ 防护用具和呼吸器:在装卸货物期间,上述设备的正常效能经确认之后,应放置在甲板上;

⑤ 安全器材:虽然铜合金材料扳手属于灭火星工具而被允许使用,但在使用中仍需小心,因为它们并不能完全避免火星。

4.4.2.3 装卸作业的准备

① 地线的连接和断开:在液货软管或吊臂连接到总管之前,应用螺栓将岸上引来的接地线连接到船上的接地端子上。待装卸完成后,应先将液货软管或吊臂从总管上断开之后才能断开接地线。

② 软管或吊臂与货物总管的连接,应在码头方面负责人员的指导下进行,防止接错,注意各个螺栓的拧紧程度的均匀性,并使用合格的密封材料。

4.4.3 装货作业内容

(1)装货作业应严格按照装载计划程序进行,与岸方随时保持联络,并由专职人员负责监装。

(2)建立检查制度,避免任何的操作失误。具体的注意事项如下:

① 液货舱检查:开始装货前,液货舱也应做好清舱工作,并由货物检查员或货主在船长或负责船员在场的情况下检查货舱,只有在通过检查后方可开始装货。

② 阀门开关:开始装货时,船上负责船员应先检查确认所有与装载有关

的阀,均已处于正常的开闭状态。

③控制流速:装货时,最好把液货管内的液货流速控制在3m/s,同时可以参照《程序与布置手册》中限制的装货速度,以防止产生静电,保证溢货时的反应时间。

④装货开始后流速的控制程序:装货开始后,流速应调得尽可能低(1m/s或以下),直到装货管的舱内开口浸入液体货物中才可以加快装货至预定的速度。其间要检查管系、阀门、泵是否有泄漏,透气系统工作是否正常。

⑤平舱作业:一般情况下,在最后一个舱装至距预定量还剩 $30m^3$ 时,船方应向码头方作出报告,然后将装货速度降低,待距预定量还剩 $10m^3$ 的时候,将装货速度再次降低。当舱容还剩 $3m^3$ 的时候,应暂时停止装货(一般静置30min),然后再慢慢(刚开始装货时的速度)完成最后的装货。

⑥装货完成:当装货结束时,通常由岸方提供扫线,使管路内的液货充分流入舱内。关上货物总管接头处的阀件,先脱开岸方的软管接头,随后脱开船上的软管接头,装上盲板法兰。

4.4.4 卸货作业内容

(1) 准备货单和装卸报告

当岸方及收货方代表上船时,船长应将货单和装卸报告亲手交给岸方及收货人。

(2) 去封、数量检测和测深

经货主确认封条数量以及装卸报告中记录的封条情况符合要求后,即可去封。去封后,应进行与装货相同的取样、测深。

(3) 准备卸货

卸货准备工作与装货准备工作相同,如码头制定有特殊的作业标准,应予以遵守。

(4) 货泵

应检查货泵轴封是否有泄漏,如发现轴封有泄漏或者发热现象,应立即停止工作并对其进行修理。

(5) 通海阀门的检查

经过压载航行,进行压载水操作后,海底阀门或者与货物管路之间的阀门有时候会忘记关闭,在卸货过程中可能会导致货物由海底阀门泄漏出去。

所以应仔细检查上述阀门的关闭状况。如设有盲断设施,应予以确认是否盲断。

(6) 两种或多种不同货物同时卸载

同时卸载两种或者多种不同货物时,应为每一种货物的卸载制订一份卸船计划。同时在卸货期间,要注意船舶的纵、横倾情况。

(7) 卸货排量的限制

应根据管路的直径、液舱舱容、软管允许工作压力、设备的规定压力,或者码头方规定的具体条件,确定适当的卸货排量。在卸货过程中,应该严格遵守,防止化学品泄漏。

(8) 卸货操作

卸货工作只有在确定了卸货量、双方的联系方法、应急处理方案等,并且确认货物取样中无任何异常后方可进行。货泵及有关阀门应根据卸货计划和岸方的指示进行操作,卸货中船方和码头方应保持密切的联系。货泵应以低速启动,同时密切注意其出口压力表,经检查确认货物已驳至码头方储罐,且泵、液货管路和软管无异常后,方可逐渐加大卸货量至规定的压力。卸货过程中应时常检查货泵轴封和货物管路是否有化学品渗漏现象,泵和泵的活动部件是否发热,特别应使用检测仪器检查舱内气体浓度,以保安全。另外,还应考虑到船的纵、横倾和系缆的松紧情况。

(9) 扫舱作业

卸货进行到一定程度时,应开始扫舱作业,使用有效的扫舱设备将货舱及管路中的货物残余物卸到满足本章第 2 节的要求。

(10) 卸货完成

扫舱完毕后,由检查员对残余物进行检测,对卸货量达成一致的意见后,卸货最终完成。

4.5　内河防治船舶载运有毒液体物质污染的应急程序措施

船舶在航行过程中,由于操作不当或某些不可抗因素,出现的污染事故,通常分为泄漏和溢货。一旦发生污染事故,可能对水环境造成重大的污染,同时可能伴随爆炸等事故,其后果往往是灾难性的。

4.5.1　污染事故的上报

船舶一旦发生污染事故,应按照 IMOA.851(20) 决议通过的《船舶报告制度和船舶报告要求的一般原则 —— 包括危险品、有害物质和／或海洋污染物事故报告的指南》向下述三方报告:沿海国家联系人、港口联系人和船方联系人。

4.5.2　污染处理方法

船舶泄漏通常包括操作性泄漏和海难造成的事故性泄漏,一般处理这类事故的方法和程序应详尽地包含在经主管机关批准的"船上海洋污染应急计划"中。

4.5.2.1　操作性泄漏

操作性泄漏分为管道泄漏、液舱溢流。发现管道泄漏,应立即降低管内液货压力,依靠重力或用泵将管内残余货物送到未满液舱内,然后将漏泄部位管路上的有关阀关闭,防止其他管路内的货物窜入该管内。在装卸货物时,货物管路发生泄漏,应立即停泵,根据情况关闭相应阀门或加固盲板。

液舱溢流,如船内驳运货物或者装货时发生满舱溢流,应立即停止货泵运转或通知岸方停泵,关闭向该舱驳运货物的有关阀门,将溢流舱内的一部分货物驳运到有空余舱容的货舱内。

4.5.2.2　事故性泄漏

事故性泄漏通常包括搁浅、失火和爆炸、碰撞(与固定或移动目标)、船体破坏、过度倾斜、围护系统故障、货物发生危险反应、危险货物的释放、液舱环境失控、沉没失事／触礁等。在发生此类事故后,通常应考虑采取以下几个方面的措施:

(1) 优先措施,一般针对大范围的险情:

① 面对险情,船长应首先确保人员和船舶安全并采取措施防止事故升级。在涉及泄漏的事故中,应考虑马上采取措施防止失火,防止人员暴露于有毒气体中并防止爆炸,如改变航道,使船舶逆风于泄漏的货物,关闭不重要的进气口等。如果船舶搁浅而无法操纵,所有可能的着火源都应被消除,并应采取措施防止有毒气体或易燃气体进入居住区域和机舱处所。如果船舶有可能操纵,船长可考虑把船移到较适合的位置,并与岸上当局联系,以方便应急修

理或减载作业,降低对任何沿岸特殊敏感区域的威胁。

② 在考虑纠正措施之前,船长需要获得船舶遭受破坏的详细资料。应进行目视检查,并且对所有液货舱及其他舱室进行测深。尤其是当船舶搁浅并可能失去浮力时,应适当考虑任意打开一些液面测量孔或观察孔。

③ 评估船舶遭受的损坏后,船长应能决定采取什么措施防止或最大程度减少进一步排放。如果船底损坏,将迅速达到流体静力平衡(根据物理性能)。尤其是如果损坏很严重,采取应急措施的时间往往有限。当液货舱遭到严重的侧面损坏时,货物将迅速释放直至达到流体静力平衡。之后释放量减少,货物的流量由进水流量取代而控制释放量。如损坏程度十分有限,例如1个或2个舱,则可以考虑把损坏的舱内的物质驳送至未损的舱内。在考虑有毒液体物质从损坏的舱驳送至未损的舱时,船长应考虑:

a. 损坏的程度;

b. 流体静力平衡;

c. 船舶驳送货物的能力;

d. 所涉物质的物理性能,如溶解度、密度、水反应、固化作用和兼容性等。

(2)稳性和强度考虑:当采取措施缓解有毒液体物质的泄漏或使船舶摆脱搁浅时,必须特别注意考虑稳性和强度。这部分的内容可以通过岸基计算机响应服务来完成。

① 进行内部驳送必须注意对船舶总纵强度和稳性的影响。如果遭受的损坏较严重,船舶很难评估内部驳送对应力和稳性的影响。为了获得资料以便对破损稳性和破损总纵强度进行评估,可与船东或经营者或其他机构取得联系。在其他情况下,可能需要与船级社或独立机构联系。在开始作业前,必须考虑所有涉及的物质,诸如货物、液舱、涂层、管系等的兼容性。

② 提供对破损稳性和破损总纵强度进行评估所要求的资料清单。

(3)减轻措施:如果船舶遭到大面积的结构破坏,可能需要把全部或部分货物驳送到另一条船上。一般按照船对船货物过驳须遵循的程序来指导操作。如需其他机构协作采取措施,作业形式可由管辖区决定。

(4)减缓措施:当船舶和人员的安全明确后,船长可根据船上污染事故应急计划所给出的指导着手减缓措施,并考虑如下因素:

① 评估和监控要求;

② 人员保护问题;

③ 保护设备；

④ 对健康和安全的威胁；

⑤ 所涉及物质的物理特性，如溶解度、密度、水反应、固化作用和兼容性等；

⑥ 围护和其他响应技术（如分散、吸收、中和）；

⑦ 隔离程序；

⑧ 人员消毒；

⑨ 处理、去除有毒液体物质和清洗材料。

（5）与海事管理机构合作：

当发生污染事故，船长作出应变响应前，必须和海事管理机构取得联系，并提供船上污染应急计划附录中所列资料，以便获得核准。船长按船上污染应急计划提供的指导实施响应时，应向海事管理机构报告船上所采取的响应措施的人员和回收程序，以便与海事管理机构保持密切联系。

由于海事管理机构的性质和职责在各地和各港口之间有较大的差异，因此船长必须明白自己船上的职责和海事管理机构的职责，再与海事管理机构进行联系。

5 防治内河船舶包装危险货物污染

随着内河石油、化学工业的发展,危险货物的品种、数量也在不断增加,危险货物运输与管理具有以下特点:品类繁多、性质各异;危险性大、易生事故;运输与管理的规章制度多;技术性、专业性强。由于危险货物在一定的外界条件下,如摩擦、撞击、振动、日光暴晒、温度变化等,会酿成爆炸、燃烧、毒害、腐蚀等严重事故,因此危险货物的包装、标志、标记、配装、积载、隔离、搬运、装卸以及运输等必须严格按照国际公约和规则以及国内的规则和规定进行,以保证整个运输和仓储物流环节的绝对安全。

5.1 水路包装危险货物分类及特性

5.1.1 危险货物分类和品名编号中危险货物分类

危险货物的分类贯穿其运输全过程,是确保船舶和人命安全、保护水路环境的基础。《危险货物分类和品名编号》(GB 6944—2012)第4部分将通过船舶运输的包装危险货物划分为9大类,对部分大类又进一步划分为子类,具体如下:

第1类 爆炸品

第1.1类 具有整体爆炸危险的物质和物品

第1.2类 具有抛射危险但无整体爆炸危险的物质和物品

第1.3类 具有燃烧危险和较小爆炸或较小抛射危险或同时具有此两种危险,但无整体爆炸危险的物质和物品

第1.4类 无重大危险的物质和物品

第1.5类 具有整体爆炸危险的很不敏感物质

第1.6类 无整体爆炸危险的极度不敏感物质

第2类 气体

第2.1类 易燃气体

第2.2类 非易燃、无毒气体

第 2.3 类　　有毒气体

第 3 类　　易燃液体

第 4 类　　易燃固体、易自燃物质、遇水放出易燃气体的物质

第 4.1 类　　易燃固体、自反应物质和退敏爆炸品

第 4.2 类　　易自燃物质

第 4.3 类　　遇水放出易燃气体的物质

第 5 类　　氧化性物质和有机过氧化物

第 5.1 类　　氧化性物质

第 5.2 类　　有机过氧化物

第 6 类　　有毒物质和感染性物质

第 6.1 类　　有毒物质

第 6.2 类　　感染性物质

第 7 类　　放射性材料

第 8 类　　腐蚀性物质

第 9 类　　杂类危险物质和物品和环境有害物质

在进行危险货物的分类时,以下几个方面需要引起特别注意:

(1) 各类别、子类的排列序号并不代表危险性的大小;

(2) 含有多种危险的危险货物分类和品名编号中未列出正确运输名称的物质、溶液和混合物,以危险性优先顺序表确定其主要危险再进行类别的确认,其他危险为副危险性;

(3) 对水路环境具有潜在污染威胁的物质、材料和物品,应被判定为水路污染物;

(4) 在进行危险货物运输时,第 1 类、第 2 类、第 3 类、第 4.1 类的自反应物质和固体退敏爆炸品,第 4.2 类的引火物质,第 5.2 类、第 6.1 类中具有包装类 Ⅰ 的蒸气吸入毒性物质,第 6.2 类以及第 7 类物质的危险性需要优先考虑;

(5) 对于废弃物、样品和放射性物质的运输需要特殊考虑。

5.1.2　水路危险货物运输规则中危险货物特性

(1) 第 1 类 —— 爆炸品

爆炸品在水路运输中是受限制的类别,即只有那些在危险货物分类和品名编号中列明的物质可以运输,并且在运输前,所有爆炸性物质和物品的分

类、配装类以及拟运输货物的正确运输名称都须得到国海运主管机关的批准。所有具有或怀疑具有爆炸特性的物质或物品需考虑划分到爆炸品,它包括爆炸性物质、爆炸性物品以及用于产生实用爆炸或烟火视觉效果而制造的物质和物品。

爆炸品的爆炸分物理爆炸和化学爆炸,发生的条件是,反应速度快,释放大量的热和产生大量的气体。其中,物理爆炸是指物质因状态或压力发生变化而产生的爆炸;化学爆炸是指物质因得到能量而迅速分解,放出足够的能量,使气体具有高温、高压,并迅速膨胀做功而形成的爆炸。

爆炸品的主要危害体现在其爆炸破坏性、毒害性和燃烧性上。因为,爆炸品一旦发生爆炸,所产生的高速气浪和冲击波对其他货物或建筑物具有极大的摧毁作用。并且,爆炸品在发生爆炸后会产生大量的 CO、CO_2、N_2 等有毒或窒息性气体,对人员造成伤亡。同时,爆炸所释放出来的热量会使周围环境的温度急剧升高,造成火灾。

(2)第 2 类——气体

气体,是指在 50℃ 时的蒸气压力大于 $300kPa$,或在标准大气压下、环境温度为 20℃ 时完全呈气态的物质,包括压缩气体、液化气体、冷冻液化气体、溶解气体、一种或多种气体与其他类别的一种或多种物质的蒸气混合物以及充注了气体的物品和喷雾器。

一般情况下,气体容易被压缩,当气体在其临界温度以下压缩到一定程度时,或者在临界压力下温度降到一定程度,气体均可转化为液体。对于临界温度较高的气体,液化相对容易。但对于临界温度很低的气体在加压使其液化之前,需要冷却到非常低的温度。这些气体通常是用高压容器或冷冻气罐运输。因此,在运输这类气体时,需要引起特别注意。因为,气体,即使是惰性气体在加高压时,其活性也会随着压力的升高呈指数提高,相应的危险性也呈指数加大,甚至当压力达到一定程度时,气体会与盛装容器的金属壁发生反应,从而引起危险,甚至爆炸。

气体的化学性质及其对生理的影响差异较大,有些气体在环境温度及标准大气压下易于被点燃;有些气体从化学上和生理上是惰性的,但在高浓度时具有窒息性;有些气体具有麻痹作用,即使在很低的浓度下也会产生作用,并且在遇到火源时会释放出剧毒气体。

(3)第 3 类——易燃液体

易燃液体是在 60℃ 或在 60℃ 以下时放出易燃蒸气的液体或液体混合物,或含有处于溶液中或悬浮状态的固体或液体。易燃液体的闪点是其蒸气和空气形成的混合物与明火接触时发生瞬间闪燃的最低温度,通常会因为液体中含有杂质而发生变化。大多数商业产品都含有不同程度的杂质,并且为了达到特殊的用途会添加不同的添加剂,从而使其闪点变化,进而影响其分类和包装类。因此,IMDG CODE 中载明的包装易燃液体通常指化学纯物质。

对某一易燃液体闪点的测试方法是在预计的闪点以下,将一定量的样品放入测试仪容器中,对容器缓慢加热,并在一定时间间隔内以小火苗划过液面,发生瞬间闪火的温度即为闪点。按测试仪器不同,易燃液体的闪点分为闭杯闪点(Close Cup,CC)和开杯闪点(Open Cup,OC)。

一般来说,开杯闪点的测量值比闭杯闪点的测量值要高,重复性较差。因此,IMDG CODE 中所使用的闪点数值基本上都是依据闭杯方法得到的。

易燃液体闪点数值的大小既是衡量其危险性的指标,又是划分包装类的依据之一,同时也可以作为衡量液体发生火灾危险程度的重要标志。根据易燃液体闪点和初始沸点的不同,通常将易燃液体分为 3 个包装类,如表 5-1 所示。按照包装类 Ⅰ、Ⅱ、Ⅲ 的顺序,易燃液体危险性逐渐降低。

表 5-1　易燃液体包装类分类表

包装类	闭杯闪点 /℃	初沸点 /℃
Ⅰ	—	≤ 35
Ⅱ	< 23	> 35
Ⅲ	≥ 23 且 ≤ 60	> 35

易燃液体的燃烧是在积累的热量使可燃物或其局部温度升高至着火点时发生。要使燃烧继续维持,必须具备足够的燃料、助燃物和热量三要素。因此,要阻止易燃液体的燃烧继续,切断其中任何一个环节即可。易燃液体除具有燃烧性和普通液体的一般特性外,还具有易挥发性、能与强酸和氧化剂等发生剧烈反应、毒性以及易于积聚静电等特性。因此,在运输过程中应合理包装并采取有针对性的事故预防措施。

(4)第 4 类 —— 易燃固体、易自燃物质、遇水放出易燃气体的物质

固体物质能燃烧是由其化学组成和结构所决定的,无机还原剂和有机固体化合物都易于燃烧,根据其是否产生可燃气体分为两种:

① 固体物质能产生可燃气体,燃烧在气相进行;

② 固体物质表面高温氧化,部分既不产生可燃气体,也不产生蒸气,而是直接在高温下进行氧化放出光和热。

在 IMDG CODE 中,把除划分为爆炸品以外的在运输条件下易于燃烧或可能引起或导致起火的物质都划归在第 4 类。按照联合国《关于危险货物运输的建议书 —— 试验和标准手册》的方法和标准,以及对试验适用范围的建议,将第 4 类物质分为:

① 易燃固体(第 4.1 类);

② 自反应物质(第 4.1 类);

③ 固体退敏爆炸品(第 4.1 类);

④ 易自燃物质(第 4.2 类);

⑤ 遇水放出易燃气体的物质(第 4.3 类)。

易燃固体是指易于燃烧的固体和经摩擦可能起火的固体。易于燃烧的固体是指纤维状、粉末状、颗粒状或糊状物质,如果该物质与火源短暂接触易于点燃且火焰迅速蔓延,该物质就具有危险性。其危险性一方面源于火灾,另一方面来自于其可能放出的有毒燃烧产物。

自反应物质是热不稳定物质,即使没有空气参与也可因加热、与催化性杂质接触、摩擦或碰撞而发生强烈的放热分解。其分解速度因物质而异,但随温度的升高而升高。目前已经确定的自反应物质包括 A、B、C、D、E、F、G 型等7 种类型,危险程度呈递减趋势。

固体退敏爆炸品是指被水或醇类浸湿或被其他物质稀释后,形成均一的固体混合物来抑制其爆炸性质的爆炸性物质。

易自燃物质是指运输过程中易于自发升温燃烧(引火物质)或易于遇空气升温并起火燃烧(自热物质)的液体或固体物质。物质的自热导致自燃通常是由于物质与空气中的氧气反应所产生的热量不能迅速充分地传到周围环境中,从而使物质达到自燃温度而引起的。部分物质,如白磷,如果发生自燃会放出有毒的白色 P_2O_5 烟雾,危及人员安全。

遇水放出易燃气体的物质,无论是液体或固体,与水相互作用易于自燃或放出一定数量危险性的易燃气体,这种气体与空气混合形成爆炸性混合物,很容易被普通的火源点燃,产生的火焰或冲击波可能对人体和环境造成危害。

（5）第 5 类 —— 氧化物质和有机过氧化物

氧化物质本身不一定燃烧,但通常会因为放出氧气而引起或促使其他物质燃烧,从而提高与其接触的可燃物质发生火灾的危险性和剧烈程度。大多数氧化物质与液态酸类接触会发生剧烈反应释放有毒气体,部分氧化物质遇火也会放出有毒气体。氧化物质分子组成中含有高价态的原子或过氧基,显示出很强的氧化性,并与其他物质发生氧化反应,释放出热量从而导致自燃。另外,大多数氧化物质具有热不稳定性,分解产生氧气,促使易燃物质燃烧。1947 年法国的"大本营"号货船在美国发生爆炸即是由硝酸铵化肥失火引起的,当时爆炸造成了数千人伤亡,直接经济损失达 3.3 亿美元之多。日常生活中常见次氯酸钙、氯酸钾、过氧化氢等均属于氧化剂,这些物质的运输也造成了多起严重的伤亡事故。

有机过氧化物属于有机物,包括 A ～ G 型 7 种,在分子结构上含有两价的"—O—O—"基团,遇热不稳定,易于放热分解放出有害的或易燃的气体或蒸气。除此之外,部分有机过氧化物还可能分别具有爆炸性分解、猛烈燃烧、碰撞和摩擦敏感、损伤眼睛等特性,在运输过程中应引起足够重视。

（6）第 6 类 —— 有毒物质和感染性物质

有毒物质如吞咽、吸入或与皮肤接触易造成死亡、严重伤害或损害人体健康。这些物质所具有的毒性危险视其与人体的接触状况而定,即与货物在一定距离内因不留心而吸入了蒸气,或身体与物质接触的直接危险。几乎所有有毒物质遇火或受热分解都会释放有毒性的气体。确定其包装类的指标包括:

急性口服毒性 LD50 —— 通过口服,能够在 14d 内使刚成熟的天竺鼠半数死亡所施用的物质计量,用实验物质质量与实验动物质量的比值来表示（mg/kg）;

急性皮肤接触毒性 LD50 —— 在白兔裸露皮肤上连续 24h 接触,在 14d 内使实验动物半数死亡所施用的物质剂量,用实验物质质量与实验动物质量的比值来表示（mg/kg）;

急性吸入毒性 LD50 —— 刚成熟的天竺鼠连续吸入 1h,在 14d 内使实验动物半数死亡所施用的蒸气、烟雾或粉尘的浓度,用每升空气中的毫克数表示（mg/L）。

按照上述指标,IMDG CODE 给出了有毒物质包装类的判定标准,见表 5-2。

表 5-2　　有毒物质包装类判定标准

包装类	口服毒性 LD50 （mg/kg）	皮肤接触毒性 LD50 （mg/kg）	粉尘、烟雾的吸入毒性 LD50 （mg/L）
Ⅰ	≤ 5	≤ 50	≤ 0.2
Ⅱ	5 ~ 50	50 ~ 200	0.2 ~ 2
Ⅲ	50 ~ 300	200 ~ 1000	2 ~ 4

有毒物质进入人体后,按照发病过程,可将中毒分为三种类型:

急性中毒。超过致死量的有毒物质一次进入人体,引起迅速中毒,发生全身症状,甚至死亡者称为急性中毒。由于较大量的有毒物质在短时间内进入人体,人一般在接触有毒物质后很快发病,甚至在几秒钟内就会死亡。

慢性中毒。长期接触小量有毒物质后,有毒物质逐渐侵入人体,积累起来而引起中毒者称为慢性中毒。中毒者通常是数月、数年接触该类物质,造成积累性中毒。

亚急性中毒。发生中毒时间占中间地位,表现出的症状是急性中毒症状,但不突然发生者,称为亚急性中毒。

感染性物质是指那些已知或有理由认为含有病原体的物质。病原体是指会使动物或人感染疾病的微生物和其他媒介。适用于包装运输的感染性物质被分为两大类:

A 类 —— 以某种形式运输的感染性物质,当接触该物质时,该物质可造成健康的人或动物永久性致残、生命危险或致命疾病;

B 类 —— 不符合 A 类标准的所有感染性物质。

（7）第 7 类 —— 放射性物质

放射性物质是指托运货物的放射性活度和比活度都超过 IMDG CODE 中所规定的数值的任何含有放射性核素的物质。放射性物质的危害主要是由于放射性同位素和射线而造成的。放射性同位素由于其能量不稳定,易于自发蜕变放出射线,造成对人体的伤害。射线通常包括 α 射线、β 射线和 γ 射线。它们由于具有较强的电离作用,一旦进入人体内,能引起很大的伤害。

放射性物质对人体的伤害,随人员所受剂量不同,引起的反应也不同,分急性和慢性两种效应。货物在装卸及运输过程中,处理人员应当做好防护措施,尽量减少直接接触的机会,并严格控制作业时间。

（8）第 8 类 —— 腐蚀性物质

腐蚀性物质是指通过化学反应能严重伤害与之接触的生物组织的物质，或该类物质从包装中撒漏能导致对其他货物或船舶的损坏。它的化学性质非常活泼，能与很多金属、非金属及动植物有机体等发生化学反应。腐蚀性物质不仅具有腐蚀性，很多腐蚀性物质还同时具有毒性、易燃性和氧化性等，与人体接触时会对皮肤、眼睛和黏膜造成伤害，甚至严重灼伤。

值得注意的是化学灼伤与物理烧伤有很大的不同。物理烧伤会使人立刻感到刺痛，人的机体会本能地立即避开。化学灼伤有一个化学反应的过程，开始并不感到刺痛，要经过几分钟、几小时或几天之后才会表现出严重伤害来，所以常常被人们所忽视。

（9）第 9 类 —— 杂类危险物质和物品和环境有害物质

杂类危险物质和物品是指在运输中未列入其他 8 类的危险物质和物品，主要包括：适用于 SOLAS 1974 附则第 Ⅶ 章 A 部分规定的物质和物品；适用于 MARPOL 73/78 附则 Ⅲ 的物质；在等于或高于 100℃ 条件下运输或交付运输的液态物质，以及在等于或高于 240℃ 条件下运输或交付运输的固体；不符合感染性物质定义，但能改变动物、植物或微生物使其不同于正常的自然繁殖结果的物质。环境有害物质主要包括对水环境造成污染的液体或固体物质及此类物质的溶液和混合物（如制剂和废弃物）。就对环境有害物质而言，"物质"是指自然状态或在所用工艺情况下由任何杂质衍生的化学元素及其化合物，但不包括在不影响该类物质的稳定性或不改变其成分条件下可被分离的任何溶剂。

水环境可从水中生存的水生物及其作为其中组成部分的水生态系统方面考虑，不涉及需考虑水环境以外作用的水生污染物，例如对人类健康的影响等。因此，对有害性的判定基础是该物质或混合物的急、慢性水生毒性和生物积聚降解性。在确定物质的这些特性的过程中，可能涉及的术语包括：

BCF —— 生物浓度因数；

BOD —— 生化需氧量；

COD —— 化学需氧量；

GLP —— 良好实验室做法；

EC50 —— 引起 50% 最大反应的有效物质浓度；

ErC50 —— 降低生长的 EC50 表达方式；

Kow——辛醇／水分配系数；

LC50(50％致死浓度)——造成受试动物组50％(半数)死亡的物质水浓度；

L(E)C50——LC50 或 EC50；

NOEC——无观测的有效浓度；

OECD——试验导则,国际海事组织为经济合作和发展(OECD)出版的试验导则。

虽然在实际中趋向于使用国际协调试验方法获得的数据,但在认为是等同的情况下,也可以使用由国家方法获得的数据。

确定急性水生毒性通常须使用鱼类半数致死量 LC50(OECD 试验导则203 或等同方法)、甲壳纲类 48 小时 EC50(OECD 试验导则 202 或等同方法)和／或海藻类 72 或 96 小时 EC50(OECD 试验导则 201 或等同方法)。这些物种被认为可代替所有的水生物。如果试验方法合适,也可考虑其他物种的数据,如水萍科植物等。

生物体内聚积系指由于各种暴露途径(如空气、水、沉积物／土壤和食物)一种物质在生物内摄入、转移和驱除。潜在的生物聚积通常须采用辛醇／水分配系数来确定,通常 Kow 按照 OECD 试验导则 107 或 117 决定。虽然这代表了生物聚积的潜在性,但采用试验确定的生物浓度因数(BCF)可提供一个更好的测定方法并须在可用时优先使用。BCF 须按照 OECD 试验导则 305 确定。

环境降解可以是生物的或非生物的(例如水解的),并且所使用的标准反映了这种情况。易于生物降解是使用 OECD 生物降解能力试验[OECD 试验导则 301(A～F)]最容易定义的。这些试验的标准可考虑作为确定大多数水环境中迅速降解的指标。由于这些是淡水试验,因此还包括了更适合海洋环境的 OECD 试验导则 306。如果未获得这些数据,可考虑将 BOD5/COD 比率 ≥ 0.5 作为迅速降解的指标。非生物降解如水解、初步降解,在非水媒介中的降解及经过证明的环境中的迅速降解均可在定义迅速降解能力时给予考虑。

物质如满足以下标准,则被认为是在环境中迅速降解的物质：

① 在 28d 的易于生物降解研究中,获得以下降解标准：a. 基于溶解的有机碳的试验,70％；b. 基于氧气消耗或二氧化碳产生的试验,理论最大量的 60％。这些生物降解的标准须在降解开始的 10d 内达到,该点被定义为该物质的 10％ 已被降解。

② 在仅有 BOD 和 COD 数据可用的情况下,BOD5/COD 的比值 $\geqslant 0.5$。

③ 如果有其他的令人信服的科学证据表明该物质或混合物在水生环境中能在 28d 的时间内被降解(生物的或非生物的)至 70% 的水平。

慢毒性可用数据比急毒性数据要少,而且试验程序的范围欠标准化。可以接受根据 OECD 试验导则 210(鱼类早期生命阶段)或 211(水蚤繁殖)和 201(海藻生长抑制)生成的数据,也可以使用其他经过验证的或国际上接受的试验的数据。

按照上述试验数据,环境有害物质被分类为急毒 1、慢毒 1 或慢毒 2。

5.2 公约及法规对防止海运包装危险货物污染的要求

为防止包装危险货物的运输对海洋造成污染,一方面需要遵从 IMO 颁布的各种国际公约、规则以及其他国家,包括政府间国际组织等出台的相关规定;另一方面还应遵守我国为包装危险货物运输专门制定的相关法律、法规等。IMDG CODE 从包装危险货物的包装、标识、标志、托运程序、积载隔离等各方面详细规定了危险货物运输的要求,并通过 SOLAS 1974 附则第 Ⅶ 章和 MARPOL 73/78 附则 Ⅲ 强制实施。

5.2.1 SOLAS 1974 公约关于防止海运包装货物污染的要求

SOLAS 1974 是 IMO 制定的有关海上安全最早、同时也是最重要的国际公约,它全面规定了船舶进行国际航行必须具备的技术条件,并要求各缔约国为保证海上人命安全所必须采取的行动。该公约第 Ⅶ 章 A 部分详细规定了包装危险货物的海上运输。它适用于载运 SOLAS 1974 附则第 Ⅶ 章 A 部分第 1 条定义的危险货物的所有船舶。现将有关条款摘录如下:

第 3 条　载运危险货物的要求

载运包装危险货物须遵守 IMDG CODE 的相关规定。

第 4 条　单证

(1)凡涉及包装危险货物海上运输的所有单证中,须使用货物的正确运输名称(不得只使用商品名称),并按 IMDG CODE 规定的分类给予正确的说明。

(2)由托运人提供的运输单证须包括或附有署名的证书或申报单,说明交付运输的货物业已妥善包装并加上了标记、标志或标牌,并处于适运状态。

（3）负责货物运输组件危险货物包装／装载的人员须提供一份署名的集装箱／车辆装载证书,证明组件内所装的货物业已妥善包装和系固,并已满足所有适用的运输要求。此种证书可以与(2)中提及的单证合并。

（4）如有正当理由怀疑装有危险货物的运输组件不符合(2)或(3)的要求,或无法获得集装箱／车辆装载证书,不得接受装运该货物运输组件。

（5）每艘装运包装危险货物的船舶须具备一份特别清单或舱单,按照 IMDG CODE 规定的分类,标明船上所有危险货物类别和位置的详细积载图可以代替此种特殊清单或舱单。这些单证的一份副本须在开航前交给港口国主管机关指定的人员或机构。

第 5 条　《货物系固手册》

货物、货物组件和货物运输组件须在整个航程中按照主管机关批准的《货物系固手册》装载、积载和系固。《货物系固手册》的制定至少须达到与 IMO 制定的导则相等的标准。

第 6 条　涉及危险货物事故的报告

（1）当发生包装危险货物落入或可能落入海中的事故时,船长或其他负责船舶的人员须毫不延迟并尽最大可能向最近的沿岸国报告事故的详细情况。该报告须按本组织制定的一般原则和导则拟定。

（2）如果(1)中所述的船舶已被弃船,或来自船舶的报告不完整或无法获得,则第 Ⅸ/1.2 条所定义的公司须尽最大可能履行本条赋予船长的义务。

5.2.2　MARPOL 73/78 公约关于防止海运包装危险货物污染的要求

MARPOL 73/78 是防止船舶操作性和事故性排放造成海洋环境污染的主要国际公约,它是"1973 年国际防止船舶造成污染公约"和"关于修订 1973 年国际防止船舶造成污染公约的 1978 年议定书"的组合跳跃,是国际社会用于防治海洋污染的主要公约。其附则 Ⅲ 规定了防止包装危险货物污染的各项要求,适用于所有装运包装有害物质的船舶。现将有关条款摘录如下:

第 2 条　包装

根据其包装的特殊物质,包件须能使其对海洋环境的危害减至最低限度。

第 3 条　标记和标志

（1）盛装有害物质的包件,须耐久地标以正确技术名称(不得仅使用商品名称),并须加上耐久的标记或标志以指明该物质为海洋污染物。这种识别标记,在可能的时候,还可用其他方法予以补充,例如,采用相应的联合国编号。

（2）标记的正确技术名称和在盛装有害物质包件上粘贴的标志,至少须保证在海水中浸泡 3 个月其标记内容仍保持清晰可辨。在考虑使用合适的标记和标志时,须考虑到其材料的使用及包件表面的耐久性。

（3）盛装少量有害物质的包件可免除标记要求,参阅 IMDG CODE 中的特别免除规定。

第 4 条　单证

（1）在所有有关海运有害物质的单证上,涉及这些物质名称时,须使用该物质的正确技术名称（不得仅使用商品名称）,并对该物质标明"海洋污染物（MARINE POLLUTANT）"字样。

（2）托运人提供的运输单证,须包括附以署名的证明书或声明书,说明交付运输的货物业已妥善地包装、标记或标志,并处于适运状态,对环境的危害已减至最低限度。

（3）每艘装运有害物质的船舶,须具有一份特别清单或舱单,列明船上所装的有害物质及其位置。一份标明船上所装有害物质位置的详细积载图可用以代替这种特别清单或舱单。船舶所有人或其代表也许在岸上持有这些单证的副本,直至将这些有害物质卸下船为止。这些单证的一份副本须在开航前交给港口国主管机关所指定的个人或机构。

（4）如果船舶按 SOLAS 1974 的要求持有特殊清单或舱单或详细积载图,则可将本附则要求的单证与危险货物单证合并在一起。如果合并单证,则须将危险货物与本附则所述的有害物质加以明确区分。

第 5 条　积载

有害物质须正确地积载和系固,以便对海洋环境的危害减至最低限度,且不致损害船舶和船上人员的安全。

第 6 条　限量

对某些有害物质,由于科学和技术的原因,需要被禁止运输,或对任一船舶可装载的数量加以限制。在限制数量时,须谨慎考虑船舶的大小、结构和设备,同时还须考虑有害物质的包装和性质。

第 7 条　例外

（1）禁止将以包装形式装运的有害物质抛弃入海,但为保障船舶安全或救护海上人命所必需者除外。

（2）在遵守本公约规定的情况下，须根据有害物质的物理、化学和生物学的特性，对泄漏的有害物质冲洗出船外采取适当的控制措施，但对这种措施的执行，不得危及船舶及船上人员的安全。

第8条　　对操作性要求的港口国监督

（1）当一艘船舶停靠在另一缔约国港口时，如有明显理由认为船长或船员不熟悉船上主要的防止有害物质污染程序时，该船应接受该缔约国正式授权官员根据本附则进行的操作性检查。

（2）在本条（1）所述情况下，该缔约国须采取措施确保该船已按本附则的要求调整至正常状态，才准其开航。

（3）本公约第5条规定的港口国监督程序须适用于本条。

（4）本条的任何内容均不得被解释为限制缔约国在本公约明确规定的操作性要求方面进行监督的权利和义务。

5.3　国内法规对防止包装危险货物污染的要求

货物包装除具有保护产品质量、防止遗失、方便储藏运输及装卸、加速交接和点验等作用外，还是美化、宣传和促销产品的重要手段。对于危险货物的包装而言，由于危险货物具有燃烧、爆炸、腐蚀、毒害、放射性辐射、污染水上环境等特性，其包装需满足更多的特殊要求。危险货物在运输过程中是否发生危险，在很大程度上取决于包装质量是否符合标准、包装形式是否与货物性质相适应以及包装方法是否得当等。危险货物包装是否达到要求，一方面取决于危险货物包装的生产企业是否严格按照所设定的工艺流程进行运作；另一方面，主管机关的严格监督管理也是保障运输过程中包装符合标准的有效手段。《内河船舶法定检验技术规则》（以下简称《法规》）对于内河危险货物包装做出了相应的规定。

5.3.1　装运危险货物的一般规定

（1）货船载运《法规》1.1.2所指有包装的危险货物时，其装货处所除应符合本《法规》其他各篇适用的规定外，尚应符合本章要求。

（2）包装运输危险货物的船舶，其残存能力应符合《法规》第5篇第2章的有关规定。

（3）危险货物的包装应满足《国际海运危险货物规则》的有关规定。

（4）包装危险货物在船上的积载应满足《国际海运危险货物规则》的有关规定。

（5）船上应按中国船级社《内河载运包装危险货物船舶积载与系固手册编制指南》的有关要求配置货物积载与系固手册。

5.3.2　装运危险货物船舶类型和装货处所种类

下列船舶类型对装货处所的要求见表5-3、表5-4。

（1）不是专门设计用于载运货物集装箱的船舶和装货处所，但计划用来装运包装危险货物，包括装在集装箱和可移式箱柜中的危险货物；

（2）用于载运在货物集装箱和可移式箱柜内装有危险货物的专用集装箱船和装货处所；

（3）用于载运危险货物的滚装装货处所；

（4）船载驳船里载运各种危险货物（散装液体和气体除外）的船舶和装货处所。

表5-3　用不同方式载运危险货物的船舶和装货处所的要求

规定的船舶类型 / 适用条款	露天甲板包括(1)至(4)	(1) 不是专门设计的	(2) 集装箱装货处所	(3)		(4) 船载驳船
				闭式滚装装货处所	开式滚装装货处所	
2.2.1.1	X	X	X	X	X	X
2.2.1.2	X	X	X	X	X	—
2.2.1.3	—	X	X	X	X	X
2.2.1.4	—	X	X	X	X	X
2.2.2	—	X	X	X	X	X[4]
2.2.3	—	X	X	X	—	X[4]
2.2.4.1	—	X	X[1]	X	X	X[4]
2.2.4.2	—	X	X[1]	X	—	X[4]
2.2.5	X	X	X	X	X	—
2.2.6.1	X	X	X	X	X	—
2.2.6.2	X	X	X	X	X	—
2.2.7	X	X	—	—	X	—
2.2.8	X	X	X[2]	X	X	—
2.2.9	—	—	—	X[3]	X	—

注：1.对4类和5.1类不适用于闭式货物集装箱。对于装载在闭式货物集装箱内的2类、3类、6.1类

和 8 类危险货物,其通风率可减少到不少于换气 2 次。就本要求而言,一个可移式罐柜是一个闭式货物集装箱。

2.仅适用于甲板。

3.仅适用于不能进行密封的闭式滚装装货处所。

4.如驳船能够包容可燃蒸气,或者能够通过与驳船相连的通风管道将可燃蒸气排到驳船载运舱室以外的安全处所,对于上述特殊情况,经船舶检验机构同意,可以降低或取消这些要求。

在表 5-3 中注有"X"之处,即指这一要求适用于表 5-3 相应的行中所列出的所有类别的危险货物,有注解者除外。

表 5-4　载运不同类别危险货物船舶和装货处所的要求

适用条款	1.1 1.6	1.4s	2.1	2.2	2.3	3 闪点≤23℃	3 23℃<闪点≤61℃	4.1	4.2	4.3	5.1	5.2	6.1 液体	6.1 液体≤23℃	6.1 23℃<液体≤61℃	6.1 固体	8 液体	8 液体≤23℃	8 23℃<液体≤61℃	8 固体	9
2.2.1.1	X	X	X	X	X	X	X	X	X	X	X	X	X	X	X	X	X	X	X	X	X
2.2.1.2	X	X	X	X	X	X	X	X	X	X	X	X	X	X	X	X	X	X	X	X	—
2.2.1.3	X																				
2.2.1.4	X																				
2.2.2	X		X			X							X				X				
2.2.3	X					X	X	X	X	X	X	X	X	X	X	X	X	X	X	X	X
2.2.4.1	—	—	X	—		X		X[6]	X[6]	X	X[6]			X[6]			X		—		X[6]
2.2.4.2					X																
2.2.5					X								X								
2.2.6	—	—	X	X	X	X	X	X	X	X	X	X	X	X	X	X	X	X	X	X	X[9]
2.2.7						X	X	X	X	X	X	X	X	X	X	X	X	X	X	X	X
2.2.8	X[7]	—	X	X	X	X	X	X	X	X	X	X[8]	X	X	X	X	X	X	X	X	X
2.2.9	X	—	X	X	X	X	X	X	X	X	X	X	X	X	X	X	X	X	X	X	X
2.2.10	X	X	X	X	X	X	X	X	X	X	X	X[10]	X	X	X	X	X	X	X	X	X

注:6.当经修订的《国际海运危险货物规则》要求为"机械通风的处所"时。

7.在任何情况下,货物的堆放应离开机器处所的限界面水平距离 3m。

8.参见经修订的《国际海运危险货物规则》。

9.对所载运的货物适用时。

10.根据经修订的《国际海运危险货物规则》规定,禁止在甲板下或在闭式滚装处所内堆装 5.2 类危险货物。

5.3.3　装运危险货物船舶的特殊要求

（1）供水

除载重小于 1000t 的货船（驳）外应通过固定加压或用置于适当位置的遥控装置来启动消防泵向消防总管供给符合压力要求的消防水，以保证供水立刻可用。

供水量应能满足《法规》第 5 篇第 3 章规定的水枪口径和供水量，并能射到空舱时装货处所的任何部位。

应设有通过固定式水雾喷嘴设备或放水浸没装货处所的设施，以便用大量的水有效冷却指定的甲板下的装货处所。为此对小型装货处所和较大装货处所的小区域，允许使用消防水带，但排水和抽水装置应能防止自由液面的上升。如不可能，应考虑水的增加重量和自由液面对船舶稳性的影响。

可以采用合适的特定介质浸没指定的甲板下装货处所的替代措施来满足相关要求。

（2）着火源

① 载运下列危险品的船舶，其配置的电气设备尚应符合 ③ ～ ⑮ 的规定：

1 类　　　　　爆炸品，但在配装组 s 中的 1.4 类爆炸品除外；

2.1 类　　　　压缩、液化或加压溶解的所有易燃气体；

3 类　　　　　闪点（闭杯试验）低于 23℃ 的所有易燃液体；

6.1 类　　　　闪点（闭杯试验）低于 23℃ 的所有有毒物质；

8 类　　　　　闪点（闭杯试验）低于 23℃ 的所有腐蚀性液体。

② 在 ① 中所指危险货物产生的危险区域可分为以下两类：

a. 在正常工作状态下可能出现爆炸性环境的区域或处所，称为危险区域；

b. 在正常工作状态下不大可能出现爆炸性环境，即使出现也仅仅是偶然的和短时间的区域或处所，称为扩大的危险区域。

③ 在危险区域中仅可安装船舶安全与营运所必不可少的电气设备，所安装和使用的电气设备的防爆性能应适合于所载运货物的特性。

④ 对载运 1 类爆炸品（在配装组 s 中的 1.4 类爆炸品除外）的船舶，下列区域或处所为危险区域：

a. 闭式装货处所和闭式或开式滚装装货处所；

b. 固定安装的容器（例如：弹药箱）。

⑤ 在 ④ 规定的危险区域内,可安装符合 ⑪ 规定的电缆,以及不低于表 5-5 要求的电气设备。

表 5-5 可安装的电气设备

环境	电气设备			
	类型	防爆类别	温度组别或最高表面温度	外壳防护等级
爆炸性粉尘环境	一般电气设备	—	100℃	IP65
爆炸性气体环境	本质安全型 Ex"i"	ⅡA	T5	
	隔爆型 Ex"d"	ⅡA		
	增安型 Ex"e"（仅适用于照明灯具）	Ⅱ		
爆炸性粉尘和爆炸性气体兼有的环境	本质安全型 Ex"i"	ⅡA	T5	IP65
	隔爆型 Ex"d"	ⅡA		
	增安型 Ex"e"（仅适用于照明灯具）	Ⅱ		

⑥ 对于载运 3 类中闪点低于 23℃ 的易燃液体和 2.1 类易燃气体的船舶。下列区域或处所为危险区域:

a.闭式装货处所和闭式滚装装货处所;

b.危险区域的通风管道(如设有);

c.离危险区域任何排风口周围 1.5m 范围内的露天甲板区域,或者露天甲板上的半围蔽处所;

d.有开口直接通向以上 a 和 b 所列处所的围蔽或半围蔽处所,并无防止易燃易爆燃气体进入该处所的适当措施。

下列区域或处所为扩大的危险区域:

a.以自闭式气密门(水密门可认为是气密的)与上述 ⑥a 和 ⑥b 所列危险处所分隔,并有自然通风的处所;

b.与上述所列危险区域相毗邻的气闸(如设有)的里面;

c.上述危险区域 b 之外 1.5m 范围内的露天或半围蔽处所。

⑦ 在 ⑥ 规定的危险区域和扩大的危险区域内,可安装 ⑪ 规定的电缆,以

及不低于表 5-6 要求的电气设备。

表 5-6　可安装的电气设备

环境	电气设备		
	类型	防爆类别	温度组别或最高表面温度
危险区域	本质安全型 Ex"i"	ⅡC	T4
	隔爆型 Ex"d"	ⅡC	
	正压型 Ex"p"	Ⅱ	
	浇封型 Ex"m"	Ⅱ	
扩大的危险区域	以上危险区域允许安装的设备	ⅡC 或 Ⅱ	
	无火花型 Ex"n"	Ⅱ	
	正常工作时不产生火花或电弧的设备		135℃

⑧ 有开口直接通向毗邻危险区域（例如 ⑥）规定的危险区域 ⑥d 的处所，如具有符合标准（参见 IEC 60092—506 出版物《专辑 —— 载运特殊危险货物和仅散装有危险货物船舶》）规定的正压保护，则可使其成为非危险处所。

⑨ 如设置与 ⑥ 所列危险区域相毗邻的气闸，则毗邻气闸并具有自然通风的外部处所，可认为是安全区域。

⑩ 如安装的电气设备不适合在有爆炸危险的区域中使用，则应能将其关断，并应有防止未经批准的再次接通的保护。该项关断应在危险区域之外进行，且一般应采用隔离开关或锁定的开关实施。

⑪ 电缆均应是铠装的或者应具有编织的屏蔽层，否则应敷设在金属管道中，但扩大的危险区域可以除外。

⑫ 装货处所中应尽可能避免电缆接头，如不可避免，则接头应围蔽在防爆的金属或高强度塑料制成的接线盒中，或者将其密封在波纹套筒电缆接头中。

⑬ 除扩大的危险区域以外，甲板和舱壁上的电缆贯穿应是密封的，以防止易燃气体或蒸气透过。

⑭ 如为船舶营运必需而在危险区域使用可携电气设备，则应采用适合于

该危险区域中使用的合格防爆电气设备,且除本质安全电路外,一般应自带电源。

⑮ 如未获得拟载运的货物特性的详细资料,或者船舶拟载运 2.2.2.1 规定的所有货物,则可安装在危险区域中的电气设备应符合下列规定:

—— 外壳防护等级　　　　　IP65
—— 最高表面温度　　　　　85℃
—— 防爆类别　　　　　　　ⅡC
—— 温度组别　　　　　　　T6

（3）探测系统

闭式装货处所,包括闭式滚装装货处所应设有符合《法规》第 5 篇第 3 章要求的固定式探火和失火报警系统。

（4）通风

① 闭式装货处所应设置足够的机械通风设备,其布置应能对空的装货处所每小时至少换气 6 次,并能按需要从装货处所的上部或下部排除蒸气。

② 风机应能避免可燃气体与空气的混合物着火的可能性。应在通风的入口和出口处设有适当的金属丝网保护。

（5）舱底泵

若装货处所载运液体危险货物,其舱底泵系统的设计应能防止由于疏忽而将此种液体泵送到机器处所的管系和泵,并应满足《法规》第 7 篇第 4 章的有关要求。

（6）人员的保护

① 载重 1000t 及以上的货船应配备 2 套抗化学侵蚀的全面防护服装。防护服装应罩没全部皮肤,使身上的任何部分都受到保护。

② 载重 1000t 及以上的货船应至少配备 2 套自给式呼吸器。

③ 载重小于 1000t 的货船,应根据装运危险货物的类别和船舶航行周期配备适当的抗化学侵蚀的防护服和自给式呼吸器。

（7）手提式灭火器

装货处所应配备总容量至少为 12kg 的干粉或等效的手提式灭火器。这些灭火器应是《法规》第 5 篇第 3 章所要求的任何手提式灭火器之外的增加物。

（8）机器处所限界面的隔热

装货处所与机器处所之间的限界面舱壁应隔热到"A-60"级标准,除非危险货物的堆装离开这种舱壁的水平距离至少 3m,并有货物的围护设施。在这两种处所之间的其他限界面也应隔热到"A-60"级标准。

（9）水雾系统

闭式装货处所应设有手动操纵的固定式压力水雾灭火系统或其他固定式灭火系统。其上方有一层甲板的开式滚装装货处所及视为闭式滚装装货处所但不能密封的处所,应装设水雾喷枪,以保护该处所内的任何甲板和车辆平台(如设有)的所有部位。但可允许在该处所使用经试验证明其效能不低于上述设备的其他固定式灭火系统。排水和抽水装置应能防止自由液面的上升,如不可能,应考虑水的增加重量和自由液面对船舶稳性的影响。

（10）滚装装货处所的分隔

① 设有滚装装货处所的船舶,其闭式滚装装货处所和相邻的开式滚装装货处所之间应设置分隔,该分隔应使两处所内危险蒸气和液体的相互渗透的可能降至最低。如滚装装货处所是沿其全长的闭式装货处所,且该处所满足本节的附加要求时,则不必设置这样的分隔。

② 设有滚装装货处所的船舶,其闭式滚装装货处所和相邻的露天甲板之间应设置分隔,该分隔应使两处所内危险蒸气和液体的相互渗透的可能降至最低。如闭式滚装装货处所的布置符合对相邻的露天甲板载运危险货物提出的要求,则可不设置这样的分隔。

5.4　危险货物运输管理

5.4.1　危险货物的托运

5.4.1.1　一般规定

我国法律、法规和相关国际公约、规则规定,拟交付船舶运输的危险货物,应当进行适当的标记、标志和标牌,具有规定的运输单证和规定的说明或证明,达到 IMDG CODE 第五部分要求的运输条件。

运输单证可采用手写、电子数据处理(EDP)或电子数据交换(EDI)等形式,内容应至少包括托运物质、材料或物品的正确运输名称和联合国编号,如是海洋污染物还应标明"海洋污染物"。同时,货物包件(包括中型散装容器、大宗包装等)上要标注正确运输名称,目的是在发生事故时能保证及时对货物进行识别。如发生事故货物是海洋污染物时,船长还应遵守MARPOL 73/78议定书Ⅰ规定的报告程序。

对于装有危险货物的货物运输组件不仅组件本身应作标牌和标记,而且组件内的每一个包件也须按规定作标记和标志。

5.4.1.2 特殊规定

(1)集合包件和成组货物的使用

集合包件系指一个单独的发货人将一个或多个包件封起来,形成一个组件形式,以方便运输中装卸和积载。成组货物与集合包件类似,也是放置并紧固在类似托盘的容器中。

集合包件和成组货物内的每一危险货物包件上均应按照规定标注危险货物的正确运输名称和联合国编号,并按规定进行标记和标志。对于集合包件和成组货物的外表面,如果从其外表面可清晰地看到内装每一危险货物的标志和标记,则外表面可不予显示。否则,集合包件和成组货物的外表面上须标明内装的每一种危险货物的正确运输名称和联合国编号,并按 IMDG CODE 第 5.2 章的要求进行标记、标志,同时在集合包件的外表面须标有"集合包件"(COLLECT ERPACK)字样。

成组货物或集合包件中的危险货物独立包件,须满足 IMDG CODE 中有关危险货物包装的一切适用规定,并经适当的检验合格。成组货物或集合包件不得与每个内含包件有性质冲突,不得降低内含包件的预定功能。

要求有竖直向上的包件积载方向标记的每个包件,如果被集合包装,放到组件内或作为大型包装的内包装时,其放置方向须符合该标记。

(2)混合包装

两种或两种以上的危险货物装在同一外包装内时,该包件须按每种内装危险货物的要求作标记、贴标志。如其危害性已经反映在主危险性标志上时,不必再贴副危险性标志。

(3)未清洁的空包装或组件

按照我国相关法规和 IMDG CODE 的规定,盛装过危险货物或含有危险货物残余物的容器,包括中型散装容器和可移动罐柜,在未采取无害化处理前,应遵守对所盛装过的危险货物运输的相关规定。这些无害化处理措施包括清洗、清除其蒸气或盛装非危险货物等措施消除危险。

用于放射性物质运输的罐柜和中型散装容器不得用于其他货物的运输,除非:对于 β 和 γ 辐射源及低毒仪辐射源,其量低于 $0.4Bq/cm^2$;对于所有其他

α 辐射源，其量低于 $0.04\mathrm{Bq/cm^2}$。

5.4.1.3 托运人及货物代理人

按照《中华人民共和国危险化学品安全管理条例》和 IMDG CODE 的规定，拟交付运输的危险货物的托运人，应向承运人提供危险货物的详细资料，向承运人告知货物的危险特性、运输风险和应急措施等。

（1）托运人及货物代理人的职责

按照国际及国内的相关规定，以及国际海运惯例，危险货物的托运人及货物代理人一般应负有以下职责：

① 制作危险货物运输单证，向海事管理机构和港口行政管理部门办理危险货物安全适运申报。

② 对危险货物作标志、标记和标牌，并确保标记的内容、样式、字迹、颜色、大小、张贴部位、数量、质量等方面符合要求。

③ 为危险货物选择合适的包装并进行正确填装。包装的作用是防护，危险货物需要特殊的包装来防护，包装的性能对于危险货物的运输是至关重要的。托运人应确保危险货物包装与危险性质和用途相适应，危险货物包装的生产和使用应符合法定要求，使包装满足海上危险货物运输条件。所使用的包装应经规定的检验机构按照规定的检验方法进行包装性能检验合格，并持有有效的包装检验证书。

④ 只要装箱操作是在托运人控制下完成的，托运人就不得不对装箱是否符合规定负责，一般装箱作业是由托运人委托给具有危险货物作业资质的装箱场站完成的。托运人必须提供给装箱检查人员危险货物详细的信息和包装资料，确保装箱人员及时了解这些资料的用途，正确进行装箱作业。直接控制海运集装箱的装箱检查人员有权证实危险货物按照规定妥善装入集装箱，并完成和签署装箱证明书。签发装箱证明书的人员须持有海事管理机构签发的相应培训合格证书。

⑤ 集装箱装运危险货物，托运人应向承运人提交有效的集装箱装箱证明书。

（2）托运人及货物代理人的要求

① 熟练掌握 IMDG CODE 的查阅方法，了解相关内容，能鉴别相关危险货物；

② 及时向货物承运人提供准确的危险货物数据和资料；

③ 熟练和准确制作危险货物申报单并及时报送；

④ 充分了解托运危险货物的危害性；

⑤ 掌握集装箱装载危险货物的包装、标记和标识方法；

⑥ 向装箱检查人员提供准确的危险货物详细信息和包装资料。

5.4.2 危险货物的承运

5.4.2.1 一般规定

每艘装运包装危险货物和海洋污染物的船舶应按 SOLAS 1974 附则第 Ⅶ 章第 4.5 条及 MARPOL 73/78 附则 Ⅲ 第 4(3) 条的规定备有特别清单或舱单以列明所装危险货物和海洋污染物及其在船上的位置，或一份能够显示所装危险货物和海洋污染物的特别清单。

《中华人民共和国海上交通安全法》第三十三条规定：船舶装运危险货物，必须向主管机关办理申报手续，经批准后，方可进出港口或装卸。

《中华人民共和国船舶载运危险货物安全监督管理规定》第二十四条规定：船舶载运危险货物进、出港口，或者在港口过境停留，应当在进、出港口之前提前 24 小时，直接或者通过代理人向海事管理机构办理申报手续，经海事管理机构批准后，方可进、出港口。

5.4.2.2 承运船舶的适装

不同性质和类别的危险货物具有不同的危险性，不同的危险性要求船舶具有不同的设备，SOLAS 1974 附则第 Ⅶ 章和 MARPOL 73/78 附则 Ⅰ、Ⅱ 和 Ⅲ 规定了船舶载运各类危险货物必须满足的最低条件，散装油类、散装液体化学品、散装液化气体这些大宗散装危险货物以及包装辐射核燃料、钚和强放射性废弃物（INF 物质）一律由专用船舶来运输，对载运则规定了一些特殊措施。

载运危险货物的船舶应具有一定的适装性能，经过国家海事管理机构认可的船舶检验机构的检验，并取得相应的证明其适装能力的证书。在我国，国际航行的中国籍船舶应经中国船级社及其分支机构的检验，取得相应的国际证书；国内航行的中国籍船舶，包括从事内河运输的船舶可经中国船级社的检验，取得相应的国际证书，也可经地方船舶检验机构的检验，取得相应的国内证书。

国际航行载运包装危险货物的船舶应遵守 SOLAS 1974 附则第 Ⅶ 章 A

部分、MARPOL 73/78 附则 Ⅲ 及 IMDG CODE 的规定；国内航行载运包装危险货物的船舶应遵守《交通部水路运输危险货物规则》的规定。

载运包装危险货物的船舶一般为干杂货船和集装箱船等。对载运包装类危险货物的船舶要求在拟载危险货物处所增设供水设备，特别的电气保护方式，着火源探测系统，舱底泵，手提式灭火器，控火和报警系统，通风系统，人员防护设施，机器处所限界面的隔热、水雾系统和滚装处所的分隔等一系列特殊装备。如在人员保护方面，要求除按公约对普通货船和客船的要求配备消防员装备和呼吸器外，还应配备 4 套抗化学侵蚀的全面防护服和至少 2 套自给式呼吸器，只有符合上述条件的船舶才能从事包装类危险货物运输。

载运包装危险货物的船舶应持有"危险货物适装证书"（符合证明），并按照证书的要求进行危险货物的积载。

载运包装辐射核燃料、钚和强放射性废弃物应使用专用船舶，其构造和设备应符合 SOLAS 1974 附则第 Ⅶ 章 D 部分和《国际船舶载运包装辐射核燃料、钚和强放射性废弃物规则》（INF CODE）的规定，并持有相应的适装证书。

5.4.2.3　承运人及代理人

承运人在海上运输中主要有适航义务、管货义务、直航义务和如实签发提单义务。危险货物运输是海上特殊货物的运输，承运人既要承担上述最低义务，还要满足运输危险货物时的特殊要求。

（1）职责和义务

在海上运输中使船舶适航是承运人的一项基本义务。运输危险货物需要特殊的船舶结构和防护设备，因此海上危险货物运输除要求承运人提供能够抵御一般航行风险的适航船舶外，还要求该适航船舶能够满足运输危险货物的特殊要求。

对于装运危险货物的船舶，承运人应保证船员除达到一般性航海要求外，还要掌握危险货物运输的专门知识和技能，能够操纵和管理根据危险货物特性设计制造出的不同构造和性能的危险品船舶，并要熟悉所载运危险货物的特性和应急状态下应采取的措施，具有满足船舶载运危险货物特殊要求的船员特殊培训证书。

载运危险货物的船舶必须满足适装条件。即通常所说的使货舱、冷藏舱、冷气舱和其他载货处所适于并能安全接受、载运和保管货物。载运危险货物的船舶必须满足适装"危险货"，具体包括船舶本身、船型、结构、设备、布置等方面要符合所装危险货物的安全要求,可以妥善和安全地装载并运送至目的地卸货。

按照 IMDG CODE 和海运实践,对危险货物的装载包括积载和隔离两个方面,积载和隔离是船方的职责。因此,承运人要确保危险货物被正确地积载和隔离。积载不当,将影响船舶的稳性或者操纵性,因而构成船舶不适航。隔离不当,将产生不必要的安全事故隐患。

承运人妥善地保管和照料所承运的货物是其履行管货职责的组成部分,承运人应当将货物安全无损地运往目的港,并按接收货物时的状态进行交付。危险货物保管和照料最主要的方面是承运人要在运输途中对载运的危险货物采取合适的防范措施,例如高温天气尤其航经热带区域时对易燃物质要及时喷淋降温;对易氧化的物质要及时进行机械通风强制散发氧化反应产生的热量;对某些易发生自身聚合反应物质如苯乙烯,承运人应按照托运人提供的方法在运输途中按时添加抑制剂等诸如此类的特殊防范措施。

按照我国《国内船舶运输经营资质管理规定》,承运人从事危险品运输还必须符合国家的强制性规定,取得危险品经营资格。

（2）承运人及代理人要求

① 对危险货物能够正确识别和描述,如哪类危险货物在哪种情况下会发生哪些危险,是承运人所必须考虑和关注的问题;

② 能够向托运人说明货物订舱应提供的详细资料和操作事项;

③ 能够识别危货申报单及附送单证中的错误;

④ 能够熟练查阅 IMDG CODE;

⑤ 了解所载危险货物的性质和危害;

⑥ 了解关于集装箱装运危险货物的相关规定。

5.4.2.4　海事管理机构禁止船舶进、出港口的情况

按照《中华人民共和国海上交通安全法》和《中华人民共和国船舶载运危险货物安全监督管理规定》的相关规定,船舶具有下述情况之一的,海事管理机构将禁止该船舶进、出港口:

（1）船舶未按规定办理申报手续;

（2）申报显示船舶未持有有效的安全适航、适装证书和防污染证书,或者货物未达到安全适运要求或者单证不全;

（3）按规定尚需国家有关主管部门或者进、出口国家的主管机关同意方

能载运进、出口的货物,在未办理完有关手续之前;

(4) 船舶所载危险货物系国家法律、行政法规禁止通过水路运输的;

(5) 本港尚不具备相应的安全航行、停泊、作业条件或者相应的应急、防污染、保安等措施的;

(6) 交通运输部规定不允许船舶进出港口的其他情形。

5.4.3　危险货物的标志、标记和标牌

针对危险货物性质作标志和标记,在包件上显示在搬运和储存时起警告作用的附加标记或符号,对正确识别危险货物及其所具有的危害性,在船舶装载和操作作业中采取相应的安全措施以及一旦发生事故时能及时采取正确的应急行动是非常重要的,对危险货物装运和保护海洋环境有着不可忽视的作用。

5.4.3.1　包件的标记

(1) 标记内容

每个装有危险货物的包件都须标有正确的运输名称和冠以字母“UN”的相应的联合国编号。对于非包件物品,须在物品、支架或搬运、储存或吊放装置上加以标记。对于1.4类、配装类的货物,分类和配装类的字母也须标示出来,除非1.4s的标志已经显示。例如:腐蚀性液体,酸性,有机的,未另列明的(辛酰氯),UN3265。

(2) 一般规定

① 须明显可见且易识别;

② 须做到在海水中至少浸泡3个月标记内容仍清晰可辨,在考虑适当的标记方法时,还须考虑所用包装材料及包件表面的耐久性;

③ 须和包件外表面的背景形成鲜明的颜色对比;

④ 不应与可能大大降低其效果的其他包件标志放在一起;

⑤ 救助包装还须额外标有“救助”(SALVAGE) 字样;

⑥ 容量超过450L的中型散装容器和大宗包装须在相对的两侧标记。

(3) 特殊规定

海洋污染物特殊标记要求如下:

① 装有海洋污染物的包件须耐久地标有“MARINE POLLUTANT”(海洋污染物) 的标记,下列情况除外:

a.内包装内装有海洋污染物的包件：

液体内装物,5L 或以下;

固体内装物,5kg 或以下。

b.内包装内装有严重海洋污染物的包件：

液体内装物,0.5L 或以下;

固体内装物,500g 或以下。

② 水上污染物标记须位于或用模板印刷于危险货物标志的邻近处,若无危险货物标志,应位于适当位置。

③ 水上污染物标记的颜色须与包件形成鲜明的对照,如使用粘贴性标记,应为黑白两色。

④ 用于包件的三角形标记各边的长度须至少为 100mm,由于包件尺寸问题,只能使用较小者除外。

第 7 类的特殊标记规定：

① 须标出易识别、耐久的标记,具有识别货物所有人或收货人的标记。

② 须标出带"UN"的联合国编号和易识别、耐久标记的正确运输名称。

③ 超过 50 kg 的包件在标出易识别、耐久的标记上标出允许的最大总重量。

④ 包件应符合 IMDG CODE 第六部分提出的相关设计规定的要求。

⑤ 对需由管理机关的设计或装运批准,而所涉及的国家的批准类型不同的,应根据最初设计国批准的证书做标记。

5.4.3.2　包件(包括中型散装容器)标志

(1)包件标志的定义

危险货物的标志是在包件上使用图案和相应的说明描述所装危险货物的危险性和危险程度。这是以危险货物分类为基础的,分为主标志和副标志。

(2)一般规定

危险货物的危险性标志的主要作用是表明该货物的危险性。除非有特殊规定,危险货物一览表中的物质或物品,须贴有危险货物一览表第 3 栏所示危害性的危险类别标志,并附加第 4 栏中所示的副危险性标志。标志分为上下两部分,除第 1.4、1.5 和 1.6 类外,标志的上半部分为表示其危险性的图形符号,下半部分为文字和类别或分类号和适当的配装类字母。除第 7 类物质的标志外,任何在标志下半部分显示的文字(不是类别或分类号)的内容须仅限于危险性质和在搬运中的注意事项。主危险性和副危险性的标志稍有区别，副危险性标志不显示标志最下部的类别号。

除第 1.4、1.5 和 1.6 类外，第 1 类的标志的下半部分标明物质和物品的分类号和配装类字母。第 1.4、1.5 和 1.6 类的标志的上半部分标明分类号，下半部分标明配装类字母。第 1.4 类配装类 s 一般不需要标志，但如果认为需要，则须依照第 4 类标志的式样。

所有标志上的符号、文字和号码须用黑色表示，但下面的情况除外：

① 第 8 类的标志，文字（如果有）和类别号须用白色；

② 标志底色全部为绿色、红色或蓝色时，符号、文字和号码可用白色；

③ 第 2.1 类标志粘贴在钢瓶和液化石油气气瓶上，符号、文字和号码可采用容器的背景色但要与背景颜色反差足够大。

上面提到，在 IMDG CODE 的危险货物一览表第 3 栏列出了危险类别标志，第 4 栏列出副危险性标志，但 IMDG CODE 对包件中装有低度危险的危险货物规定可免除标志要求，在危险货物一览表第 6 栏的特殊规定中会给出是否需要副危险性标志的规定。对于某些物质，包件须用特殊规定中显示的适当内容标记。如果某种物质符合几个类别的定义，而且其名称未在危险货物一览表中具体列出，须根据分类规定来确定其主危险性类别，除主危险性标志外，还须贴副危险性标志。

除标示危险性标志外，包件上可标示在搬运和储存时应加以注意的附加标记或符号。标志张贴的规定：

① 如果包件的尺寸足够大，贴在包件表面靠近正确运输名称标记的地方。

② 贴在包件表面不会被覆盖或挡住的地方。

③ 当主危险性标志和副危险性标志都有时，须彼此紧挨着贴。一般要求主副标志上下对角粘贴，主危险性标志在上，副危险性标志在下；或主副标志上下对边粘贴，主危险性标志在左上部，副危险性标志在右下部；但是，由于受包装规格的限制只能横排显示时，主危险性标志在左，副危险性标志在右。

④ 当包件形状不规则或尺寸太小以至标志无法令人满意地贴上时，可用结实的签条或其他方法固定在包件上。

⑤ 容量超过 450L 的中型散装容器须在相对的两侧贴标志。

⑥ 标志须贴在形成鲜明颜色对比的表面上。

标志的具体要求：

① 标志颜色、符号、数字和基本格式上须符合 IMDG CODE 的规定。

② 包件上的标志须不小于100mm×100mm，呈方形，其边与水平线成45°角（菱形）放置。由于包件尺寸问题而只能粘贴较小标志时，须经主管机关批准，且尺寸不得小于50mm×50mm。

③ 对于载运第2类危险货物的气体钢瓶，考虑到它的形状、为运输而采用的排列方向和机械加固，可依照 ISO 7225:1994 粘贴本节规定的较小的具有代表性的标志，但要在钢瓶的非圆柱体部位（肩部）显示且可见和可识别。

④ 在装有危险货物的包件上粘贴标志或标志图案，应做到使其在海水中至少浸泡3个月后其标志或标志图案仍清晰可辨。在考虑适当的标志方法的同时，还应考虑所用包装材料及包件表面的耐久性。

IMDG CODE 为每一类以及其中的每一小类规定了标志图案，我国的《危险货物包装标志》（GB 190—2009）对于危险货物包装标志也做了规定，标志图例如下：

第1类：

第1.1、1.2和1.3类　　　　第1.4类　　　　第1.5类

第2类：

第2.1类　　　　第2.2类　　　　第2.3类

第 3 类：

第 4 类：

第 5 类：

第 6 类：

第 7 类：

第 4.1 类　　　　　　第 4.2 类　　　　　　第 4.3 类

第 5.1 类　　　　　　第 5.2 类

第 6.1 类　　　　　　第 6.2 类

第 8 类：

第 9 类：

（3）特殊规定

① 内装第 8 类物质的包装，如所具有的"毒性"只是引起生物组织的破坏，则不需贴带有第 6.1 类字样的副危险性标志。第 4.2 类物质不需贴带有第 4.1 类字样的副危险性标志。

② 第 2 类有三种不同的标志，一种表示第 2.1 类的易燃气体（红色），一种表示第 2.2 类的非易燃无毒气体（绿色），一种表示第 2.3 类的毒性气体（白色）。如果危险货物一览表表明第 2 类气体具有一种或多种副危险性，则须按 IMDG CODE 表 5.2.2.1.4（具有副危险性的第 2 类气体的标志）列表所示进行标志。

③ 对于 B 型自反应物质须有"EXPLOSIVE"（爆炸品）第 1 类副危险性标志，允许免除该标志的除外。

④ 装有 B、C、D、E 或 F 型有机过氧化物的包件须贴第 5.2 类标志。不需要贴"FLAMMABLE LIQUID"（易燃液体）副危险性标志。此外还须贴以下副危险性标志：

a.B 型有机过氧化物须贴有"EXPLOSIVE"（爆炸品）副危险性标志，除非主管机关因为试验数据已证明该有机过氧化物在此包装内不显示爆炸性能，已批准具体包件免贴这种标志。

b. 当符合第 8 类物质包装类 1 或包装类 11 的标准时，需要贴"CORROSIVE"（腐蚀性）副危险性标志。

⑤ 对感染性物质包件除了粘贴感染性物质 6.2 类的主标志外，还须贴根据内装物性质所要求的其他标志。

⑥ 对放射性物质标志的特殊规定：

a.每一盛装放射性物质的包件、集合包件和集装箱至少须带有两个符合 7A、7B 和 7C 式样的标志，根据包件、集合包件和集装箱的类型取其适用者。

b. 标志须相应贴在包件两个相对的外侧或集装箱的全部四个侧面。每一盛装放射性物质的集合包件至少应用两个标志粘在两个相对的外侧面。

c. 盛装裂变性物质的包件、集合包件和集装箱，不包括免除的裂变性物质，须张贴符合 7E 式样的标志；该标志如果适用须贴在靠近放射性物质标志处，标志不应覆盖本章所述的标志。任何与内装物无关的标志须去除或覆盖。

d. 对符合 7A、7B 和 7C 式样标志的具体信息 IMDG CODE 也做了具体规定。

e. 标志应标明由主管机关颁发的特殊安排批准证书或包装设计批准证书所确定的临界安全指数（CSI，Criticality safty index）。

5.4.3.3　货物运输组件的标牌

（1）货物运输组件概述

货物运输组件是指公路货车、铁路货车、集装箱、公路罐车、铁路罐车或可移动罐柜。

① 集装箱

集装箱是指一种永久性的并有相应的强度足以反复使用的运输设备。这种设备是为了便于以一种或几种方式运输，中间不须转装而专门设计的，在设计上具有紧固和（或）易于装卸的附件，"集装箱"一词不包括车辆，也不包括包装，但装在底盘车上的集装箱包括在内。

② 公路罐车

公路罐车是指装有容量超过 450L 的罐柜并备有减压装置的车辆。在一切正常装卸和运输条件下，车上的罐柜都应固定在车辆上，而且不能在船上进行货物的装卸，并要靠自己的车轮在船上运动，为了将其固定在船上还要有永久性的绑扎附件。

③ 可移动罐柜

可移动罐柜又叫罐柜集装箱或液体集装箱。其主体是一容量为 450L 以上的罐柜，罐柜上配备有安全、减压、隔热、测量、通风、装卸等装置。罐柜主体的外部为一金属框架，金属框的规格与集装箱完全一样，起到加强、紧固、保护和稳定的作用。可移动罐柜应无须拆除结构设备就可以作为一个整体，在装满货物的情况下从船舶上吊上、吊下，或装在车辆上成为罐车，直接开到船上。

（2）一般规定

① 应将放大了的标志（标牌）、标记和符号粘贴在货物运输组件的外表面上，以警告人们在组件内装有危险货物并存在着危险。

②　在货物运输组件上显示标牌和标记的方法须做到在海水中至少浸泡3个月后货物运输组件上的标牌和标记仍清晰可辨。在考虑适当的标记方法时，还须考虑到货物运输组件表面能进行标记的简易性。

③　当货物运输组件内所装的危险货物或其残余物完全卸掉后，须立即除掉或遮盖掉装运此类物质而显示的标牌、橘黄色标签、标记或标志。

④　危险货物一览表第4栏规定的物质或物品的副危险性须用标牌显示。然而，当组件内危险货物多于一种类别时，如果其危险性已在主危险性标牌上显示出来，则不需要再贴副危险性标牌。

⑤　货物运输组件的外表面上须带有标牌，以警告人们在组件内装有危险货物并存在危险，除以下情况外，标牌须和运输组件中货物的主危险性相对应：

a.对装有任何数量配装类为s的第1.4类爆炸品、限量内运输的危险货物或豁免运输的第7类放射性物质的运输组件，不必要作出标牌要求；

b.当组件内装有的第1类物质或物品多于一个分类号时，可以只显示最高爆炸危险性质的标牌。

⑥　装有危险货物或危险货物残留物的货物运输组件须按下列方式清楚地显示标牌：

a.集装箱、半挂车或可移动罐柜：在其每侧和其每端；

b.铁路罐车：至少在每侧；

c.盛装一种以上危险货物或其残留物的多隔间罐柜：在相关分格间的位置，沿每侧标记；

d.其他任何货物运输组件：至少在组件背面和两侧。

⑦　对标牌的详细说明：

a.尺寸不小于250mm×250mm，并带有和符号颜色相同的线，该线位于边缘向里12.5mm且和边缘平行。

b.与每一危险货物标志的颜色及符号相匹配。

c.如同对标志的要求，在标牌下半部的适当位置显示类别号（对于第1类货物，标明相应的配装类字母），其数字的高度不应小于25mm。

d.第7类标牌的尺寸至少为250mm×250mm（IMDG CODE 表5.3.1.1.5.2允许的情况除外），边缘内5mm有一圈同边缘平行的黑线（图5-1）。如果使用不同的尺寸，图中的相对比例仍须保持。数字"7"须至少为25mm高，标牌上半部的底色须为黄色,下半部为白色,三叶形和印字为黑色。下半部"放射性"(RADIOACTIVE)字样的使用是非强制性的,也允许在此位置显示所托运货物的联合国编号。

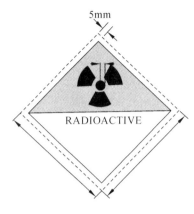

图 5-1　第 7 类标牌

（3）特殊规定

对第 7 类的特殊要求

① 大型集装箱及罐柜须粘贴与上图式样相符合的四种标牌,该标牌须沿垂直方向贴在每侧和每端。任何与内装物无关的标牌都须被去除。不需要同时粘贴标志和标牌。

② 铁路和公路货车载运贴有 7A、7B、7C 或 7E 式样的任何标志的包件、集合包件或集装箱或装载着专用的托运货物,须在下列位置贴上（7D 式样）所示的标牌：

a. 铁路货车车厢的两个外侧面；

b. 公路货车的两个外侧面及后面外侧。

货车车厢没有侧面的情况下,若容易看到,标牌可以直接贴在载货组件上；体积大的罐柜或集装箱,上述标牌应能满足需要。若货车上没有足够大的地方粘贴大的标牌,则图中给出的标牌尺寸可缩小到 100mm。与内装物不相关的任何标牌都须除去。

5.4.3.4　货物运输组件的标记

（1）货物运输组件的标记

IMDG CODE 要求将一些放大了的标记粘贴在运输组件的外表面上,以提醒人们注意组件内装有危险货物并存在危险。这些标记包括正确运输名称、联合国编号等。

（2）一般规定

内装物的正确运输名称须持久地标记于下述运输组件的至少两侧：

① 含危险货物的罐柜运输组件；

② 含危险货物的散货包装；

③ 装有单一物品包装危险货物且无标牌、联合国编号或海洋污染物标记要求的任何其他货物运输组件，另一个方法是可以显示联合国编号。

除第 1 类货物外，联合国编号须显示在下列托运货物上：

① 在罐柜货物运输组件中运输的固体、液体或气体，包括多隔间罐柜货物运输组件的每个隔间上；

② 包装危险货物，总重超过 4000kg，并针对该货物只有一个联合国编号，而且它是货物运输组件中唯一的危险货物；

③ 在车辆或集装箱或罐柜中未包装的第 7 类 LSA-Ⅰ、SCO-Ⅰ 的物质；

④ 在车辆（内或上）或集装箱内，具有唯一联合国编号的包装放射性物质，且在独家使用条件下运输；

⑤ 在散装容器内的固体危险货物。

联合国编号须以黑色数字表示，数字高度不小于 65mm，而且：

① 与在主要危险类别标牌下半部白色背景颜色相反；

② 显示于高不小于 120mm、宽不小于 300mm、四周带有 10mm 黑框的橘黄色长方形板上，位置紧靠标牌或海洋污染物标记，当不需要标牌或海洋污染物标记时，联合国编号须紧靠正确运输名称。

（3）特殊规定

a. 加温物质

货物运输组件内的物质，如果液态物质运输或交付运输时温度等于或超过 100℃，或固态物质运输或交付运输时的温度等于或超过 240℃，那么这样的组件须在其每一侧和每一端面上粘贴如图 5-2 所示的加温标记。这个三角形标记边长须不小于 250mm 且为红色。

除了加温标记，在运输过程中预计物质达到的最高温度须耐久地标记在可移动罐柜或隔热护套的两端，并和加温标记紧挨，字体高度至少为 100mm。

b. 水上污染物标记

装有海洋污染物的货物运输组件，即使包件上不需要粘贴海洋污染物标记，组件上也须清楚地显示海洋污染物标记。标记要符合规格要求，边长至少为 250mm。

加温运输标记

图 5-2　加温标记

c. 限量

仅含限量运输危险货物的货物运输组件不需要有标牌,但须在规定位置粘贴高度不小于 65mm 的"限量"或"LTD QTY"。

d. 熏蒸过的组件

在熏蒸过的组件上不需标上正确运输名称(熏蒸过的组件,FUMIGATED UNIT)和联合国编号(UN3359),但如果熏蒸过的组件内装有危险货物,须在该熏蒸过的组件上标上要求的标记。

熏蒸过的封闭式组件,须按要求清楚显示熏蒸警告符号,警告符号粘贴在打算进入该组件的人员容易看到的地方。如果该熏蒸过的组件已经经通风而除掉熏蒸气体中的有害部分,警告符号须去除。

熏蒸警告符号须呈长方形,宽度不小于 300mm,高度不小于 250mm。该符号内容须为白底黑字,字体高度不小于 25mm。

5.4.4　载运危险货物的申报

危险货物申报是主管机关对船舶载运危险货物管理的重要手段,也是承运人掌握所承运危险货物基本情况的主要途径。在我国,危险货物申报分为"船舶载运危险货物申报"(承运人申报、船舶申报)和"危险货物安全适运申报"(托运人申报、货物申报)。

除海事管理机构规定的危险货物申报单据外,危险货物的托运人和承运人还应持有其他单证。IMDG CODE 允许使用电子数据处理(EDP)和电子数据交换(EDI)传输技术作为书面单证的辅助工具。

5.4.4.1　托运危险货物单证

(1)运输单证的具体规定

对于每种交付运输的危险物质、材料或物品,危险货物运输单证中须包括如下信息：

① 联合国编号，前面冠以英文字母"UN"；

② 正确运输名称，只能使用 IMDG CODE 危险货物一览表中列出的名称，不得使用货物通用名称或商品名称；

③ 类别，包括分类的小类、配装类、副危险性类别或分类（类别后的括号内显示）；

④ 危险货物包装类别（如"PG Ⅱ"）；

⑤ 危险货物的件数及包装种类，危险货物的体积或质量，如是第 1 类货物，应说明内装爆炸物的净质量。

在危险货物单证中，对危险货物的描述须按照联合国编号、正确运输名称、类别、包装类的顺序描述，中间不得插入其他信息。

IMDG CODE 危险货物一览表中列有大量的通用条目，为更好地描述危险货物的特性，允许在正确运输名称后补充说明相关信息，并作为正确运输名称的一部分。这些信息如下：

① 对"未另列明的"和其他通用条目技术名称的描述，须参照化学组分名称来作补充说明；

② 未清洁的空包装、散装容器和可移动罐柜，须将"空的，未清洁（EMPTY UNCLEANED）"或"上次内装货物残余物（RESIDUE LAST CONTAINED）"字样，置于正确运输名称之前或之后；

③ 废弃物应在正确运输名称前写明"废弃物（WASTE）"的字样，除非已包括在正确运输名称内；

④ 加温物质，对液态时温度高于 100℃ 或固态时温度高于 240℃ 运输或交付运输物质的正确运输名称不能表达加温条件［例如使用"熔融（MOLTEN）"或"加温（ELEVATED TEMPERATURE）"作为运输名称的一部分］，须在运输单证上紧接正确运输名称之前加上"热（HOT）"一词。

如果适用，以下补充信息应包括在单证信息中：

① 如果承运的物质是海洋污染物，该货物须标明"海洋污染物（MARINE POLLUTANT）"。

② 如果其最低闪点为 61℃ 或以下（以闭杯表示），须将其标出。由于存在杂质，闪点可能高于或低于危险货物一览表中所列明的该物质参照温度。对于同样易燃的第 5.2 类有机过氧化物不必标明闪点。

③ 正确运输名称中未说明的副危险性。

④ 对 4.1 类自反应物质和 5.2 类有机过氧化物,必要时应标出控制及应急温度。

⑤ 第 7 类放射性物质要求注明第 7 类明细表号码。

⑥ 如果危险货物用救助包装运输,"救助包装(SALVAGE PACKAGING)"应连同货物说明一同标明。

危险货物安全适运单证的说明实例:

"甲酸,第 8 类,UN1779,包装类 Ⅱ";

"丙烯醛,稳定的,第 6.1 类(3),UN1092,包装类 Ⅰ,闪点 $-24℃$ 闭杯,海洋污染物";

"易燃液体,未另列明的(乙醇及十二烷基苯酚),第 3 类,UN1993,包装类 Ⅱ,闪点 $-18℃$ 闭杯,海洋污染物";

"有机氯农药,固体的,有毒的(含艾民剂 19%),第 6.1 类,UN2761,包装类 Ⅲ,海洋污染物";

"对环境有害的物质,液体的,未另列明的(己基苯),第 9 类,UN3082,包装类 Ⅲ,海洋污染物"。

(2)托运人声明

在托运人的危险货物安全适运单证中,还应附有一份声明,表明所托运的货物适合运输,并已正确地加以包装、标记和标志,符合安全运输条件。其文本应适合于各种运输方式,适用于运输的整个过程。这种声明一般采用以下文本:

兹声明被托运货物已经由上述正确运输名称完全而准确予以说明,并已根据所适用的国际和国家规定进行了分类、包装、标记以及标志/标牌,且从各方面均处于良好的运输状态。

托运人或其代理人签字:

如果危险货物单证是以电子数据处理(EDP)或电子数据交换(EDI)传输形式提供给承运人的,该签字可以由授权签字的人代替。上述声明可以和危险货物的运输单证合并。

(3)特殊资料

当危险货物交付运输时,对某些货物应提供进一步详细的特殊资料或特殊证书。

① 下列货物需要特殊资料:

a.第 1 类货物;

b.免除第 1 类副危险性标志的第 4.1 类自反应物质;

c.免除第 1 类副危险性标志的第 5.2 类有机过氧化物;

d.感染性物质;

e.放射性物质。

② 在某些情况下要求有特殊证书:

a.有些货物的风化证书;

b.适用 IMDG CODE 条款的物质、材料或物品(例如鱼粉、种子饼、硅铁等)的免除证明或证书;

c.对于新的自反应物质和有机过氧化物或目前指定的自反应物质和有机过氧化物的配成要提供一份由原产国主管机关出具的声明,说明允许的分类以及运输条件。

(4) 集装箱 / 车辆装载证明

当危险货物包件装入货物运输组件,例如集装箱、平板车、拖车或其他车辆交付海运时,负责集装箱装箱的人员须提供"集装箱 / 车辆装载证明",说明集装箱 / 车辆的识别号码并证明作业按照以下条件进行:

① 该集装箱 / 车辆是清洁的、干燥的,并且外观上看适合接收货物。

② 除非得到相关主管机关许可,否则按照相关的隔离要求而需隔离的包件没有同装在集装箱 / 车辆中。

③ 所有包件都做了是否损坏的外部检查,保证所装的均是完好的包件。

④ 除非得到主管机关的许可,否则桶装物均应直立积载,且货物应被正确装入,如有必要应用系固材料进行合理加固以满足预定运输方式的需要。

⑤ 以散装形式装入集装箱 / 车辆运输的货物,已使其均匀分布。

⑥ 如果托运除 1.4 外的第 1 类货物,则集装箱 / 车辆在结构上应符合 IMDG CODE 7.4.6 的要求。

⑦ 集装箱 / 车辆和包件均已正确地作标记、标志和标牌。

⑧ 当用固体二氧化碳(CO_2,干冰)作为冷却剂时,在集装箱 / 车辆的表面显著地方作标记或标志,如在门边附有"内有危险的 CO_2(干冰)。进入前应彻

底通风[DANGEROUS CO₂ GAS(DRY ICE)INSIDE. VENTILATE THOROUGHLY BEFORE ENTERING]"字样。

⑨ 任何包装在集装箱／车辆里的托运货物已收到 IMDG CODE 5.4.1 中要求的危险货物运输单证。

危险货物运输单证的所需信息和集装箱／车辆装载证明可以合并在同一单证中,否则须将其中一个单证附在另一个单证上。如果这些信息合并在同一单证中,须加上经签名的声明,例如"兹声明危险货物已经按照相关条款规定装入集装箱／车辆中"。单证中须表明声明日期和签署者的身份。

国内要求海运危险货物装箱作业应在有资质的集装箱场站进行。作业中装箱检查员应现场检查和监督装箱作业是否按上述所要求的条件进行。装箱完毕后由装箱检查员签发装箱证明书。装箱检查员有权要求托运人提供相关的运输单证、证明材料和其他信息。

(5) 危险货物安全适运申报

危险货物安全适运申报是由托运人或其代理人在托运前向海事管理机构的报告。危险货物安全适运申报作为船舶载运危险货物申报的重要组成部分,应在船舶进出港口或海上作业点之前办理。

拟交付船舶载运的危险货物的托运人或其代理人应在船舶进入港口或海上作业点之前,填写"危险货物安全适运申报单"向海事管理机构报告,并将"危险货物安全适运申报单"送承运船舶。报告的内容应包括危险货物的正确运输名称、联合国编号、类别或性质、污染危害性类别、数量、包装及相关资料。

拟交付船舶运输的危险货物的托运人或其代理人在办理申报手续时应附送以下资料:

① 表明危险货物的包装已经相应检验机构依照 IMDG CODE 检验合格的证书或文书:

a.普通包件和柔性中型散装容器,应提交由检验检疫机构出具的"海运出口危险货物包装容器性能鉴定结果单"和"海运出口危险货物包装容器使用鉴定结果单";

b.刚性中型散装容器和货物运输组件,应提交由船舶检验机构出具的检验证书;

c.压力容器,应提交由质量技术监督部门认可的专门机构出具的检验证书；

d. 载运感染性物质的包装，应提交卫生防疫部门或其他有资质的部门出具的检验证书；

e. 载运放射性物质的包装，应提交国家核安全当局认可的或有资质的卫生防疫部门出具的检验证书。

② 危险货物安全技术说明书。

③ 限量内危险货物应提交"限量内危险货物证明书"，该证明书应在进行危险货物安全适运申报前向海事管理机构办理，经批准后方可按照限量内危险货物运输。

④ 放射性物质应提交相关机构出具的放射性剂量检查证明。

⑤ 未在 IMDG CODE 中列明的危险货物，应提交安全作业注意事项、人员防护、急救和泄漏处置措施等资料。

⑥ 需经国家有关主管部门批准的危险货物，或者载运需经多国有关主管部门批准的危险货物，应提交相应的批准文书。

⑦IMDG CODE 中列明满足相关条件可按非危险货物运输的，应提供相应的证明材料。

⑧ 载运种子饼应提交由国家设立的检验检疫机构出具的含油含水量证明。

如果危险货物装载在集装箱中，还应提交危险货物集装箱装箱现场检查员签发的"危险货物集装箱装箱证明书"，以证明危险货物已按照规定积载在集装箱中，并按规定进行了标记、标志和标牌。如集装箱内装载两种或两种以上危险货物拼箱运输的，还应事先征得海事管理机构的同意。

5.4.4.2　承运危险货物单证

（1）船舶安全适载单证

每艘装运危险货物和海洋污染物的船舶应按照SOLAS 1974附则第Ⅶ章第5条和MARPOL 73/78附则Ⅲ第4条的规定，具有特别清单或舱单以列明所装危险货物和海洋污染物及其在船上的位置。该特别清单或舱单可以由能够显示所有危险货物和海洋污染物的类别和位置的详细积载图所取代，该危险货物和海洋污染物清单或舱单须基于 IMDG CODE 要求的单证和证书，并且除托运人提供的运输单证中的信息外至少应包括危险货物和海洋污染物的积载位置和总共数量。这些单证的副本须在离港前提供给港口国主管机关指定的个人或组织。这也是海事管理机构要求载运危险货物船舶办理申报手续的有效依据之一。

对危险货物托运来说,在任何时候都必须能立即提供适当的资料,以备运输中发生涉及危险货物的事故或事件时应急反应之用。这些资料不应与危险货物的包件在一起,并且须在万一发生事故时迅速获得。采用的方法包括:

① 在特别清单、舱单或危险货物申报单上做恰当的记录。

② 提供单独的证书,例如安全数据单。

③ 与运输单证一道,提供单独的单证,例如《船舶载运危险货物应急反应措施》(EMS 指南)和与其配套使用的《危险货物事故医疗急救指南》(MFAG)。

④ 目前国内船舶一般都要求托运人提供一份危险化学品安全技术说明书,大致包括了货物的性质、成分、各类危险性、应急措施、保管注意事项等内容。在国际上通行的是危险货物资料卡(MSDS),实际上 MSDS 与我国的危险化学品安全技术说明书的目的和内容大体相似。

为了便于运输,1999 年 3 月 25 日国际海事组织便利运输委员会通过了 FAL.2/Circ51 号通函,并在通函的附录中增加了"危险货物舱单",建议各国采用统一的格式。目前,国际航行的船舶在办理进出口查验手续时,应提交该舱单。

(2)船舶载运危险货物申报

船舶载运危险货物申报是由承运人(船舶)或其代理人在进港或装卸作业前向海事管理机构办理的行政许可项目,是海事管理机构判断船舶能否进出港口或装卸作业和船舶是否安全适载的主要依据。

按照《中华人民共和国船舶载运危险货物安全监督管理规定》的规定,船舶载运危险货物进出港口或海上作业点或者过境停留,应当填写"船舶载运危险货物申报单",提前 24h 直接或通过代理人向海事管理机构申报。申报的内容应包括进出港口或海上作业点的时间、作业泊位以及危险货物的正确运输名称、联合国编号、类别或性质、污染危害性类别、数量、包装及相关资料。同时应附送一份列有所载危险货物正确运输名称、联合国编号、类别或性质及装载位置等情况的特别清单或舱单,或者列有上述情况的详细配载图。

海事管理机构接到申报后,应当在 24h 内做出是否同意的决定,通知申报人,并通报港口管理机构。未经海事管理机构批准,船舶不得进出港口或停靠海上作业点。

申报中要注意：

① 装载中转危险货物出口的船舶，应办理出口申报，并在"船舶载运危险货物申报单"上注明"中转"字样及上程船的船名、航次。

② 载运危险货物的船舶在运输中发生意外情况的，应当在"船舶载运危险货物申报单"备注栏内扼要注明发生意外情况的原因，已采取的控制措施和目前状况等实际情况，并于抵港后送交详细报告。

③ 船舶载运需经国家有关主管部门批准的危险货物，或者载运需经多国有关主管部门批准的危险货物，应在装船前取得相应的批准文书。

④ 船舶载运未在 IMDG CODE 中列明的危险货物或怀疑为危险货物的物质或物品，以及 MARPOL 73/78 附则 Ⅱ 中未列明的或新的散装液体化学品，应事先向海事管理机构申请确定其联合国编号、类别或性质、污染危害性类别等，并按海事管理机构的要求进行载运。

⑤ 船舶载运下列危险货物进港或过境时，船舶或其代理人在申报时还应提供有关货物特性、安全作业注意事项、人员防护及其他有关资料：

a. 放射性物质；

b. 感染性物质；

c. 新的有机过氧化物；

d. IMDG CODE 中"未另列明的"物品。

⑥ 载运出口危险货物的船舶或其代理人，在办理申报手续时，应附送载运危险货物适装证书以及海事管理机构认为需要的其他相关资料。

⑦ 船舶载运出口危险货物在离港前，船舶或其代理人应将一份列有所载危险货物的正确运输名称、联合国编号、类别或性质及装载位置等情况的特别清单或舱单，或者列有上述情况的详细配载图报海事管理机构备案。

6 防治内河船舶生活污水污染

随着国家对流域重点污染源治理力度的加强,点源和面源污染将得到进一步削减和控制,船舶这一流动的污染物排放源将成为影响内河水环境质量的重要因素。船舶作为承担航运业的主体,在其带动物流交换产生经济价值的同时伴随而来的环境污染问题如对自然保护区、渔业保护区与水源区产生的污染也显露无遗,内河船舶对水环境的污染主要分为油类污染和非油类污染两大类。油类污染主要包括船舶的机舱舱底水、油船压载水和洗舱水等的违法排放,以及水上交通事故和装卸事故中的溢油等。船舶非油类污染主要是指船运有毒有害物质、船舶生活污水和生活垃圾等造成的污染。其中未经处理直接排放的船舶生活污水对内河水质,尤其是保护水域的污染相当严重,因此,掌握一定的船舶生活污水知识以及相应的处理措施是十分重要的。

6.1 生活污水的来源以及特性

6.1.1 船舶生活污水的来源

船舶生活污水是指下列各种水质:

① 任何形式排出的粪便污水;

② 从医务室(药房、病房等)排出的污水;

③ 装有活的动物的处所的排出物;

④ 混有上述排出物的其他废水。

船舶生活污水的日产量随船舶的类型、用途、新旧程度、管理水平等不同会存在一定的差别。船舶生活污水不仅含有有机物和矿物质,而且还含有大量的细菌、寄生虫,有时还含有危害人体及水生物的病毒,如不经处理而将其任意排放的话,就可能造成周围水域的污染。

6.1.2 船舶生活污水的性质指标

船舶生活污水性质指标可分为物理性质指标、化学性质指标和生物学性质指标。

(1) 船舶生活污水物理性质指标

主要是以悬浮固体(Suspended Solidity,SS)量作为水质指标,其表示单位为 mg/L。污水中污染物质按其颗粒大小分为可滤过物质和不可滤过物质,凡是粒径小于 $1\mu m$ 的污染物质,以溶解态或以胶体状态存在于水中,称为可滤过物质;粒径大于 $1\mu m$ 的污染物质通常是不可滤过的物质,称为悬浮固体。测定前,通常是先将所采集的污水水样剧烈摇动,使其混合均匀,还需除去水样中漂浮着的大颗粒物质或浸没在水中的非均匀物质(如树叶、棍棒、鱼、粪块等),然后用一定的过滤器将水样过滤,再将余留在滤器上的物质于 $103\sim105℃$ 烘干至质量不再变化,此时固体的质量 $G(mg)$ 即为该水样体积 $V(L)$ 中所含的悬浮固体量 $G/V(mg/L)$。

(2) 船舶生活污水化学性质指标

通常以生化需氧量和化学需氧量作为水质指标。

生化需氧量(BOD)表示水中的可氧化物质(特别是有机物)在微生物作用下氧化分解所消耗的溶解氧的量。生化需氧量(BOD)测定时,首先在污水中加入能分解有机物的微生物,再通入稀释水将其稀释。稀释水一般是经过曝气(或通入氧气)处理后的溶解氧饱和水;有时稀释水中还加入一定量的无机营养盐和缓冲物质(磷酸盐、钙镁和铁盐等)来满足微生物生长的需要;然后在 20℃ 的温度条件下使有机物氧化分解,测定水中溶解氧的减少量,即为生化需氧量(BOD)。但是,在 20℃ 的温度条件下,使有机物基本氧化分解需要 20d 以上的时间,这在实际操作中是很不方便的。目前国内外普遍规定在 $20\pm1℃$ 的温度条件下,以 5d 的时间作为标准进行测定。因为 5d 的时间里,大部分有机物已进行了氧化分解,测得的数值具有一定的代表性。将在 $20\pm1℃$ 的温度条件下,5d 的时间里有机物氧化分解所消耗的溶解氧量,称为 5d 生化需氧量,即 BOD5,其单位是 mg/L。生化需氧量越大,表明水中含有的有机污染物越多。

化学需氧量(COD)表示有机污染物用化学氧化剂氧化所消耗的氧量。因有机物基本上属于还原性物质,能被化学氧化剂分解,而有机物越多,消耗的氧化剂量就越多。因此,将所消耗的氧化剂量换算成氧量即可反映出有机物的含量多少。测定 COD 常用重铬酸钾(K_2CrO_7)做氧化剂,反应时间约为 2h,其单位是 mg/L。

（3）船舶生活污水生物学性质指标

通常以水中大肠菌群的数量作为指标。

粪便中除含有大肠杆菌外,还含有一部分性质相同的好氧性杆菌,因测定时同时被检出,所以总的生物学指标称为大肠菌群(主要包括有埃希氏菌属、柠檬酸杆菌属、肠杆菌属、克雷伯氏菌属等菌属的细菌)。其测定方法是将水样稀释后,放入加有营养液的发酵管内培养;然后按发酵管变色和产气情况确定大肠菌群的最大可能数 MPN(Most Probable Number),单位用每100mL 水中的 MPN(个 /100 毫升) 来表示。

6.1.3　船舶生活污水的危害

（1）对水环境的影响

船舶生活污水未经处理任意排入水环境,会发生一系列生化作用。水环境的自然净化过程是细菌及其他微生物利用水中的溶解氧将有机物分解为无机物和二氧化碳的过程。水藻吸收二氧化碳,通过光合作用使自身生长,同时放出氧气。这种自然净化过程虽然进行得非常缓慢,但该过程仍然是一种平衡过程,而维持该平衡的决定因素是溶解氧的含量。如果大量的生活污水排入水环境中,就会造成水中溶解氧的含量降低,破坏了水环境的自然净化过程和生态平衡,改变了水环境的生态特征,造成水环境中的鱼类等动物的死亡或迁移。船舶生活污水中的营养盐进入水环境后,当其含量达到0.01mg/L 时,便可使藻类过度地生长和繁殖,出现富营养化,使水中溶解氧的含量降低,产生厌氧条件,使海洋动、植物群中的好氧性群体(如鱼类)被低级的厌氧群体(软体虫)所取代。水环境的自然净化过程的破坏再加之生活污水中悬浮固体的存在,将对海滨浴场和渔场的资源产生较严重的影响。

（2）对人体健康的影响

每 1mL 未经处理的粪便污水中含有大约几百万个细菌,其中多数是致病细菌,传染多种肠道传染病。粪便污水如果不经过充分处理以杀灭致病细菌的话,它就会污染水源,并传播这类疾病,这便会对人类的健康产生威胁。

6.2　船舶生活污水处理的相关法律法规

《中华人民共和国水污染防治法》第三十条指出:"船舶排放含油污水、生活污水,必须符合船舶污染物排放标准。"

为了防止内河船舶生活污水污染,我国于 1983 年 4 月 5 日发布了《船舶污染物排放标准》(GB 3552—83),并于 1983 年 10 月开始实施。该标准适用于中国籍船舶和进入中华人民共和国水域的外国籍船舶。

关于船舶排放生活污水的标准如下:

(1) 大肠菌群(Coliform)标准

用多营养重复发酵分析或等效分析步骤,测定在试验期间采集的一些排放水试样,其中大肠菌群几何平均值的最可能数(MPN)不大于 250 个/100 毫升的量。

(2) 悬浮固体物(SS)标准

试验期间采集的排放试样的总悬浮固体量的几何平均值不得超过 150mg/L。

(3) 生化需氧量(BOD5)标准

试验期间采集的排放水试样的 5d 生化需氧量(BOD5)的几何平均值不大于 50mg/L。

除了国家法规以外,一些沿江城市或者水域管理部门也制定了地方或区域性法规,例如为治理污染严重的黄浦江,上海市政府颁布了《上海港防止船舶污染水域管理办法》对客船、旅游船生活污水要求安装接收或处理装置;江苏省人大常委会 2004 年 6 月 17 日通过《江苏省内河水域船舶污染防治条例》,并于 2005 年 1 月 1 日起施行,其中关于船舶生活污水的管理要求为:"客船、旅游船、长江渡船应当配备并正常使用粪便存储结构物,30 总吨以上的其他船舶应当配备并正常使用粪便存储容器。禁止船舶向旅游风景区、饮用水水源保护区、取水口水域、水库和其他需要特别保护的区域排放生活污水。"而且,对于"两横一纵两网十八线"(长江干线、西江航运干线、京杭运河、长江三角洲高等级航道网、珠江三角洲高等级航道网和 18 条主要干支流高等级航道)水域,生活污水排放达不到现行规范要求的内河运输船舶将被禁止进入。

6.3　船舶生活污水的控制及处理

(1) 排放控制

① 航行于内河水域的船舶,其生活污水不应随意向水域排放。船舶生活污水应排至接收设施或经生活污水处理装置处理达到排放标准后才能排往水域。

② 经过处理的船舶生活污水的排放应避开取水源,并不应在停靠码头时排放。

③ 经过处理的船舶生活污水的排放应进行控制,不应顷刻排放,排放应在船舶航行中进行。

④ 航行于京杭运河的船舶的生活污水应贮存在船上,排放给接收设备,严禁将生活污水排往水域。

⑤ 餐饮趸船(餐饮供给船)的餐饮污水不应向水域排放,应排放至污水贮存舱(柜),由船/岸有关部门予以接收。

⑥ 内河客船的餐饮污水不应向水域排放,应贮存在专门的容器中,由船/岸有关部门予以接收。

⑦ 不在规定范围内小型船舶应尽可能采用简易的收集设备和措施,避免将未处理的污水直接排往水域。

(2) 处理方法

船舶生活污水处理方法如按污水的排放方法可分为无排放型生活污水处理装置和排放型生活污水处理装置。无排放型生活污水处理装置通常包含有船舶贮存方式和再循环处理方式;而对于排放型生活污水处理装置,由于国家法规和相关规定中排放标准的要求,船舶生活污水必须经过相应的处理后才能按规定排放。通常船上采用的排放型生活污水处理方式按净化方法的不同可分为:生物学方法、物理化学方法、电化学方法及混合处理方法等。

6.3.1 无排放型

(1) 简单贮存方式

最能满足排放标准及卫生标准要求的简单常用的方式就是在船上安装生活污水收集贮存柜。该贮存柜系统将船舶日常产生的生活污水收集贮存起来,在必要时将贮存的污水排入岸上污水接收设备,然后加以处理。图 6-1 为该系统的流程图。

该系统中包含生活污水的收集贮存和排放两部分,主要设备有贮存柜和排出泵,一般贮存柜通常设置两个以上,两个排出泵的管路采用并联方式,方便两台泵的调换使用。由于排出泵容易被坚硬粪便或碎纸片等固体物质堵塞,其正常运转受到影响而产生臭味,因此,该装置在排出口专门装设了粉碎机、充气风机和通风管。另外,设有该型处理装置的船舶在甲板上装有便于将

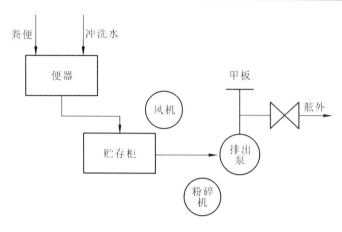

图 6-1　简单贮存方式系统流程图

生活污水排往外部接收设备的管路接头点。

　　该方式结构简单,操作管理容易,且对水环境几乎无任何损害。该装置系统的主要缺点是,由于贮存舱、柜的容积较大,特别是需在内河中长期航行或停泊的船舶,其有效装载容积必然减少;为了防止系统在工作中散发臭味,需适时地进行投药处理,从而使药品的使用费增加;船舶过驳污水增加了停港或抛锚的时间,降低了船舶的营运效率;污水需排至陆上处理,增加了港口船舶污水的收集、处理费用。

　　(2)真空收集贮存方式

　　系统组成原理如图 6-2 所示。便器与保持一定真空的污水柜连通,便器的冲洗水是靠真空污水柜的真空抽吸作用流入污水柜的。该贮存方式由于每次的冲洗水量少,因此污水柜的设计容积较小。

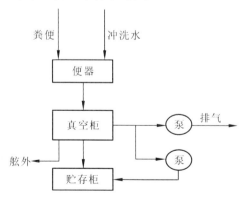

图 6-2　真空收集贮存方式系统流程图

（3）再循环处理方式

这种处理方式中可采用排泄污水中的液体作为冲洗介质来循环使用，而污水中的固体污物可用焚烧炉焚烧处理。我国海事管理机构要求冲洗介质中的粪便大肠杆菌不得超过 250 个 /100 毫升，因此，该冲洗介质再循环前一般需经过过滤净化和杀菌消毒处理，一般系统中设有专门的管理冲洗介质的设备。图 6-3 为一种无排放型物理化学处理方式的流程图，该方式先进行固液分离使大块粪便和纸屑从污水中分离出去，然后利用化学药剂使污水中的悬浮物质絮凝并将污水中的大肠菌群杀死，最后通过物理沉淀固液分离，净化后的污水被再循环作为冲洗水使用。该装置开始使用后，可立即发挥出所定性能。但该装置需要设置贮存污水供给药剂及贮存和处理污泥的设备。

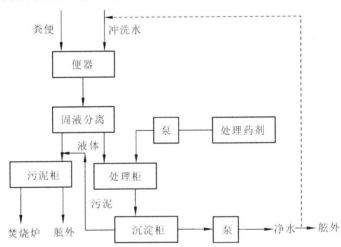

图 6-3　无排放型物理化学处理方式流程图

6.3.2　排放型处理方式

（1）生物学处理方式

该方式通过建立和保持微生物（细菌）生长的适宜环境，利用该微生物群体来消化分解污水中的有机物，使之生成对环境无害的无机物二氧化碳和水，以此净化污水，而微生物在此过程中也得以繁殖。生物学处理方式有好氧生物法和厌氧生物法两大类。好氧生物法又分为活性污泥法和生物膜法两种。图 6-4 是活性污泥法处理生活污水的工作流程图。污水进入曝气池；在不断通入空气的情况下，活性污泥在此消化分解，有机物离开曝气池后的混合液进入沉淀池,在沉淀池中污泥沉淀分离,而澄清的水进入投有杀菌药剂的杀菌室,经杀菌后的净水排出舷外。在沉淀池中沉淀分离的污泥一部分流回曝气池,多余部分定期排出舷外。

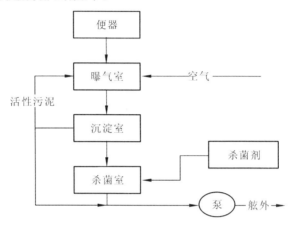

图 6-4　活性污泥法处理系统图

生物膜法中的接触氧化法是利用微生物群体附着在其他物体(填料)表面上呈膜状,让其与污水接触而使之净化的方法。生物处理法主要用来除去污水中溶解性和胶体性的有机物。

厌氧处理法是在无氧条件下,借助于兼性菌及专性厌氧细菌来分解有机污染物,达到净化污水目的的一种方法,该方法分解的主要产物是以甲烷为主的沼气。

生物处理装置结构简单,净化效果好,药剂用量少,成本低。缺点主要是需连续不断地向曝气池中吹入空气,否则微生物就会死亡;若装置停用时间过长,在启动前需用一个月左右的时间培养微生物;此外,这种装置对污水负荷的变化适应性较差,对水中的含盐量敏感,装置的体积也较大。

(2)物理-化学处理方式

该处理方式的原理是:通过凝聚、沉淀、过滤等过程消除水中的固体物质,使之与可溶性有机物质相脱离来降低生活污水的 BOD_5 值,然后让液体通过活性炭使之被消毒,最后将符合排放标准的处理后的污水排出舷外。图 6-5 为物理-化学处理方式的典型系统流程图。

利用这种方式处理生活污水的装置体积较小,使用灵活,对污水量的变化适应性较强,工作过程可实现全自动化。但是,该处理方式的装置,药剂使

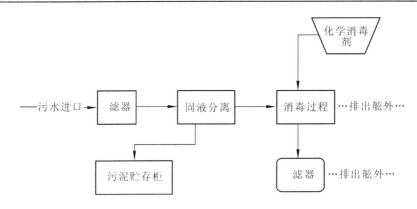

图 6-5　　物理‐化学处理方式流程图

用量大、运行成本较高。

（3）电化学处理方式

这种方式处理生活污水也是通过凝聚、沉淀、过滤等手段来消除水中的固体物质，降低 BOD5，通过消毒处理后再进行排放的一种处理方式。但是使固体凝聚的方式与上面所述及的物理‐化学处理方式不同，该方式依靠外部电场产生的凝结作用来完成凝结过程。因此，该处理方式能有效地减少化学试剂的消耗，同时，该方式不易受压力、生态负荷变化以及污水中表面活性物质存在的影响，这是其优点所在。最主要的缺点是，自动化程度较高，操作比较复杂，对管理者的水平要求比较高，使其在船舶环境下的使用和推广受到了一定的限制。

（4）蒸发处理方式

该方式是将污水首先送入蒸发器中进行加热，使水分蒸发，然后再经冷凝器冷凝后排出舷外，或者排入循环柜中用于再循环使用。蒸发后浓缩的污泥储存在储存柜中。该方式尽管不消耗化学药品，但工作中容易产生臭气，运转费用较高，再加之蒸发器这一高温设备容易受腐蚀，因此，不适合船舶使用。该处理方式的系统流程如图 6-6 所示。

6.3.3　岸上接收处理方式

《中华人民共和国防治船舶污染内河水域环境管理规定》要求，应保证在港口或码头等处设置船舶生活污水接收处理设施，这对于没有设置生活污水处理装置的船舶尤显重要。

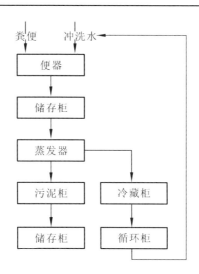

图 6-6   蒸发处理方式系统流程图

　　船舶生活污水要送至岸上处理,一般情况下,先将船舶所贮存的生活污水驳至污水接收船,再由污水接收船送至岸上的生活污水处理厂处理,或纳入城市粪便污水处理管网中去解决。通常这种收集船大多设计制造成多用途型,不但可以接收停港或港区内航行的船舶的生活污水、污油、粪便和垃圾等,并将其送至专门的处理场所处理,而且还可以承担救火及救助等多方面任务。而对于船舶的要求就是必须在船上设置污水柜的专用过驳排出管系,并采用符合要求的标准接头,以减少污水或其他废弃物过驳时可能出现的麻烦和不便。

6.4   船用生活污水的处理装置

6.4.1   SWCM 型多级船用生活污水处理装置

　　本装置用于处理船上厕所下水道粪便污水(又称黑水),使之达到排放标准后排放至舷处。本装置也可用作船上来自厨房和洗澡的灰水的处理,但灰水应作预处理和选用容量较大的装置相匹配。

　　SWCM 型多级船用生活污水处理装置利用活性污泥、接触氧化和膜生物反应器(MBR)的处理原理消解有机污染物质,装置的主要性能参数见表 6-1。MBR 能高效、彻底和干净地处理污水,使排放水满足 IMO 新标准和其他更严格的要求,其处理流程为:

在一级曝气柜内以好氧菌为主的活性污泥菌团形成棉絮状带有黏性的絮体吸附有机物质,在充氧的条件下将有机物质消解成无害的二氧化碳和水,同时活性污泥菌团得到繁殖,在作为菌团营养的有机污染物质减少时细菌呈饥饿状态以致死亡,死亡的细胞就成为附着在活性污泥中的原生物和后生动物的食物而被吞噬,粪便污水中95％以上是易消解的有机物质,完全被氧化。

在二级接触氧化柜内悬挂有软性生物膜填料,具有吸附消解有机物功能的生物膜在水中自由飘动,大部分原生物寄居于纤维生物膜内,同样由于充氧的作用,有机物质进一步与生物膜接触氧化分解。如果停机一段时间再启动的话,由于生物膜中尚有细菌的孢子存活,因此比常规曝气法启动时间要快得多。同时软性填料像棉桃一样,营养过剩时会胀开,吸附过剩的污泥;营养差时会慢慢消化自己,又称"内源呼吸","棉桃"萎缩,等待食物。

污水随后进入沉淀柜进行沉淀,活性污泥沉淀物自动定期用"气提"法返送到一级曝气柜内进行循环处理。每28min电磁阀SV3打开一次,提升污泥至第一级,2min后,SV3关闭。

沉淀柜内沉淀后的上清液流入膜柜,为膜创造了良好的运行条件。膜柜内置有浸没式膜组,同时也通过曝气参与生化反应,所以又称膜生物反应器(MBR)。膜为中空纤维超滤材料,由真空泵抽吸渗过膜的清水,再经过紫外线消毒杀菌,就可达到排放标准,排放至舷外,或岸上接受设施,或船上清水舱。

6.4.2 WCB型生活污水处理装置

该系列生活污水处理装置是由中船总公司七○四所设计生产的,采用生化法处理生活污水,利用活性污泥与生物膜中的微生物在有氧环境下联合作用来消除污水中的有机污染物,该系列由10～300人的不同规格所组成。WCB型生活污水处理装置设有污泥、残渣回流再处理系统,污泥排放周期较长,一般为3个月。该装置主要用于船上厕所下水道粪便污水的处理,并能满足国际排放标准的要求,该装置已获得中国船级社的检验证书。主要的污水处理指标为:

生化需氧量(BOD5)≤50mg/L

悬浮固体(SS)≤50mg/L

大肠菌群数(Coliform)≤250/100mL

表6-1 SWCM 装置主要性能参数表

SWCM

规格型号		10	15	20	25	30	40	50	60	80	100	150	200	250	300
处理负荷	平均负荷(L/d)	840	1190	1540	1890	2310	3080	3780	4480	6020	7700	11200	14700	18200	23100
	高峰负荷(L/h)	105	149	193	237	289	385	473	560	753	963	1400	1838	2275	2888
	有机负荷(kgBOD5/d)	0.42	0.595	0.77	0.945	1.155	1.54	1.89	2.24	3.01	3.85	5.6	7.35	9.10	11.55
额定使用人数(人)		10	15	20	25	30	40	50	60	80	100	150	200	250	300
最大使用人数(人)		12	17	22	27	33	44	54	64	86	110	160	210	260	330
电制		AC380V,50Hz,3φ/AC440V,60Hz,3φ													
功率(kW)		2.25	2.25	2.5	2.5	2.5	3.0	3.0	3.5	4.0	5.0	6.0	6.0	7.0	9.0
外形尺寸(mm)长×宽×高		1450×1400×1600	1550×1500×1600	1650×1400×1600	1850×1500×1635	1950×1500×1635	1800×1700×1900	1900×1700×1950	2100×1700×2000	2500×1900×2150	2500×2000×2300	3150×2400×2700	4155×2400×2700	5155×2400×2700	6160×2400×2700
重量	干重(kg)	1050	1150	1200	1250	1350	1500	1750	1950	2150	2900	3800	4050	5000	6000
	湿重(kg)	2100	2600	2933	3210	3928	4689	5665	6486	8100	10400	14680	18330	22100	28172
排放指标		TSS≤35mg/L,BOD5≤25mg/L,COD≤125mg/L,大肠菌群数≤100个/100毫升,pH:6~8.5													

　　图 6-7 为该装置的系统工艺流程图。装置主要由三个柜室组成，即曝气室、接触室和沉淀消毒室。在曝气室内以好氧性微生物为主的黏性絮状活性污泥胶团吸附污水中的有机物质，在曝气风机不断供氧的条件下，其中的好氧性微生物将污水中的有机物分解成二氧化碳和水，同时活性污泥得到了进一步的繁殖，当活性污泥的产量较多时，可通过排放泵排至舷外或送入贮存室内。气体经通气管排出，经初步净化的污水被送至接触室中。在接触室的软填料上充满着含有好氧性细菌的生物膜，初净化污水被该生物膜进一步氧化分解，被充分氧化分解后的含有活性污泥及杂质的生活污水被送至沉淀消毒室中。在沉淀消毒室中活性污泥沉淀物部分被送返回曝气室内，以作为曝气室的菌种繁殖和再处理。经过沉淀处理过的清净污水，溢流进入沉淀消毒室一侧的消毒柜中，经含氯的杀菌药剂的消毒杀菌后，由兼作粉碎泵的排放泵排至舷外。

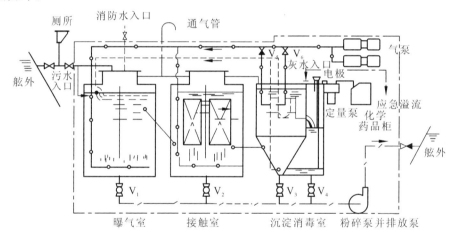

图 6-7　WCB 型生活污水处理装置的系统工艺流程图

　　该装置中曝气风机不仅为曝气室提供活性污泥氧化有机物时所需要的氧气，而且还为活性污泥从沉淀消毒室返送至曝气室提供动力。装置中活性污泥的回流以及排出泵的启停是由系统自动控制的。化学消毒剂的投入是系统工作中由定量泵定量供入的。这些均为装置的管理和操作带来了便利。

　　使用这种装置应注意尽量不要使用化学药剂清洗厕所，以免杀死好氧性微生物。装置在短期停用期间，曝气风机仍应持续运转。

　　该装置分为整体式与散装式两种，并设有公共底座。装置安装方便、尺寸紧凑、启动灵活，而且耐腐蚀性较强，适用于用海水作为厕所冲洗水的船使用。

6.4.3 CSWA 型生活污水处理装置

该系列装置是采用生物接触氧化法与化学消毒法相结合的方法来处理船舶生活污水以及陆用场所的生活污水。处理后的排放水符合国家规定的排放标准及相关规定的有关要求。

图 6-8 为该装置的工艺流程图。该装置由曝气室、沉淀室、集水消毒室以及曝气风机、泵、阀等相关附件所组成。

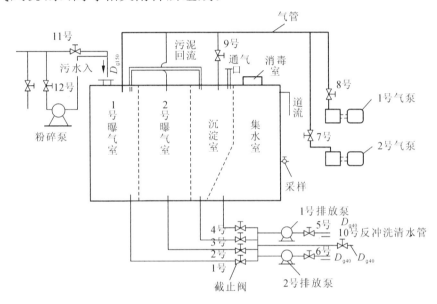

图 6-8 CSWA 型生活污水处理装置工艺流程图

生活污水经物碎泵粉碎后,流入曝气室中。曝气室中充填了含有好氧性微生物的生物膜填料以及活性污泥,由于曝气室中已由曝气风机供入了充足的空气(氧气),因此当含有有机污染物的生活污水进入曝气室后,有机污染物便被生物膜和活性污泥中的生物氧化分解成二氧化碳和水,再流入沉淀室。在沉淀室内,活性污泥絮凝体被沉淀,清净的水经消毒室消毒后流入集水室,该集水室内部设有水位自动控制装置,由该自动控制装置将洁净的处理水定时排出舷外。

该装置由 4 个水密的箱体组成,具有体积小、重量轻、结构紧凑、无二次污染等特点,但用该装置处理的厕所冲洗水应限制使用化学药剂,以免杀死好氧性微生物。另外,该装置曝气风机即使在装置停止使用时亦应保持运转。

CSWA 系列生活污水处理装置包含有 10～600 人的不同规格。

6.4.4 DFCWS 船用生活污水处理装置

DFCWS 船用生活污水处理装置可接入粪便污水,排出水管道接至舱外,管口至少应高出满载水线 200mm。溢流水管道接至舱外,管口至少应高出满载水线 200mm。排气管道尽量远离有明火部位,并接至船舶舱顶以上,出口处应按规范设置防火透气头。

(1) 使用环境及使用条件:

① 船用生活污水处理装置应在其工作的垂直位置向任何方向倾斜 22.5°;

② 环境温度 0 ~ 50℃;

③ 相对湿度 ≤ 95%。

在 DFCWS 船用生活污水处理装置(以下简称设备)正式运行前,应先进行菌群的培养。

(2) 如图 6-9 所示,设备正式运行前,首先检查装置配套阀门启闭状态:污泥粉碎泵排泥阀 V1,生化箱放空阀 V4、V5,二沉 / 过滤箱排泥阀 V6,确保以上阀门处于关闭状态。打开设备进水阀,调节缓冲箱进气阀 V7、生化箱进气阀 V8/V9、污泥粉碎排污泵回流阀 V2、缓冲箱排泥阀 V3。检查电源是否正常,接线应牢靠。确认无误后,合闸向设备控制箱供电。将操作柜上风机紫外线清水泵按钮、粉碎泵按钮打到自动状态,设备自动运行。

(3) 连续工作 90d 后,应手动打开污泥粉碎泵排泥阀 V1 进行排污,把一个 10L 左右的容器置于排污口开阀进行排污。污物应倒入岸上厕所内或指定的地方。

(4) 设备按设计的顺序自动且有序运行:气泵的工作循环为工作 2h 后停 30min(以后重复循环);清水泵和紫外线受二沉池 / 过滤箱中高、低液位继电器控制,当水位达到高液位时(高液位指示灯显示),自动启动清水泵和紫外线消毒装置;当水位低于低液位时(低液位指示灯显示),排水泵和紫外线自动停止工作。粉碎泵自动工作时,工作 1min 后即停止工作 6h,继而又启动工作 1min。以此循环工作。

(5) 当装置停止工作连续达 10d 以上(并且停机又停电),再次使用装置时,应向坐便器中加入 250g 葡萄糖或面粉,以帮助微生物菌群迅速激活,回到正常工作状态。

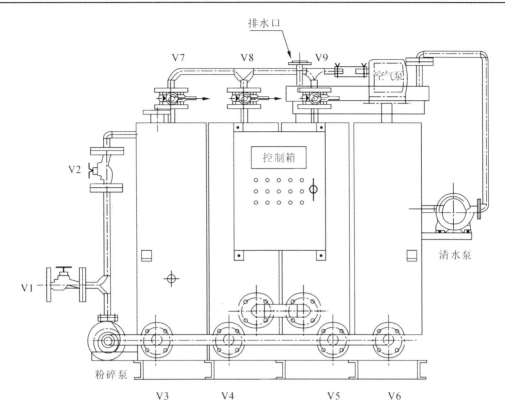

图 6-9　DFCWS 船用生活污水处理装置结构简图

7　内河船舶垃圾污染处理

据统计,目前我国登记在册内河运输船舶超过 22 万艘,每天进入内河的海船约 3 万艘,累计每天在内河营运船舶达 25 万艘,每天约有 150 万船员和近千万旅客在内河上生活,日均生活垃圾超过 2500 吨。相当一部分港口由于接收设施不足,不能及时接收到港船舶垃圾,部分垃圾被船员或旅客顺手抛入江中,污染着内河水域环境,威胁着我们的饮用水资源。

7.1　船舶垃圾种类

船舶垃圾,是指产生于船舶正常营运期间并需要持续或定期处理的各种食品、日常用品和工作用品的废弃物。

船舶垃圾由于来源不同可分为生活垃圾和生产垃圾两大类,其中生活垃圾主要来源于:(1) 厨房垃圾:如食品残渣、骨头、空瓶、罐头盒、塑料食品袋等,多数是固体垃圾;(2) 舱室垃圾:如包装用塑料袋和木箱、废纸、空瓶、破布等,多数也是固体垃圾;(3) 污泥水:如厕所、厨房、浴室、洗衣房等处的泥渣,其含水量较大,属于液体垃圾。

生产垃圾有两大类:一类是船舶正常营运产生的垃圾,如废油、污油及油泥,破旧的滤芯、木料、橡胶、金属,清洁用的棉纱头和抹布等。另一类是清扫货舱产生的扫舱垃圾,如垫舱物料、衬料、包装材料、陶瓷碎片等。

7.2　防治垃圾污染的规定

《中华人民共和国防治船舶污染内河水域环境管理规定》中第十五条规定:船长 12 米及以上的船舶应当设置符合格式要求的垃圾告示牌,告知船员和旅客关于垃圾管理的要求。100 总吨及以上的船舶以及经核准载运 15 名及以上人员且单次航程超过 2 公里或者航行时间超过 15 分钟的船舶,应当持有《船舶垃圾管理计划》和海事管理机构签注的"船舶垃圾记录簿",并将有关垃圾收集处理情况如实、规范地记录于"船舶垃圾记录簿"中。"船舶垃圾记录簿"应当随时可供检查,使用完毕后在船上保留 2 年。本条第二款规定以外的船舶应当将有关垃圾收集处理情况记录于"航行日志"中。第十六条规定：禁止向内河水域排放船舶垃圾。船舶应当配备有盖、不渗漏、不外溢的垃圾储存容器或者实行袋装，按照《船舶垃圾管理计划》对所产生的垃圾进行分类、收集、存放。

《船舶污染物排放标准》规定：禁止任何船舶将塑料制品、漂浮物、食品废弃物及其他垃圾（系指纸制品、破布、玻璃、金属、瓶子、陶瓷品及类似废弃物）排入内河水域。

《中华人民共和国水污染防治法实施细则》中第二十七条规定：港口或者码头应当配备含油污水和垃圾的接收与处理设施。接收与处理设施由港口经营单位负责建设、管理和维护。

在内河航行的船舶不得向水体排放废油、残油和垃圾，在内河航行的客运、旅游船舶，必须建立垃圾管理制度。

7.3　船舶垃圾处理方法

对不同的垃圾可采用不同的处理方法，船舶垃圾处理方法主要有两种：暂时收存、压缩打包处理。

（1）暂时收存

根据我国内河防污法规和规定，所有垃圾即便进行处理也不可在内河水域排放。暂时收存方法就是在船上设置固体垃圾收存柜、垃圾集装箱或使用聚乙烯材料制成的垃圾存放袋，废弃的各种垃圾存在这些柜、袋中。当船舶进港后再将收存的垃圾送交岸上的垃圾处理单位处理。垃圾在船上的储存时间不能太长，否则会影响船舶环境，造成空气污染。送交岸上处理（或驳至垃圾回收船）需要交付一定的处理费用。

（2）压缩打包处理

将需要送回岸上处理的固体废物通过垃圾处理设备进行压缩打包之后，整齐存放，待靠岸时，送至规定站点处理。

7.4　船用垃圾处理装置

根据我国内河防污法规和规定，内河航行的船舶禁止使用焚烧炉，通常使用压缩机处理固体废物。而且所有船舶垃圾应储存在垃圾收集装置中，定期由船／岸有关部门予以接收，不应排入水域。

7.4.1　船用压缩机

7.4.1.1　船用压缩机的构造及使用方法

适用于船舶的船用压缩机采用先进的液压系统、高强度骨架和人性化设计系统,设备能更适应使用环境、更方便和更安全地使用。日压缩最大可达 5t,最大压缩比可达 10:1。

如图 7-1 所示的一款船用压缩机,由液压站、压料模块、支架、压料仓及脚轮／脚座组成。船用垃圾压缩机是液压动力系统,速度快、噪声小、效率高;设备采用上部投料结构,方便设备工作时观察垃圾压缩情况。船用垃圾压缩机的压料模块由电箱控制单元及压料板组成,集成一体化的压料模块使设备体积小,结构简单,却又功能齐全,操作更是简单方便。船用垃圾压缩机压料仓内部设计有压缩打包提醒(压料仓满物时,自动提示打包功能)及开门停止工

图 7-1　船用压缩机

作功能,操作安全。设计设备带有脚轮／脚座主要是为了方便船用垃圾压缩机的移动及稳定。

船用压缩机一般可用于船上废纸、塑料及混有废纸、塑料制品垃圾的压缩处理。对于可回收再利用的废纸、塑料及混有废纸、塑料制品的垃圾,通常使用船用垃圾压缩机对废纸、塑料、薄膜进行压缩打包处理,具体使用方法如下:

(1)将船用垃圾压缩机的打包绳子串过垃圾压缩机后面的自动弹紧装置,并顺着打包带槽安放,之后将打包带捆扎到打包槽底端的拉柱上,旋转自动弹紧装置 90°,关上底门并锁住。

(2)把回收的废纸、塑料、薄膜垃圾投入船用垃圾压缩机中,当物料装到压盘高度时,关紧上门,按下"向下"按钮。设备自动运行,压实。(硬纸板以外的物料投料高度只能微高于底门。)

(3)压盘向下移动压缩达到最大压力后自动回程,回到完全打开位置。压缩打包结束时,压盘停在压缩物料的预设位置。

(4)打开设备门,将绑绳从前向后穿过底部线槽并通过压盘线槽回到前面,用手将绑绳拉紧打结。用手推打包拉杆,将拉杆推到固定的位置,卡紧。按"向上"按钮,油缸的回程将捆扎好的包捆自动翻出。(打开下门时不允许门前

站人，以免门弹开误伤。）

（5）包捆弹出后，复位打包拉杆进行下压动作。最后收集包捆废纸、塑料等垃圾并堆放存储待上岸处理，关门并锁紧进入下一个打包循环任务。

7.4.1.2 船用压缩机实例——RC-5XL船用垃圾打包机

ENERPAT（恩派特）设计了全世界第一台船用垃圾打包机（图7-2），已获得中国船级社等船级社资质，该船用垃圾打包机体积小、功率小、效率高，全自动化的一键操作，使用简单方便。适用于货轮、集装箱轮、客轮等船舶，可以满足30名船员的日常生活垃圾处理。

图 7-2　RC-5XL 船用垃圾打包机

本产品利用液压缸压缩物料。工作时，电机的转动带动油泵工作，抽取油箱中的液压油，通过液压油管运输，传送到各液压油缸中，驱使油缸的活塞杆做纵向运动压缩料箱中的各种物料。最后通过打包机侧边油缸的挤压，将压缩好的包块从出料口处挤压出来。

7.4.2　船舶垃圾收集装置及分类

7.4.2.1　船舶垃圾收集装置

垃圾收集装置的结构可为活动式结构，也可为固定式结构并成为船体结构的一部分。

（1）固定式结构的船舶垃圾收集装置应满足下列要求：

① 收集装置的开口应设有能紧密关闭的盖子；

② 收集装置应以不燃材料制成，并应能防腐；

③ 收集装置应定期消毒并应便于清洗；

④ 收集装置应根据航程和船上的人数具有足够的容积；

⑤ 收集装置应与接收设施相适应，装置的底部一般应向垃圾卸除口倾斜至少 30°，垃圾卸除口的底部应有开启驱动装置。

（2）活动式结构的垃圾收集装置应有足够强度的内衬，它在船上的放置应能防止船舶摇晃时自身发生倾覆。

（3）垃圾收集装置的总容积 V 可采用以下方式确定：

$$V = 10^{-3} \cdot G \cdot P \cdot T$$

式中：G—— 航行过程中每人每天所产生的垃圾，L/p·d；G 取 2.5L/p·d；

$\quad\;P$—— 船上人员，p；

$\quad\;T$—— 清理垃圾的间隔天数，d。

（4）船舶垃圾应分类收集，并应遵守港口主管当局有关规定。建议船舶垃圾分为以下几类，并加以标识：

① 食品类船舶垃圾；

② 塑料类船舶垃圾；

③ 其他船舶垃圾。

船舶垃圾收集装置应位于通风良好的位置，并应尽可能远离居室、餐厅、厨房等处所。垃圾收集装置的布置不应对人员通过、逃生等造成不利影响，并且船舶医务室垃圾应消毒处理。

7.4.2.2　船舶垃圾收集装置

2013 年 1 月 1 日起正式生效的 MARPOL 附则 V 中对于《船舶垃圾管理计划》新的修订，其中包括对船舶垃圾进行了重新分类、对垃圾收集桶颜色进行了分类、存放点进行了说明建议等。

（1）船上垃圾新分为九类：塑料、食品废弃物、生活废弃物、食用油、焚烧炉灰渣、作业废弃物、货物残余、动物尸体、渔具等。

（2）建议垃圾的储存分临时短期存放点和长期存放点：

短期贮存点：驾驶台、厨房、餐厅、艏楼甲板物料间、机舱集控室、机舱工作间、甲板物料间,其中艏楼甲板物料间是新明确的临时垃圾存放点。

长期贮存点:集中垃圾存放于艉甲板或生活区后的舱间甲板。

(3) 垃圾收集桶的颜色分成了四种:

①"红色"标记的容器用于处理不可回收的塑料制品和混合了非塑料垃圾的塑料制品、可能含有有毒或重金属残余物及不可排放于海中的废弃物。

②"黑色"标记的容器用于处理食用油、作业废弃物、焚烧炉灰,但可能含有有毒或重金属的塑料制品的灰烬除外。

③"蓝色"标记的容器用于处理货物残留物、生活废弃物(如纸制品、破布、玻璃、金属、瓶子、陶瓷等)和类似的废弃物。

④"绿色"标记的容器用于处理食品废弃物。

8 防治内河船舶大气污染

8.1 船舶对大气污染的来源及危害

所谓大气污染,国际标准化组织(ISO)给出定义:"通常是指由于人类活动和自然过程而引起某些物质进入大气中,呈现出足够的浓度,达到足够的时间,并因此而危害了人体健康、舒适感或环境。"

船舶在营运过程中对大气环境造成的污染通常表现在:① 船舶发动机以及锅炉等设备工作后的废气排放污染,该污染物长期排放造成的大气污染后果严重,会随船舶的航行自然形成流动污染源;② 船舶过去大多使用的制冷剂和灭火剂分别含氯氟烃(氟利昂,CFCs)及卤代烷(哈龙,Halon),由于技术性或事故性的泄漏而对大气臭氧层造成的破坏;③ 液货船所承运的油类、化学品在营运过程中的蒸发气体泄漏造成的有毒、有害气体对大气的污染;④ 运输散装货物的船舶在港口储存和转运过程中所产生的粉尘污染。

MEPC 从 20 世纪 80 年代中期就开始关注船舶对大气造成的污染问题。1988 年 MEPC 同意将挪威提交的关于大气污染范围问题纳入其工作计划。1990 年挪威向 MEPC 提交了一份关于船舶造成大气污染的报告,内容包括:全世界船舶每年排放 SO_x 为 450 万至 650 万吨,约占全球 SO_x 排放总量的 4%;每年排放 NO_x 为 500 万吨,占全球 NO_x 排放总量的 7%;每年排放 CFCs 为 3000t 至 6000t,占全球 CFCs 排放总量的 1% 至 3%;每年排放 Halon 为 300t 至 400t,约占全球 Halon 排放总量的 10%。

8.1.1 船舶动力装置排放的废气危害

(1)单位燃油的废气发生量

船舶动力装置排放的废气主要有 SO_x、NO_x、CO_x、碳氢化合物(HC)以及微粒(PM)等,其中 SO_x 与 NO_x 作为污染物质对环境和人类的影响最大,CO_x 作为温室气体(GHG)主要会造成全球温室效应。

船舶动力装置排放的废气量可以按照实测法和系数推算法来进行计算。

一般而言,燃油燃烧产生的废气量可按以下方式计算。

① SO_x

燃料中的硫燃烧时主要生成 SO_2,其中只有 1% 至 5% 氧化成 SO_2。SO_2 排放量计算公式为

$$E_{SO_2} = 1000 \times \beta \times M \times S_r \times (1 - \eta) \qquad (8\text{-}1)$$

式中:E_{SO_2}——SO_2 排放量,kg;

　　　β—— 排污系数;

　　　M—— 燃料燃烧量,t;

　　　S_r—— 燃料中的硫含量,%;

　　　η— 硫效率,%。

关于 β,柴油和燃料油取 2,燃煤取 1.6;关于 S_r,一般柴油为 0.5% 至 0.8%,燃料油为 1.5% 至 3.0%,燃煤为 0.6% 至 1.5%。

如燃烧 1t 柴油,其中硫含量 0.8%,不采用脱硫处理,则 SO_2 排放量为 16kg;燃烧 1t 燃料油,其中硫含量 3.0%,不采用脱硫处理,则 SO_2 排放量为 60kg;燃烧 1t 燃煤,其中硫含量 1.5%,不采用脱硫处理,则 SO_2 排放量为 24kg。

② NO_x

对于船用柴油机,NO_x 排放量计算公式为

$$E_{NO_x} = \alpha \times M \qquad (8\text{-}2)$$

式中:E_{NO_x}——NO_x 排放量,kg。

　　　α—— 排污系数,kg/t(对于低速船用柴油机,取 78;对于中速船用柴油机,取 51;对于燃油锅炉,取 7)。

　　　M—— 燃料燃烧量,t。

对于燃煤,NO_x 排放量计算公式为

$$E_{NO_x} = 1630 \times M \times (N_r \times \eta_N + 0.000938) \qquad (8\text{-}3)$$

式中:N_r—— 燃料中的氮含量,%;

　　　η_N—— 燃料中氮的 NO_x 转化率,%。

对于燃煤,N_r 一般取 1.5%,η_N 一般取 25%。因此燃烧 1t 燃煤,NO_x 排放量约为 7.6kg。

③ CO_2

CO_2 排放量计算公式为

$$E_{CO_2} = \gamma \times M \qquad (8\text{-}4)$$

式中：E_{CO_2}——CO_2 排放量，kg。

γ—— 碳转换因子，kg/t（对于柴油，取 3190；对于燃料油，取 3130；对于燃煤，取 2620）。

如燃烧 1t 柴油，将产生 3190kg 的 CO_2；燃烧 1t 的燃料油，将产生 3130kg 的 CO_2。

④ PM

PM 排放量计算公式为

$$E_{PM} = \alpha \times M \qquad (8\text{-}5)$$

式中：E_{PM}——PM 排放量，t。

α—— 排污系数，kg/t（对于柴油，取 1.1；对于燃料油，取 6.7）。

(2) 各种废气的主要危害

① SO_x

SO_2 排放后，在大气中的氧化过程，会与云中的水雾结合形成酸雨，对植物的生长将产生严重的危害。船舶若使用劣质燃油，将会加重这种污染。SO_2 对人体主要是刺激上呼吸道黏膜，浓度高时，对呼吸道深部也有刺激作用。当人体吸入较高浓度的 SO_2 时，会发生急性支气管炎、哮喘和意识障碍等症状，有时还会发生喉头痉挛而窒息。人们长期暴露在低浓度的 SO_2 环境中会发生慢性中毒，嗅觉和味觉减退，产生萎缩性鼻炎、慢性支气管炎、结膜炎和胃炎。

② NO_x

NO_x 是柴油机燃烧过程中产生 N 的各种氧化物的总称，其主要成分是 NO，它亦会在大气中氧化形成酸雨，同时对人类及动物会造成其他严重危害。NO 是无色并且具有轻度刺激的气体，它在低浓度时对人体健康无明显影响，高浓度时会造成人与动物中枢神经系统障碍。尽管 NO 的直接危害不大，但 NO 在大气中可以被臭氧氧化成具有剧毒的 NO_2。NO_2 是一种赤褐色并带有刺激性的气体，进入人体后会造成血液的输氧能力下降，而且人如果在 NO_2 含量超过一定标准的环境中停留时间过长的话，还会因肺气肿而死亡。同时，NO_x 还是光化学烟雾污染的起因物质之一，历史上光化学烟雾曾导致美国洛杉矶 1943 年和 1954 年两次严重的烟雾污染事故，造成多人发病。

③ CO_x

CO_x 主要成分为 CO 和 CO_2。CO_2 是目前全球最为关注的 CHG 中的主要成分,约占 CHG 排放总量的 77%。它本身无色、无味,没有毒性,但具有让太阳短波辐射自由通过,同时强烈吸收地面和大气中释放的长波(红外线)辐射的功能,因此随着大气中 CO_2 含量的不断增加,地球大气层就会像覆盖了一层日益增厚的透明薄膜一样,太阳的辐射热透进来容易,反射出去却难,形成所谓的地表温室效应。研究表明,从 19 世纪人类使用矿物燃料以来,大气中的 CO_2 浓度已上升了 380ppm,全球平均气温升高了 0.6℃,而工业化程度最高的欧洲平均气温升高了 0.9℃。全球气温升高将会对地球自然系统、水文系统、陆地生物系统和海洋及淡水生物系统等均造成危害。

CO 无色、无味,但有毒。它虽然对人体呼吸道无直接作用,但被吸入人体后,能以比氧强 210 倍的亲和力同血液中的血红蛋白结合,形成碳氧血红蛋白,阻碍血液向心、脑等器官输送氧分,使人恶心、头晕、疲劳,严重时造成窒息死亡。CO 也会使人慢性中毒,主要表现为中枢神经受损,记忆力下降等。

④ HC

HC 主要包括未燃和未完全燃烧的燃油、润滑油及其裂变产物,简称未燃烃。人体吸入较多的未燃烃,会使造血机能破坏,造成贫血、神经衰弱,并会降低肺对传染病的抵抗力。HC 的最大危害是它在与 NO_x 在阳光紫外线的作用下,经过光化学反应会产生一种毒性大的浅蓝色刺激性烟雾 —— 光化学烟雾。光化学烟雾中含有臭氧、过氧酰基硝酸盐及各种醛、酮等物质。臭氧具有极强的氧化能力,能使植物变黑,橡胶发裂,使人体患上肺气肿。过氧酰基硝酸盐的毒性介于 NO 和 NO_2 之间。

⑤ PM

柴油机排气微粒对人体健康的危害性与其粒径有关。粒径越小,停滞于人体肺部、支气管的比例越大,对人体的危害就越大,其中 $0.1 \sim 0.5\mu m$ 的微粒对人体的危害最大,它可以通过呼吸器官到达肺部并附在肺细胞组织中,某些还会被血液吸收。

炭烟(也称黑烟)是燃烧系统微粒排放中最大的微粒物质,主要由直径 $1.1 \sim 10\mu m$ 的多孔性炭粒构成,并在其表面凝结或吸附含氢成分 —— 未燃烃以及 SO_2 等。炭烟悬浮在空气中,既影响能见度又污染空气。

8.1.2　氯氟烃(CFCs)及卤代烷(Halon)的危害

地球大气对流层(从地面向上 15km 的空气层)内的臭氧是形成光化学烟雾的有害物质之一,而存在于平流层(地面向上 15～50km)的臭氧由于能够吸收波长 0.3μm 以下的有害太阳紫外光,因此能防止地球上的生物免遭太阳紫外线的侵害。图 8-1 表示的是大气外与地表观测的太阳光放射强度。240nm 的紫外线被平流层上方的氧分子吸收,230～300nm 的紫外线被平流层内的臭氧吸收,因而有效防止了太阳紫外线到达地面。一旦平流层内的臭氧被污染物质破坏,太阳紫外线便可能到达地球,易造成皮肤癌患者的数量增加,同时还会严重影响地球的生态环境。

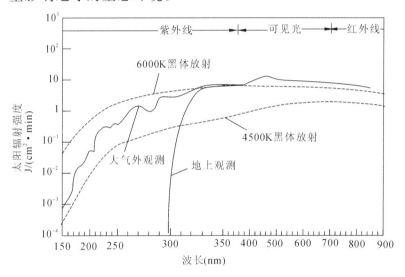

图 8-1　大气外与地表观测的太阳辐射强度

科学研究发现,CFCs 和 Halon 对大气臭氧层有极大的破坏作用。CFCs(如二氟一氯甲烷,$CFClF_2$,即 R22)曾大量用作船舶制冷装置制冷剂,泄漏后含氯的氟利昂在高空会分解出 Cl^- 离子,对大气中的臭氧具有很强的分解消耗作用。CFCs 中的 CFC(不含氢的氯氟烃)在大气中不易分解,寿命相当长,因此对大气臭氧层的破坏和温室效应都很强。而 Halon 灭火剂(如 1301,CF_3Br;1211,CF_2ClBr)不仅含氯,而且含溴,溴虽然对灭火十分有效,但它对臭氧的分解破坏作用更甚于氯。

地球臭氧层遭破坏是由一支英国南极研究探险队在南极上空发现一个臭氧层空洞而被揭示的。根据 1996 年 10 月底至 11 月初发表的监测报告,南极上空臭氧空洞面积已达1800万平方千米,持续时间长达50d,并还在不断地向北扩展。报告提出警告:如辐射地表的紫外线再持续增强,将导致人类和动物癌症发病率上升,农作物减产,且对水底食物链产生负面影响。臭氧层破坏问题已变得十分尖锐。

8.1.3 船载液体货物蒸气污染

船舶运输的三大液体散货是石油、化学品和液化气。其中,石油包括原油、成品油(汽油、煤油、柴油)和油渣等,其运输量占整个液体散货运量的70%以上。散装液体化学品是指除了石油和类似石油的易燃品(包括液化气)以外的散装液体化学物质。目前在IMO登记的化学品达3万多种,经常进行船舶运输的有200多种,我国最常运输的散装化学品也达数十种。液化气是指在常温常压下为气态,经加压和/或冷却而转变为液态储运的石油气或天然气。

液体散货在货物转运和存储过程中,产生的石油、成品油及各类液体化学品蒸气,其扩散会对港口大气环境造成一次及二次污染。近年来随着石油储运量的大幅度提高,一些大型油港大气环境中烃类指标逐年上升,其中,单船装卸作业范围内空气中油气浓度大大超过劳动安全卫生标准,作业高峰期港区周围大气环境中烃类浓度数倍于环境允许浓度标准。在化学品船码头,当储运货种为光化学反应活性较高的烃类时(如甲苯),光化学污染较为严重。

液货船在装货过程中,货舱内蒸发的货物蒸气会排放到大气中,这些货物蒸气很大部分属于挥发性有机化合物(VOCs)。VOCs的定义有多种,世界卫生组织(WHO)将VOCs定义为熔点低于室温而沸点在$50 \sim 260℃$之间的挥发性有机物的总称。VOCs对人体的危害主要体现在三方面:气体和其他感觉效应(如刺激作用)、黏膜刺激和其他系统毒性导致的病变、基因毒性和致癌性。有研究表明暴露在高浓度VOCs的工作环境中可导致人体的中枢神经系统、肝、肾和血液中毒;个别过敏者即使在低浓度下也会有严重反应,通常情况下表现的症状有:眼睛不适,感到赤热、干燥、砂眼、流泪;喉部不适,感到咽喉干燥;呼吸障碍,气喘、支气管哮喘;头疼难以集中精神,眩晕,疲倦,烦躁等。VOCs还会参与光化学反应,造成光化学污染。

8.2　公约及法规关于防止船舶大气污染的要求

8.2.1　公约产生的背景

联合国一直关注大气污染问题,经过多年努力,于 1979 年在日内瓦召开的联合国保护环境外交大会上签署了《远距离越境空气污染公约》,这是第一部关于处理广阔区域大气污染的国际法,随后几年签署了包括 1987 年《蒙特利尔限制使用及生产消耗臭氧层物质议定书》在内的多个议定书。

IMO 经过几年的努力,终于在 1997 年 9 月 MEPC 第 40 届会议通过了 MARPOL 73/781997 年议定书(包括附则 Ⅵ:防止船舶造成大气污染规则)及 8 个决议案,并规定在不少于 15 个国家成为其缔约国且其拥有的商船队吨位不少于世界商船总吨位的 50% 的前提下,再经过 12 个月就正式生效。我国《大气污染物综合排放标准》也于 1997 年开始实施。

截至 2004 年 5 月 18 日,已有 15 个国家(包括中国在内,拥有世界商船总吨位的 54.57%)接受了该规则,并已于 2005 年 5 月 19 日正式生效。截至 2009 年 11 月 30 日,共有 57 个国家接受附则 Ⅵ,57 国商船总吨位占世界商船总吨位的 83.59%。该附则于 2006 年 8 月 23 日在我国生效。

2008 年 10 月 MEPC 第 58 届会议通过了 MEPC.176(58) 号决议 —— 修订《经 1978 年议定书修订的〈1973 年国际防止船舶造成污染公约〉》的 1997 年议定书附件修正案[经修订的 MARPOL 73/78 附则(Ⅰ)],该修正案于 2010 年 1 月 1 日视为被接受,于 2010 年 7 月 1 日默认生效。

8.2.2　《防止船舶造成大气污染规则》的主要内容

8.2.2.1　相关定义

(1)排放 —— 系指船舶向大气或海洋中释放受本附则控制的任何物质。

(2)排放控制区(Emission Control Area,ECA)—— 系指需要对船舶排放采取特别强制性措施以防止、减少和控制 NO_x、SO_x 或颗粒物质或所有三类物质的排放造成的大气污染及其伴生的对人类健康环境的不利影响的区域。排放控制区应包括本附则第 13、14 条中所列或划定的区域。

(3)NO_x 技术规则 —— 系指由会议决议 2 通过的《船用柴油发动机氮氧化物排放控制技术规则》,它可由 MEPC 作出修正,但修正案应按公约第 16 条的规定予以通过并生效。

（4）臭氧消耗物质——系指在《1978 年消耗臭氧层物质蒙特利尔议定书》第 1 条第 4 款中所定义的并列于该议定书的附件 A、B、C 或 E 中的受控物质。

8.2.2.2 船舶排放控制要求

（1）臭氧消耗物质

禁止臭氧消耗物质的任何故意排放。故意排放包括系统或设备的维护、检修、修理或处置过程中发生的排放。

在下列情况下，须禁止使用含氢化氯氟烃以外的臭氧消耗物质的装置：

① 2005 年 5 月 19 日或以后建造的船舶上；

② 对于 2005 年 5 月 19 日以前建造的船舶，设备交付船上的合同日期为 2005 年 5 月 19 日或以后，若无交付合同日期，设备交付船上的实际日期为 2005 年 5 月 19 日或以后。

在下列情况下，须禁止使用含氢化氯氟烃的装置：

① 2020 年 1 月 1 日或以后建造的船舶上；

② 对于 2020 年 1 月 1 日以前建造的船舶，设备交付船上的合同日期为 2020 年 1 月 1 日或以后，若无交付合同日期，设备交付船上的实际日期为 2020 年 1 月 1 日或以后。

每艘船舶须保存含臭氧消耗物质的设备清单，具有含臭氧消耗物质的再充注系统的船舶须保存一份臭氧消耗物质记录簿经主管机关批准，该记录簿可以是现有航海日志或电子记录系统的一部分。臭氧消耗物质记录簿，须按物质的质量（kg），就下列情况及时记入：

① 含臭氧消耗物质设备的全部或部分重新充注；

② 含臭氧消耗物质设备的修理或维护；

③ 臭氧消耗物质向陆基接收设施的排放；

④ 臭氧消耗物质向大气中排放；

⑤ 向船舶供给臭氧消耗物质。

排放控制区应包括波罗的海区域、北海海域和 MEPC 划定的任何其他区域，包括港口区域。当燃油含硫量超过上述值时，在进入排放控制区域之前，燃油供应系统应经过全面冲洗，以去除超过上述规定的适用硫含量的所有燃油。燃油转换作业在进入排放控制区以前完成时或离开该区域后开始时的日期、时间、船位及届时各燃油舱中低硫燃油的容量须记录在主管机关规定的日志中。

（2）挥发性有机化合物（VOCs）

① 对液货船挥发性有机化合物排放进行控制的当事国须向 MEPC 提交一份通知书。该通知书须包括所需控制的液货船的尺度、需要蒸气释放控制系统的货物种类以及该控制的生效日期等信息。该通知书须至少在生效日期之前 6 个月提交。

② 所有指定液货船挥发性有机化合物释放控制港口或装卸站的当事国，须保证在其指定的港口和装卸站配备经该当事国根据本组织制定的《蒸气排放控制系统安全标准》认可的蒸气排放控制系统，并确保该系统的操作安全及能避免造成船舶的不当延误。

③ 液货船须配备主管机关虑及 MEPC 制定的《蒸气排放收集系统安全标准》而认可的蒸气排放收集系统，并须在装载有关货物时使用该系统。

④ 安装了蒸气排放控制系统的港口或装卸站可以在公约附则 Ⅵ 生效之后的 3 年内接纳没有安装蒸气收集系统的液货船。

⑤ 载运原油的液货船须在船上备有并实施经主管机关认可的挥发性有机化合物（VOCs）管理计划。该计划须参照 MEPC 制定的导则编写。计划须具体到各船并至少：为装载、海上航行和卸货时将挥发性有机化合物排放降至最低提供书面程序；考虑到原油洗舱产生的额外挥发性有机化合物；指定负责实施该计划的人员；对于国际航行船舶，用船长和高级船员的工作语言编写，如船长和高级船员的工作语言不是英语、法语或西班牙语，则包括其中一种语言的译文。

（3）船上焚烧

① 船舶正常操作过程中产生的污泥和油渣亦可在主或辅发电机或锅炉内焚烧，但不得在港口、码头和内河中进行。

② 除上条规定外，船上焚烧只允许在船上焚烧炉中进行。

③ 禁止在船上焚烧下列物质：受附则 1、11 或 111 管辖的货物之残余物或相关被污染的包装材料；多氯联苯（PCB）；所含重金属超过限量的附则 Ⅴ 定义的垃圾；含有卤素化合物的精炼石油产品；不是在船上产生的污泥和油渣；废气滤清系统的残余物。

④ 禁止在船上焚烧聚氯乙烯，但在已获发 IMO 型式认可证书的船上焚烧

炉内焚烧除外。

（4）接收设施

要求各当事国保证提供充分的接收设施以满足：

① 船舶使用其修理港时接收从船上卸下的臭氧消耗物质以及含有这些物质的设备的需要；

② 船舶使用其港口、装卸站或修理港时接收废气滤清系统产生的废气清除残余物的需要，而不对船舶造成不当延误；

③ 在拆船厂中接收从船上卸下的臭氧消耗物质和含有这些物质的设备的需要。

（5）燃油的供应和质量

① 燃油供应

如当事国发现船舶不符合公约附则Ⅵ规定的合格燃油的标准，该当事国主管当局有权要求船舶提供下列记录或证据：为试图达到符合标准而采取行动的记录；根据航次计划试图购买合格燃油的证据，如无法按计划购得，已努力寻找该燃油的替代来源，并且虽已为获得合格燃油作出最大努力，仍无法购得该燃油的证据。

② 燃油质量

供给公约附则Ⅵ所适用的船舶，并用于船上燃烧的燃油须符合下列要求：燃油须为石油精炼产生的烃的混合物，但并不排除加入少量用于改善某些方面性能的添加剂；燃油须不含无机酸；燃油不得含有任何会产生下列后果的附加物质或化学废物：危害船舶安全或对机械性能有不利影响，对人员有害或总体上增加空气污染。

燃油交付单须存放于船上在任何合理的时间随时可供检查之处，并须在燃油交付船上后保存 3 年。

8.2.3 公约对航运业的影响

MARPOL 73/78 附则Ⅵ修正案的实施，将对航运业带来很大影响。

首先会使得燃油成本大大上涨。根据 2008 年 8 月船用燃油市场价格信息，380CST 燃油的价格约为 725 美元／吨，而船用柴油的价格则高达 1180 美元／吨。随着重燃油的逐步淘汰和柴油的全面使用，柴油需求大大增加，价格将会大幅上涨，船东所承担的燃油成本也将大大增加，给企业经营带来严峻考验。

其次，必须对现有船用主机进行改装。目前船舶主机的各项参数都是以燃烧重燃油为最佳工况来设计的，如果改为使用柴油，必须对现有主机进行改装，否则难以达到最佳效率，这需要大量的资金投入、技术支持和时间来实现。此外，现有锅炉可以使用船用柴油，但是首先必须考虑使用柴油的安全与技术性问题，需要对锅炉燃烧系统加以改进以防止使用柴油时的爆炸危险。

8.3　船舶动力装置废气排放控制技术

8.3.1　控制 SO_2 排放量的措施

目前，减少 SO_2 排放量的主要方法有：使用低硫燃料；石油脱硫；排烟脱硫。使用低硫燃料受到了地球资源的限制，人类可以积极采取的对策便是石油脱硫和排烟脱硫两种方法。而现今大多数船舶采用的控制措施是使用低硫燃油和脱硫燃油。

（1）石油脱硫技术

主要采用的是氢化法，利用触媒在高温高压的条件下，使石油中的硫与氢反应形成硫化氢脱硫。早期该方法只用在汽油、煤油等轻质馏分的脱硫，随着能源环境问题的日益严重化，重质馏分、渣油的脱硫发展领域亦越来越宽。通常轻馏分的氢化脱硫温度为 $300 \sim 450℃$，压力为 $1 \sim 4MPa$，通常的触媒是 Co-MO 和 Ni-W。

（2）排烟脱硫技术

排烟脱硫法分为湿式法和干式法两种。湿式法又包括石灰石膏法、氢氧化镁法和碱性水溶液法等。干式法指的就是活性炭法。湿式法大约占 90%，其中大容量的火力发电用石灰石膏法而其他行业氢氧化镁法占据了主流。

① 石灰石膏法

排烟脱硫的化学反应式如式(8-6)、式(8-7) 所示，排烟中的 SO_2 与石灰反应，最终 SO_2 以石膏的形式固定下来。脱硫率通常可以达到 95%。

$$吸收反应\quad SO_2 + CaCO_3 + \frac{1}{2}H_2O \longrightarrow CaSO_3 \cdot \frac{1}{2}H_2O + CO_2 \quad (8\text{-}6)$$

$$氧化反应\quad CaSO_3 \cdot \frac{1}{2}H_2O + \frac{1}{2}O_2 + \frac{3}{2}H_2O \longrightarrow CaSO_4 \cdot 2H_2O \quad (8\text{-}7)$$

② 氢氧化镁法

该方法是用 $Mg(OH)_2$ 代替第一种方法中的石灰作为吸收剂吸收排烟中的 SO_2。其化学反应式如式(8-8)、式(8-9)所示:

吸收反应 $\quad SO_2 + Mg(OH)_2 + 2H_2O \longrightarrow MgSO_3 \cdot 3H_2O$ $\qquad$ (8-8)

氧化反应 $\quad MgSO_3 \cdot 3H_2O + \frac{1}{2}O_2 \longrightarrow MgSO_4 + 3H_2O$ $\qquad$ (8-9)

③ 碱性水溶液法

该方法是利用氢氧化钠($NaOH$)、碳酸钠(Na_2CO_3)以及氨水(NH_4OH)等作为吸收剂来进行脱硫,处理方法基本相同。由于这些吸收剂的价格与 $CaCO_3$ 和 CaO 相比较高,一般不用于排烟量较大场合的排烟中 SO_2 的吸收处理。

④ 干式脱硫法

该方法是使用高比表面积的活性炭作为 SO_2 的吸收剂来处理排烟中的 SO_2。与湿式法相比较,活性炭价格高是其经济性差以致使用受到限制的主要原因。

8.3.2 船舶 NO_x 排放控制技术

NO_x 包括 NO、NO_2 和 N_2O_4 等,其中对环境危害最大的是 NO 和 NO_2。通常所提及的氮氧化物的污染,即指 NO 及 NO_2 污染。在柴油机的排气中,NO_2 的浓度仅占 5%,而 N_2O_4 的浓度更低,因此主要研究的氮氧化物便是 NO。

NO 可由空气中的氮生成(称为热 NO),也可由燃料中含氮的成分生成(称为燃料 NO)。对于柴油机来说,由于其所使用的燃料中一般含氮量不到 0.02%,因此排气中的 NO 主要是由空气中所含氮在高温下氧化而成(热 NO),其氧化过程为

$$N_2 + O \longrightarrow NO + N \qquad (8-10)$$

$$O_2 + N \longrightarrow NO + O \qquad (8-11)$$

$$N + OH \longrightarrow NO + H \qquad (8-12)$$

上述反应中的氧原子是氧气(O_2)在高温分解时所产生的,氧原子的存在诱发了 NO 生成的连锁反应。整个反应过程中式(8-10)起决定作用,所以氧原子浓度以及反应温度对 NO 生成最为重要。NO 生成量还与反应时间有关,如

果燃气在高温富氧环境下停留时间长,NO 生成量就会增加。因此,高温、富氧和氮与氧在高温环境中长时间停留,是柴油机燃烧过程中促进 NO 生成的三要素。

船舶柴油机 NO_x 排放的控制措施大体可分为燃料预处理、工作过程处理和排气后处理三类:其中预处理可分为采用低氮燃油或甲烷(或 LNG)等低氮燃料、燃油乳化等;过程处理包括:废气再循环、喷油定时延迟、改变喷油器参数及燃油水分层喷射;后处理包括废气再燃烧处理和催化还原法处理。下面对目前船用柴油机常用的控制 NO_x 排放的措施加以阐述。

(1) 燃油乳化

燃油掺水乳化能较大幅度地减少 NO_x。标准设计的发动机满负荷时可以加入 20% 的水,从燃烧的角度来说,这并没有达到极限,曾有过油水比例为1∶1 的试验,但此时需要对机器做一些改造。使用乳化后的燃油将对 NO_x 的生成量和燃油的消耗率产生一定的影响,其影响程度随机器型号的不同而不同,但在一般情况下,增加一个百分点的水将减少一个百分点的 NO_x。

燃油的乳化必须在其进入燃油系统前完成。水的增加量根据排气中测得的 NO_x 量来决定,因此需要对 NO_x 进行连续监测。对于采用燃油乳化技术的船舶,燃油系统应设置一个特殊设计的安全系统,当船舶失电时,油水乳化的稳定性将不会受影响,保证机器再启动时仍可使用稳定的乳化燃油。

燃油乳化技术也有其局限性。水和重质燃油的乳化比较容易进行,也比较稳定;但水与柴油、轻质柴油的乳化就比较困难。当船舶航行需要强制采用低硫燃油时,如果要采用燃油掺水技术,就需要设置专门的乳化装置。

(2) 废气再循环

废气再循环(Exhaust Gas Re-circulation,EGR)是指让发动机的一部分排气引回进气管,与新鲜空气混合后作为工质参加气缸内的热循环。EGR 作为控制 NO_x 排放的一项有效措施,越来越受到重视。

废气再循环之所以能使排气中 NO_x 的浓度下降,是因为:

① 柴油机排出的废气中,由于含氧量少,在其再循环回气缸内后,使燃烧时反应混合物中的氧含量与不循环时相比有显著降低。燃烧和爆炸过程中 NO 的生成速度与氧浓度的平方根成正比,因此 NO 的生成速度降低,废气中的 NO_x 浓度也相应下降。

② 废气中含有较多的水蒸气和 CO_2,在高温下,水蒸气和 CO_2 的比热比

空气大得多。若燃料油的燃烧热值一定,燃烧混合气比热大者,会使燃烧过程所达到的火焰温度较比热小者低。由于在燃烧和爆炸过程中,NO 的生成速度与燃烧绝对温度呈指数关系,因此燃烧温度的降低会导致废气中 NO_x 的浓度降低。

应注意的是,引入再循环的废气均需要冷却处理,使其温度降低到 $160\sim180℃$ 范围后,再经过过滤等清洁处理,方允许引入气缸再循环使用。废气循环法净化 NO_x 的主要优点是:废气净化效率高,能有效减少 NO_x 的排放;结构简单,处理经济,便于应用;操作方便,易于控制,但是如果使用不当的话,也会导致冒烟和其他有害污染物的增加;另外,循环废气会造成润滑油的污染及发动机的磨损。

(3)延迟喷油定时

延迟喷油定时是在燃烧过程中减少 NO_x 发生量的简便、有效的改进方法。延迟喷油定时的作用主要是使燃料燃烧所形成的温度颠峰值降低,但会使油耗率略有增加。对于经常在热带航区运行的船舶动力装置,由于冷却水温较高,利用此方法能将 NO_x 的排放量减少 $10\%\sim15\%$。

通过调整喷油规律,减少上止点前喷入气缸的燃油量,或者调整气阀正时,降低最高燃烧温度和压力,均可减少 NO_x 的产生量。另外,改进喷油器结构,如减小喷油器压力室容积,改动喷油嘴喷孔数目、孔径和长度等,也是控制 NO_x 排放的有效措施。

采用柴油机电子控制技术或智能喷射系统,既可以优化柴油机的控制,又可提高柴油机的运行经济性,同时也可实现低 NO_x 排放,无疑是解决发动机低污染排放和保证发动机性能之间矛盾的较好的办法之一。

(4)燃油-水分层喷射

燃油-水分层喷射(Stratified Fuel-water Injection,SFWI)系统,与燃油掺水乳化的方法不同,在柴油机的喷油阶段,该系统将水送至喷油器,使油和水分层喷入气缸,以降低火焰温度。借助该系统,NO_x 排放的减少量几乎与水、油的相对比率呈线性关系。据测定,对于低速柴油机,NO_x 生成量可减少 50%,高速柴油机可减少 70%。特别是对于低速柴油机,如果采用油-水-油-水-油组成的多层喷射,在减少 NO_x 的生成量的同时,燃油消耗率增长量也不大。

该系统给水量是由一个控制器根据发动机的负载和 NO_x 所需削减水平来控制的。在船舶环境下,造水机的容量要相对增大,同时由于不能加入任何防锈剂,因此必须对供水系统的防锈问题加以充分考虑。

（5）选择性催化还原

用氨做还原剂对含 NO_x 的气体进行催化还原处理,使氨能有选择地与气体中的 NO_x 进行反应,而不与氧发生反应,称为选择性催化还原法(Selective Catalytic Reduction,SCR)。选择性催化还原法减少废气中的 NO_x,是利用废气在通过一层特殊的催化剂之前与氨相结合。温度为 $300 \sim 400℃$,使 NO_x 还原为 N_2 和 H_2O。用选择性催化还原法净化 NO_x 时的化学反应如下：

$$4NO + 4NH_3 + O_2 \longrightarrow 4N_2 + 6H_2O \tag{8-13}$$

$$NO + NO_2 + 2NH_3 \longrightarrow 2N_2 + 3H_2O \tag{8-14}$$

选择性催化还原法已作为一般技术用于近海平台固定柴油机装置,而在实际船舶上尚处于试验应用阶段。图 8-2 为船用低速柴油机 SCR 系统的布置示意图。SCR 的反应器为一个独立的装置,垂直立于柴油机旁并通过排气管和阀件与之连接。另一种布置方式是水平设置 SCR 反应器,将其置于增压器之上,该方式更利于机舱的布置。

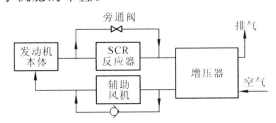

图 8-2　船用低速柴油机 SCR 系统的布置示意图

NO_x 清除的程度取决于比氨量(NH_3/NO_x)。该数值越高,净化率越高；同时,在被处理过的烟气中未被利用的氨(称为氨的流失)亦将增加。氨的流失应尽可能低,这是因为在其下游的废气锅炉或其他热交换器中烟气冷却时,氨可能与排气中的 SO_3 反应,会导致换热面被硫化氨污染。

液氨、氨水、尿素都可用作还原剂。在船舶环境下,采用尿素最合适,因为它安全且易于处理。无论采用哪种还原剂,运行费用和贮存柜容量都是船舶设计和运行时所需考虑的重点。NH_3 是可燃气体,因而其输送管路采用双层管壁并设有必要的透气装置,环形空间中设有 NH_3 泄漏监测器,并通过计算机控制氨的喷射量。

选择性催化还原(SCR)反应器含有多层催化剂。催化剂的容量以及反应器的尺寸取决于催化剂的活性、所希望的 NO_x 净化程度、NO_x 的浓度、烟气压力和可接受的 NH_3 流失量等因素。

船用选择性催化还原系统在较严峻的环境下工作，如采用低硫燃油、机器负载频繁变动等，影响因素较多。催化剂的耐用性对维修时间和运行费用有重要的影响。

选择性催化还原系统利用选择性催化还原技术对柴油机的废气作后处理，可除去高达 95％ 的 NO_x，部分烟气和碳氢化合物亦会被 SCR 中的反应器的氧化作用除去。因此 SCR 技术能够较好地满足一些航区对 NO_x 排放控制较严的要求。SCR 系统装置尺寸大、初投资成本稍高、运行费用高，在负荷变化时难以适当地控制喷入量。另外，在船舶环境下，还原剂的装卸贮存和安全方面都是不容忽略的问题。

8.4　船舶 CFCs 大气污染控制技术

8.4.1　船舶泄漏的 CFCs 对臭氧层的影响

（1）臭氧的生成与分解

臭氧是由氧分子与紫外线的光化学反应生成的，首先氧分子吸收波长 242nm 以下的紫外线后分解成两个氧原子，即

$$O_2 \xrightarrow{UV光} O + O \qquad (8\text{-}15)$$

生成的氧原子 O 与氧分子 O_2 反应生成活性状态的臭氧 O_3，即

$$O + O_2 \rightarrow O_3^* \qquad (8\text{-}16)$$

活性状态的臭氧（O_3^*）与惰性分子（M）冲突后转变成稳定态的臭氧 O_3，即

$$O_3^* \xrightarrow{(M)} O_3 \qquad (8\text{-}17)$$

其次，是臭氧的分解，像这样生成的臭氧吸收波长 242nm 以上的太阳紫外线，分解成 O 和 O_2，即

$$O_3 \xrightarrow{UV光} O + O_2 \qquad (8\text{-}18)$$

这样反应生成的 O 与周围的 O_2 如式（8-16）、式（8-17）那样又反应生成 O_3，所以，O_3 并不减少。O_3 的减少是由于 O 与 O_3 的反应而造成的，而对该反应实际起催化作用的便是诸如 ClO_x、NO_x、HO_x 等微量物质，由这些微量物质

引起的催化连锁反应如下：

$$\begin{cases} Cl + O_3 \longrightarrow ClO + O_2 \\ ClO + O \longrightarrow Cl + O_2 \end{cases} \tag{8-19}$$

$$\begin{cases} NO + O_3 \longrightarrow NO_2 + O_2 \\ NO_2 + O \longrightarrow NO + O_2 \end{cases} \tag{8-20}$$

$$\begin{cases} OH + O_3 \longrightarrow H_2O + O_2 \\ HO_2 + O \longrightarrow OH + O_2 \end{cases} \tag{8-21}$$

$$\begin{cases} 2OH + O_2 \longrightarrow H_2O + O_3 \\ HO_2 + O_3 \longrightarrow OH + 2O_2 \end{cases} \tag{8-22}$$

式(8-18)、式(8-19)、式(8-20)综合后的反应为

$$O_3 + O \longrightarrow 2O_2 \tag{8-23}$$

式(8-22)可表示为

$$O_3 + O_3 \longrightarrow 3O_2 \tag{8-24}$$

实际的分解反应是相互关联的，也是极其复杂的。大气圈的臭氧浓度取决于上述合成、过程与分解过程所占的比率，如果促进大气中臭氧分解的微量元素增加，臭氧的生成和分解平衡遭到破坏，臭氧的浓度会降低。

（2）氟利昂（FREON）对臭氧层的影响

氟利昂是甲烷或乙烷等饱和烃中的氢原子被 Cl 或者 F 等置换后形成的卤代碳氢化合物。20 世纪 30 年代开发生产后，由于无毒、无害和比较稳定，被广泛地用作为制冷机的冷剂、发泡剂等。尽管泄放到大气中的氟利昂比较稳定，在对流层几乎不分解，但进入平流层以后，受太阳紫外光的作用就会发生分解反应。以 CCl_2F_2 为例，其光化学反应便会分解产生 Cl^- 离子：

$$CCl_2F_2 \longrightarrow Cl^- + CClF_2 \tag{8-25}$$

氟利昂在平流层分解产生的 Cl^- 离子，会在平流层滞留几个月，期间就会发生如式(8-19)的反应，一个 Cl^- 离子大概会造成数万个臭氧分子的分解。

8.4.2　氟利昂替代品的开发

图 8-3 列出了甲烷系和乙烷系的氟利昂的化学分子式。向左下方 Cl 原子数逐渐增加，向右下方 F 原子数越来越大。处在最下边位置的 CFC 是甲烷（或乙烷）中的氢完全被 Cl 或 F 置换而形成的不含氢的氯氟烃，它在对流层内是

稳定的,但会破坏平流层内的臭氧。HCFC 是含氢的氯氟烃,在对流层易于分解,对臭氧层的破坏力较弱,只作为替代氟利昂的过渡性产品存在。HFC 是不含 Cl 原子的卤代碳氢化合物,由于其对臭氧层没有破坏作用,作为 CFC 和 HCFC 的替代产品将得到广泛的应用和进一步发展。图 8-4 是预测的破坏平流层中臭氧的各物质所占的比例。

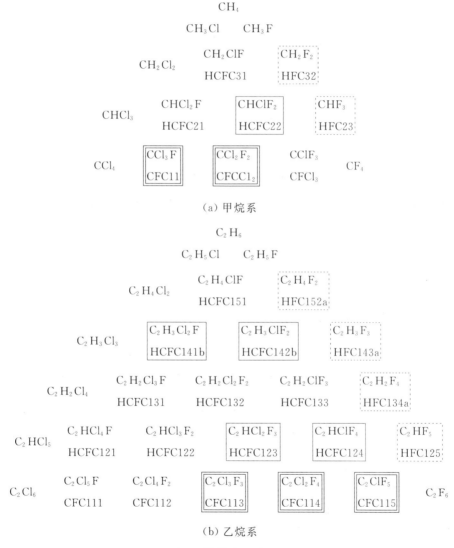

（a）甲烷系

（b）乙烷系

图 8-3　氟利昂的名称与化学分子式

　　由于含 Cl 原子物质在平流层中的分解作用是造成大气臭氧层破坏的主要原因,因此限制使用破坏臭氧层物质的《有关破坏臭氧层物质的蒙特利尔议定书》于 1987 年 9 月正式通过,并于 1989 年 7 月开始执行。当初只局限于 5

种特定的 CFC 氟利昂及含溴的 Halon。在这以后的 1990 年伦敦会议,1992 年
11 月的第四次蒙特利尔议定书缔约国会议上,把原先规定的时间表大幅度提
前,同时追加了数种 HCFC 物质作为规定限制物质。含有特定氟利昂的 CFC
类在 1996 年全部禁用(发展中国家可推迟 10 年),而 HCFC 从 2000 年开始限
制使用,到 2030 年全部废止。

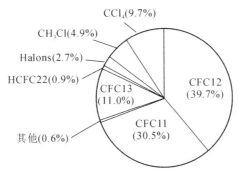

图 8-4　破坏平流层臭氧的物质比例

　　对臭氧层破坏性的强弱用臭氧消耗潜能值(ODP)表示。此外,氟利昂气
体会产生"温室效应",其影响大小用全球变暖潜能值(GWP)表示。选择和开
发氟利昂的替代品不但要考虑到 ODP,还必须考虑其 GWP。同时在氟利昂的
使用过程中,大力开发、研制其回收、再生及再利用系统亦是十分重要的。

8.5　船载液体货物蒸气污染控制技术

　　液货船在营运过程中,船载液体货物蒸气泄漏主要表现为:
　　(1)向储油罐、油舱及火车罐内装液体货物时,罐(舱)内等体积的油气或
化学品蒸气被置换顶出罐(舱),通常称其为罐(舱)的"大呼吸"。
　　(2)因环境温度变化,罐(舱)内浓度较高的混合气由于膨胀而被排出,通
常称其为罐(舱)的"小呼吸"。
　　(3)因密封不严或管理不善而造成的跑、冒、滴、漏。
　　目前,国外一些发达国家已全部采用了全密封装卸技术,其中包括全密
封装船输油臂、装车(罐)输油软管系统等。经密封收集的高浓度石油气或液
化气被集中后送至存储罐,经一定的冷凝装置又变成液体货物而加以回收。
另外,采用浮顶罐可以大大减少储油罐的"大呼吸"损失;将储油罐四周涂上
不吸光材料,可以有效减少其"小呼吸"损失。
　　油船在装货过程中,石油中大量轻组分会蒸发出来排放到大气中,这些

油气通常被称为挥发性有机化合物（VOCs）。油船装载石油在不同航行条件下（如热带海域，或因风浪引起油面溅荡），也会有一定量的 VOCs 要通过透气管系不断排至水域大气中。这些烃类混合物排放到大气中，不仅浪费了大量能源，而且对大气环境造成严重污染。为了保护环境不受污染，一些国家已经作出了控制油船蒸发气排放的规定，要求装载原油、调和汽油和苯这三种货油的油船必须装备"油蒸发气排放控制系统（VECS）"。挪威当局制定了关于 VECS 的检验程序，美国海岸警卫队也制定了 VECS 规则。

8.5.1　油蒸发气排放控制系统

油蒸发气排放控制系统（VECS）工作原理见图 8-5。考虑到设计和装备的限制和附加要求，VECS 应具备：（1）封闭式舱顶空当测量装置和采样装置；（2）货油液位报警（高位报警、溢流报警和满出报警或称高位报警）；（3）高／低压报警器；（4）蒸发气控制、收集系统。

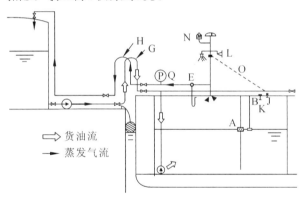

图 8-5　VECS 工作原理图

蒸发气收集管系应符合钢质海船人级规范的要求，并且这一管系应是永久性地安装的。在收集管系中应提供一个低点位置，以收集蒸发气凝结的液滴，使其回收到油舱内。蒸发气收集系统应不妨碍货舱通气系统的正常操作。为了便于岸上回收货油舱蒸发气，收集系统应具有与岸上的软管或管臂连接的连接机构（图 8-6）。在连接机构上有一个绝缘法兰，法兰盘凸缘上有一个直径 13mm、长 25.4mm 的定位销。绝缘法兰与收集管系之间有一闸阀将两者接通，并将其关闭使蒸发气封闭在舱内。这样的连接机构应在左右两舷各设一组。在蒸发气收集管系的连接机构前面的最后 1m 管路上必须涂上红色／黄色／红色标记，并写上黑色字母"VAPOUR"。闸阀上应显示出打开或关闭的位置,作为提示。与蒸发气收集管路连接机构连接的软管上,也有一个绝缘法兰,并在其凸缘上设有一个与连接机构法兰上的定位销相对应的直径 16mm 的孔,以便连接安装时准确定位。连接软管在最大允许工作压力至少为 0.034MPa 和 0.014MPa 的真空压下不致破裂。软管爆裂压力不得小于 5 倍的最大允许工作压力。软管安装应具有连续性。软管每一端最后 1m 必须涂上"红/黄/红"颜色,并标上黑色字母"VAPOUR"。

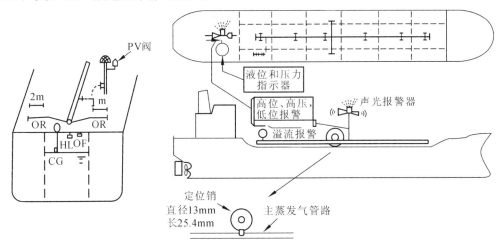

图 8-6　VECS 与岸管连接机构

8.5.2　燃用 VOCs 系统

VECS 的采用大大地减轻了对大气的污染,但同时会使得船东不得不增加额外的投资和维护管理费用。为此,欧洲北海上最大的穿梭油船船队经营者——挪威国家石油公司(Statoil)联合著名的 MAN&W 柴油机公司开始进行一项新的探索和研究,提出了油船主机燃用 VOCs 来代替重油的设想,将油船装货和航行过程中蒸发出来的 VOCs 处理后作为主机燃料,从而既节省能源,又减轻对大气的污染,使排放符合规则要求。

此项技术要求柴油机既可燃烧 VOCs,又可在必要的时候(如 VOCs 供给系统故障)转换为烧重油,以保证船舶动力。其工作原理如图 8-7 所示。

油船主机燃用 VOCs 要求配备以下装置:VOCs 清洁和压缩冷凝装置;VOCs 储存容器;高压 VOCs 供给泵;VOCs 预热和喷射系统(在柴油机体上)。在原油操作尤其是在油田向油船上装货油时(此时 VOCs 释放量为最多),蒸发出来的 VOCs 和惰气通过管系送至收集装置进行清洁和压缩。在一定压力

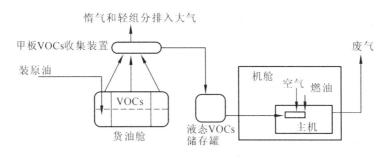

图 8-7 燃用 VOCs 系统

下，VOCs 中的丙烷、丁烷（液化石油气）和更重质烃类将凝结成液体，惰气和少量的轻质成分（如甲烷、乙烷等）保持气体状态并被排放至大气中，液态 VOCs 被分离转送至储存器中。液态 VOCs 可在常温下存于高压容器内，或是在大气压下降温至 −40℃ 或更低存于绝热的低温容器内。

主机燃烧 VOCs 时，用往复泵从储存柜中将其抽出并加压至 40MPa 送往主机，往复泵带有流量调节装置来保持进口压力稳定。在进入主机前，高压 VOCs 被加热至 80℃ 左右的高温，以保证喷射时 VOCs 降压蒸发带走大量热量的情况下，高压管不致温度太低而结冰。经过预热后的高压 VOCs 在喷入少量重油（相当于额定负荷喷入量的 8%）后立即喷入燃烧室，少量燃油的预先燃烧是为了保证 VOCs 喷入后安全、稳定地燃烧。VOCs 喷射阀的启阀是靠一个计算机控制的控制阀来控制高压滑油而用液力实现的，因此喷射不正时可以调整。

8.6 粉尘污染及其防治技术

8.6.1 粉尘污染概况

散装货物的船舶在装卸 — 转运 — 储存过程中产生的易于散发粉尘的主要物质有煤炭、散粮、矿石、散盐、散化肥、砂石、散木材等。其中煤炭、散粮、矿石是主要的三大固体散货，由此产生的粉尘污染问题比较严重，主要是发生在船舶的装卸港口，污染严重时会造成港口附近局部区域空气混浊、能见度下降。

港内最易产生粉尘的环节有：

(1) 各种装卸机械联合作业转接处高差落料，细微颗粒随风飘扬；

(2) 装卸机械在舱口处抓斗抓放、起吊提升、漏斗落料、皮带机转接输送；

（3）斗轮机堆料取料，皮带机入库或下放装船；

（4）堆场堆料表面随风扬尘；

（5）残留物清扫扬尘。

粉尘的扩散速率与气流脉动速度、空气稳定度、悬浮高度、粒径大小、相对密度、湿度、货种、地表状况、装卸工艺设备、作业情况等多种因素有关。

煤炭、矿石港口的装卸工艺大多为露天装卸和堆存，因此，装卸存贮方式、工艺设计环境保护水平、物料特性（如粒度分布、含水量等）和气象因素是决定粉尘污染程度的关键因素。目前的港口设计一般能够做到：在皮带机转接处加以局部半封闭；皮带输送机加防尘罩；散货装卸工艺大多为密闭装卸和筒仓储存。当设备密封性差、吸尘系统出现故障时，由于一般散货、粉尘含水量低、粒径小、相对密度小，所形成的积尘极易构成二次扬尘。

8.6.2 防治粉尘污染技术

目前防治港口粉尘污染一般有湿法防尘、干式除尘和综合防尘等几种形式。

（1）湿法防尘

湿法防尘主要是对堆场喷水以达到防尘目的。煤炭和矿石表面若含水率高、湿度大，则起尘率低。当表面含水率超过 6% 时，可保证基本不起尘；其次，喷水水雾与扬尘结合，增加了粉尘重量和微粒相互间的黏结，促使扬尘迅速沉降。由于具有控制起尘和抑制扬尘双重作用，因此喷水除尘的除尘率一般可达 80%。

喷水除尘简单易行，投资少，效果好，维修使用方便。为提高除尘率，一般要求水雾液滴与粉尘颗粒粒径相等或接近，这样更容易使它们黏结。水滴过大，比表面积过小，则与粉尘结合率小；水滴太小，则易于蒸发而起不到降尘作用。喷水降尘的主要缺点是用水量大，海港均由城市供水管网供应生活用水，因此单靠生活用水难以满足要求。其次，北方港口冬季无法解决防冻问题，因此将近 3 个月喷水设备不能运行和使用，达不到要求。此外，喷水防尘易使排水变黑，形成二次污染，而且也会不同程度地造成物料流失。近年来在喷水降尘基础上发展出的各种各样的除尘方式，均比常规喷水除尘效率高。

① 磁化水除尘

把水通过强度为 2200A/m 的强磁场,使水磁化,可提高喷水降尘效率。磁化水流速为 0.3 ～ 0.5m/s,降尘效率最高。对煤炭粉尘可以使降尘效率提高 2.8 倍,对矿石粉尘可提高 2 ～ 3 倍。

② 湿润剂除尘

湿法作业主要用水除尘,但粉尘都有不同程度的疏水性,且不易被水湿润,因而降低了除尘率。添加剂的使用使得堆料表面张力减小,湿度增大,起尘量减小。在港口供水不足或气象条件受到限制时,加入添加剂具有突出意义。

添加剂降尘机理:湿润物质具有特殊结构,其分子是由亲水基、疏水基两种不同性质的基团所组成。湿润物质溶于水,液面就会形成亲水基朝向水液、疏水基朝向空气的湿润剂分子的定向排列层,隔断液体表层与空气的接触,使得液体表面能大大降低,水和粉尘的湿润能力增强。

湿润剂分为阴离子、阳离子和非离子三种。水与湿润剂的配比取决于化学试剂的性质,通常试剂与水的比例是 1∶3500。水 / 湿润剂混合物用泵从水槽打入输送管道,然后才进入管道上的喷水管嘴。这是目前国外煤炭转运港常用的防尘系统。它的使用寿命长,除尘率一般为 70% ～ 90%

我国生产的湿润剂主要产品有烷基磺酸钠、烷基苯磺酸钠、α- 烯基磺酸钠、脂肪醇硫酸。

③ 泡沫除尘

表面洒水对降尘有一定的控制,但煤炭含水量增大;水 / 化学试剂混合物喷洒效果较好,同样也存在水分增大的问题。最好的方法是将这些混合物通过细微喷嘴,在一定的压力下以泡沫的形式喷在堆料或转运点表面,喷洒的泡沫覆盖和湿润了粉尘表面,因而有效地防止起尘。这种方法的关键技术是泡沫剂的制成。泡沫基本是由 98.2% 的水和 0.2% 的泡沫剂以及一种添加剂配制而成的。体积倍数达 300 多倍,泡沫性能稳定,吸附性好,湿润性强,能及时破泡。无毒无味,泡沫破裂后粉尘也不会游离,降尘率达 98%,比水雾降尘优越得多。细微喷嘴的设计、制造与煤尘粒径有关,使用时只要将泡沫发生器装在设备上即可。

采用泡沫除尘,能节约用水近 1 倍,如合理地安装和使用这套系统,冬季防尘也是可以做到的。

（2）干式除尘

① 密闭尘源

为有效防止粉尘在运输过程中扩散飞扬，在皮带机廊道和转接房用弧形铁皮罩进行密闭，即使在大风天气下，皮带机上的粉尘仍无法飞扬。现代煤炭转运站连同堆场都设置在封闭厂房内，对周围环境不产生任何影响。

② 集尘装置

集尘是最基本的防尘方法。集尘装置形式较多，最常用的是过滤式，即强气流通过过滤器，将粉尘收集在过滤器上，以达到防尘的目的。过滤器类型不同，效率也不一样。如中心集尘器（布袋式），它是由导管引气流而集尘，使用寿命较长。若设计和使用得当，空气净化率达 93％ 以上。由于集尘器集尘中心到出口需较长导管，并需较大电机带动风机以增大压差来产生足够气流，因此设备成本较高。除过滤式集尘器外，其他集尘器简介如下：

重力沉降式集尘器：将含尘气体导入空室中，利用粉尘自身重力作用而分离沉降。

惯性分离式集尘器：使气流方向发生剧烈变化，利用粉尘自身惯性而将其从气流中分离。

离心式集尘器：使含尘气体做旋转运动而获得离心力以达到分离的目的。主要产品有旋风分离器、多管式旋风分离器、旋风湿式分离器。

洗涤式集尘器：使含尘气体与液滴或液膜进行碰撞或接触，把粉尘捕集到洗涤水中而进行。

静电式除尘器：利用电晕放电使含尘气体带电，通过静电作用进行分离。

超声波集尘装置：含尘气体受超声波振动，尘埃相互碰撞，凝聚成粗大粒子而达到集尘目的。

③ 黏结剂除尘

采用特制的黏结剂涂撒在煤炭或坑道周围，使细微颗粒的飘尘碰撞在黏结剂上，不再起尘而达到降尘的目的。

对于堆放时间较长的堆场，不易产生静电，可喷洒上一种化学试剂，在堆场表面形成硬壳，厚度一般为 0.8cm，贮存期可达几个月甚至 1 年。这种硬壳长时间储存，结合紧密，使用安全，能较好地抑制堆场扬尘。对于输出港，由于堆料在堆场停留时间短，因此不宜采用这种方法。

（3）综合防尘技术

任何一种单一防尘措施，都难以达到国家卫生标准的要求，港口应以某一种或两种为主，辅以其他措施。常用方法是，装卸场地以喷水降尘为主，同时再沿堆场周围布置防尘网或采用绿化降尘达到除尘目的。

绿化在防尘、改善港区环境方面起着特殊作用，它具有较好的调温、调湿、吸尘、净化空气、减弱噪声、改善港区小气候等功能。

9　防治内河船舶噪声污染

自 18 世纪瓦特发明蒸汽机翻开人类工业革命的新篇章以来,噪声污染便随着现代科技的迅速发展而日益严重。早在 20 世纪 70 年代,发达国家就已将噪声作为船舶建造的一项重要指标。船舶噪声由其自身设备工作时以及外界风浪等拍击船体时发出的不同频率和不同强度的声音无规律地组合而成。它包括存在于舱室部位的空气噪声,存在于船体结构中的结构噪声(即振动),以及存在于船体周围水介质中的水噪声。这些噪声不仅损害船员的健康,妨碍船员的正常工作,而且易造成船体结构的疲劳、破坏,所以控制船舶噪声十分必要。

9.1　船舶噪声污染源及其危害

9.1.1　船舶噪声污染源

9.1.1.1　噪声定义

噪声也称为环境噪声,是指在工业生产、建筑施工、交通运输和社会生活中所产生的干扰周围生活环境的声音。

噪声污染,是指所产生的环境噪声超过有关的环境噪声排放标准,并干扰他人正常生活工作和学习的现象。

交通运输噪声,是指机动车辆、铁路机车、机动船舶、航空器等交通运输工具在运行时所产生的干扰周围生活环境的声音。

船舶噪声,是指船舶在营运中产生的干扰或可能干扰周围生活环境的声音。

9.1.1.2　船舶噪声污染源

船舶噪声按声源的不同可分为机械噪声、螺旋桨噪声和水动力噪声三大类。螺旋桨噪声和水动力噪声主要取决于船体结构、形状、重量以及主动力装置的功率、布置形式、机座刚性和螺旋桨的结构形状等。

(1)动力装置噪声

动力装置的噪声主要包括主机、柴油发电机组、齿轮箱及主机与副机的排气管发出的噪声。它是船上最强的噪声源,该噪声的强弱决定了柴油机的噪声级。它既有进、排气系统空气动力噪声,又有运动部件的撞击和主机本身不平衡而产生振动所造成的机械噪声。

① 由主机进气空气流动产生的噪声

例如,功率为 5000kW、燃油消耗率为 200g/(kW•h) 的柴油机,当其过量空气系数为 2 时,每秒所需空气量约为 8kg,在标准状况下空气流量为 6.2m³/s,如果进气管直径为 0.35m,则其平均流速可达 64m/s,再考虑到各缸的进气必然存在间断性和不均匀性,于是在进气管中就会出现空气动力噪声并向四周传播,形成空气动力噪声场。

② 排气噪声

主要有排气压力脉动噪声、气流通过气阀等处发生的涡流声、由于边界层气流扰动而发生的噪声和排气出口喷流噪声。在多缸柴油机排气噪声的频谱分析中,低频处有一明显的噪声峰值,即低频噪声。这是由于柴油机每一缸气阀开启时,缸内燃气突然高速喷出,气流冲击到排气阀后面的气体上,使其产生压力巨变而形成压力波,从而激发噪声。由于各缸排气阀在指定的相位上周期性进行这一过程,因而这是一种周期性的噪声。柴油机的排气管中还存在气柱的共振噪声,气流喷射噪声、气流与气道壁形成涡流噪声也包含多种频率成分,一旦与共振频率吻合便会激发噪声。

排气系统中气体的共振在主机与烟囱之间的排气中形成强烈的压力脉动(驻波),除了引起涡轮鼓风机和排气管系统的振动外,还可在船舶烟囱附近产生振动,在这种情况下,人们会感到噪声如一种遍布全身的"压力"。在桥楼产生的高噪声级的噪声源,最常见的就是这种排气噪声。

③ 来自增压器气流的噪声

对废气涡轮增压器来讲,空气与压缩机叶片之间的相对速度很大,在叶片附近必然会出现大量涡流,在形成强烈而尖厉的空气动力噪声的同时,激励叶片振动而发出噪声。

④ 柴油机的燃烧噪声

柴油机的燃油喷入缸内发火燃烧的初期(相当于速燃期),缸内压力上升速度非常快,形成很高的压力波动,由火焰中心向四周传播,形成燃烧噪声场。柴油机在较高负荷区工作时发出的低沉噪声就是它产生的,但由于缸套的隔离,声强级并不太高。该压力波传至缸套时还将引起缸套振动而发出噪声。

⑤ 金属撞击和摩擦噪声

柴油机的配气机构之间、气阀和阀座之间、高压油泵的滚轮和柱塞之间、喷油器的针阀和阀座之间、活塞裙部和缸套之间等许多地方都会产生金属撞击和摩擦噪声,这些噪声大都属于高频域。当气阀间隙偏大或凸轮形状磨损较多时,声强级也可达到较高的程度。

⑥ 液压冲击噪声

液压泵(例如齿轮式滑油泵)运行时,其中液体的压力有明显的周期性变化,从而产生液压冲击噪声。柴油机高压油管内的油压变化幅度非常大,更会产生不容忽视的液压冲击噪声。

⑦ 结构激振噪声

机器内部的激振能量经机架被传递到基座法兰(或地脚螺栓),又通过船舶双层底传向船体,船体开始振动并产生噪声。

⑧ 减速齿轮箱噪声

减速齿轮箱噪声也是机舱里的主要噪声源之一,在正常状态时小于主、副机噪声,如果齿轮加工和安装精度都很差,那么减速齿轮箱有可能成为机舱里很强烈的噪声源,其声功率级可能与主、副机不相上下。

⑨ 电动机噪声

机舱里电动机的噪声与其他船用设备相比是较低的,如果其位置特殊也应予以考虑。电动机的噪声包括机械噪声、空气噪声和电磁噪声。

(2)辅助机械噪声

辅助机械包括各种舱室机械(如水泵、油泵、风机、锅炉等)、甲板机械(如货物装卸设备、锚机、绞缆设备以及各种挖泥机等工作机构)等。

锅炉噪声主要在燃烧室附近较明显,自然通风时主要源于空气卷入火焰及可燃物小团粒的随机爆裂;人工通风时通风机是主要的噪声源。液压系统的噪声,可能来自液体动力引起的冲击力、脉动、气穴声和机械振动及管道、油箱的共鸣声等。空调通风系统也是船舶舱室主要噪声源之一,其主要声源是通风机,其次是空气在管道、布风器和各种换热器中高速流动产生的噪声。

（3）螺旋桨噪声

螺旋桨噪声的强度较主、副机噪声的强度要弱，影响范围也主要限于尾部舱室。其噪声性质可分为两种：一种是低频噪声，由桨叶和流体相互作用的流体动力效应及水流冲击尾柱而引起；另一种是"空泡"引起的叶片振动而产生的高频噪声。

（4）船体振动噪声

船体振动噪声是由主、副机振动及螺旋桨扰动和各种机械及波浪的冲击引起的振动而产生的。船体在波浪的作用下周期性的变形也会使壳板之间产生摩擦声，并因此而使船体结构发出各种倾轧声。

船舶机舱噪声最高值均出现在副机（柴油发电机）或主机增压器区。副机和主机增压器为机舱两个强噪声声源，其中副机更为严重，对船员危害更大。

9.1.2　船舶噪声污染的危害

由于在港口、锚地和通航密集的江河、运河等特殊水域中会大量集结营运船舶，船舶噪声会直接影响到周围的环境，当噪声超过一定的标准值（36dB以上）时，会使长期身在其中的人发生头昏、耳鸣或产生烦躁情绪等症状，严重者还会导致耳聋或引发其他疾病。船舶超标准噪声的存在会给周围的其他人产生影响，也给作业人员带来极大的健康损害。在我国的长江流域一带的运河水域，由于长期存在挂桨机船舶，这种简单安装柴油机的简易船在营运中机器的排气产生极大的声响，当这些船舶沿着运河穿越城镇时，沿岸的居民都深受影响，不能专心学习和工作，更不能休息和睡眠，这是典型的环境噪声污染损害。另外据统计，船舶上的工作人员中，长期任职的轮机人员的听力就远不如驾驶人员，这就说明了噪声污染损害对船舶环境本身也是十分严重的。噪声对人的危害概括为以下几个方面：

（1）噪声对语言清晰度的影响

语言清晰度，一般是指能听懂发言者所讲的无连贯意思的单字的百分率。如以正常声音准确的发音发出 100 个单字，对方听了 70 个字，那么，其清晰度为 70%。因此，在无法进行交谈的船舶机舱，其语言清晰度自然接近 0%了。通常，声级在 50dB 以下的环境算是安静的。当噪声达 55dB 时，语言清晰度只有 68%，会话距离只有 2m 左右；当噪声达 60dB 时，语言清晰度只有 62%，会话距离缩小到 1m。在 84dB 的噪声环境里，人们交谈已很困难，而在 90dB 的噪声环境里则无法交谈。语言清晰度,对某些使用有声学要求的场合,如陆上电台广播室、影剧院,船上无线电室、驾驶室、会议室、上课教室等,则是一个很重要的声学指标。

(2)噪声影响人的休息并引起烦恼

人在休息或睡眠时,如果安静的环境被破坏,而不能得到休息和睡眠,则会产生烦恼。而其烦恼程度还涉及每个人复杂的心理状态和不同的主观因素,并与噪声性质、发生时间等有关。如人对脉冲噪声比对连续噪声更感到讨厌。而讨厌程度又取决于脉冲声强度、发生次数、频率以及每个人的主观反应。如夜间听觉灵敏度较白天的高,所以当夜间遇到强噪声时,就觉得噪声比白天响得多,也更为讨厌,更使人烦躁。

(3)噪声对人听觉的损伤

噪声损伤听觉,最常见的是"听觉疲劳",即在噪声作用下,人的听觉灵敏度暂时下降,过后很快就会恢复。这种现象也称"暂时性听力损失"。而当听觉长期暴露在强噪声环境中,听觉灵敏度下降会变成长期的,以后不能再全部恢复,即造成"永久性听力损失",或称"永久性噪声耳聋"。听觉损伤程度主要取决于噪声的强度、频率及听觉暴露时间,噪声的强度、频率高,人的听觉暴露时间长,则导致听力损失的可能性就大。表9-2给出了部分环境噪声的A声级及对应的主观感觉。

表 9-2　部分环境噪声与人的主观感觉

声级 /dB(A)	环境(声源)	人主观感觉
20 以下	静夜、消声室内、郊区农村	静
20 ~ 30	轻声耳语、图书馆、很安静的房间	安静
40 ~ 60	普通室内谈话	一般环境
60 ~ 70	普通对话、较安静的街道	吵闹
80	城市街道、收音机、公共汽车内	太吵闹
90	重型汽车、泵房、很吵闹的街道马路	很吵闹、烦恼
100 ~ 110	空压机、柴油发电机、一般增压器、船舶机舱	很难受、听力损伤
110 ~ 120	高压风机机房、球磨机、高压增压器	痛苦
120 ~ 130	高射机枪、风铲、罗茨风机、螺旋桨飞机	很痛苦
130 ~ 140	喷气式飞机、风洞、大炮、高压大流量放风	非常痛苦
160 以上	火箭、飞船、导弹、耳边步枪发射	对人产生生理危害

通常,在大于 90dB(A) 的噪声环境下长期工作,就会导致人听觉迟钝和永久性听觉损伤,造成噪声耳聋。所以,国内外一般都把 90dB(A) 作为听力保护标准。随着环境科学和噪声控制技术的发展,目前趋势是把听力保护标准提高到 85dB(A)。

(4) 噪声影响工作

噪声影响人的休息、睡眠,使人烦躁,这是影响工作的一个重要方面。噪声的干扰会分散人的注意力。对处于阅读、计算、教学、医疗、办公等工作状态下的每一个人,每一时刻都在进行新的思考,噪声干扰将直接影响其思考过程,致使其工作发生差错;在进行复杂的设备操作管理过程时,强噪声的干扰,可以造成操作事故。不连续的高声调比连续性噪声更为有害。突然而来的高声调强噪声,会使人惊恐、工作失手,甚至发生事故。

(5) 噪声危害人的健康

人长期暴露在强噪声环境中,除产生暂时性或永久性听力损失外,根据卫生部门的研究,最常见的生理现象是引起肾上腺活动增加,影响人体的新陈代谢,容易使人产生疲劳、头脑发胀、神经过敏等现象。更为严重的是还可能引起某些疾病:几十赫兹的低频强噪声,可引起人体各部位共振,从而影响呼吸、脉搏、血压、肠胃蠕动,会造成人头晕、视力不清等;高频强噪声能引起人神经错乱、神经机能衰退;间歇性强噪声则能使人恐惧、惊慌、心律失调。实践证明,长期在噪声严重的环境中工作的人,大多数容易得头晕、失眠、多梦等神经衰弱症和恶心、呕吐、消化不良等肠胃病,以及血压升高、心跳加快、心律不齐等心血管系统病。

9.2　防治船舶噪声污染的法律要求

现行的法律对噪声污染的控制主要体现在对噪声声级的限制。

9.2.1　噪声声级

人耳对声音强弱的感觉,不仅同声压有关,而且同频率有关。例如,人耳听声压级为 67dB、频率为 100Hz 的声音,同听 60dB、1000Hz 的声音主观感觉是一样响。因此,在噪声的主观评价中,有必要确定声音的客观量度同人的主观感觉之间的关系。在这种情况下,人们建立了响度和响度级的理论,并用实验的方法测出感觉一样响的声音的声压级和频率的关系,绘成一组曲线(称为等响曲线），曲线通过 1000 Hz 的声压级的分贝数，称为这条曲线响度级的"方"数。

在 20 世纪 30 年代，人们为了用仪器直接测出反映人对噪声的响度感觉，便从等响曲线中选取了 40 方、70 方、100 方这三条曲线，按这三条曲线的反曲线设计了由电阻、电容等电子器件组成的计权网络，设置在声级计上，使声级计分别具有 A、B、C 计权特性。用声级计的 A、B、C 计权网络分别测出的声级即为 A 声级、B 声级和 C 声级。人们总结具有 A、B、C 计权特性的声级计近 40 年的实际使用经验，发现 A 声级能较好地反映人对噪声的主观感觉，因而在噪声测量中，A 声级被用作噪声评价的主要指标。B 声级已基本不采用，C 声级有时用作代替可听声范围内的总声压级。

9.2.2　法律要求

随着社会的发展、人民生活水平以及素质和法律意识的不断提高，噪声污染损害已经越来越被人们所重视。我国于 1996 年 10 月以国家主席令第 77 号颁布施行了《中华人民共和国环境噪声污染防治法》，第一次把环境噪声污染的防治以国家法律的形式加以确定，确立了环境噪声污染的防治监督管理的规定和程序，使我国的环境噪声污染的防治工作有法可依。

《中华人民共和国环境噪声污染防治法》于 1996 年 10 月 29 日由八届全国人大常委会第 22 次会议通过，自 1997 年 3 月 1 日起施行。该法实施以来，在我国防治环境噪声污染、保护和改善生活环境、保障人体健康等方面发挥了重要作用。主要是：(1) 加强了各级政府对环境噪声污染防治工作的领导；(2) 建立了环境噪声污染防治的监督管理体系；(3) 推动了环境噪声污染防治技术的研究与开发应用；(4) 环境噪声污染防治取得了一定成效，特别是一些城市的局部声环境有所改善。

我国已正式颁布有关内河船舶噪声级的国家标准《内河船舶噪声级规定》(GB 5980—2009)，简称《内河标准》和《船上噪声测量》(GB 4595—2000)，简称《测量》。

《内河标准》制定的目的在于规定内河船舶舱室噪声级的最大限制值，并为船舶的设计、制造、检验和使用部门提供对噪声的评价依据。它适用于货船、油船、客货船、推（拖）船、旅游船及挖泥船，当然其他船舶也可参考执行。

《内河标准》对船舶的分类和常用场所的噪声级限制值的大小作了详尽

的划分和规定,为了规定噪声级的限制值,将船舶类型划分为 3 类,见表 9-3。对噪声声级限制值的规定见表 9-4。

表 9-3 内河船舶类型划分

类别	船长(两柱间长)/m	连续航行时间 /h	备注
I	$L \geqslant 70$	$T \geqslant 24$	1. 本表不包括内河高速船; 2. $T < 2$ 时参照第 III 类船舶
II	$L \geqslant 70$	$12 \leqslant T < 24$	
	$30 \leqslant L < 70$	$T \geqslant 12$	
III	$L \leqslant 30$	—	
	—	$2T < 12$	

表 9-4 内河船舶噪声级的最大限制值　　　　　　　（单位:dB）

部位		最大限制值			
		I	II	III	其他
机舱区	有人值班机舱主机操纵处	90			内河高速船可参照执行
	有控制室的或无人的机舱	110			
	机舱控制室	75		—	
	工作间	85			
驾驶区	驾驶室	65		69	
	报务室	65		—	
起居区	卧室	60	65	70	
	医务室	60	65	—	
	办公室、休息室或舱室	65	70	75	
	厨房	80		85	

对船舶噪声进行评价的目的,是确保广大船员的健康,改进服务质量,保障营运安全。为此,许多国家以及国际标准化组织(ISO)和国际海事组织(IMO)都分别提出了有关船舶噪声的“标准”、“规定”及其测量方法等条款;我国交通部也根据国家标准局下达的任务于 1982 年分别制定《运输船舶舱室噪声标准》(JT 4517—82)和《运输船舶舱室噪声测量方法》(JT 4518—82),并正式颁布,于 1983 年起在全国贯彻执行。

《运输船舶舱室噪声标准》是在反复测试及调查研究的基础上结合我国国情而制定的,考虑比较全面。鉴于船用机电设备本身的噪声相当严重,要在无控制室的机舱主机操纵处完全达到标准是比较困难的。尤其是船长小于

70 m 的船舶和已营运的船舶,就更难满足标准要求。但是为了保障船员的健康,改善服务质量,促进修造船技术的发展,各修造船厂、各船舶主管部门及船主都应采取多种噪声控制措施,使之尽量符合标准。确有困难,也应实事求是地对待,一面加强个人防护,一面采取一切措施,将超过标准的舱室数量减少到最低限度。

IMO 在 1980 年颁发了《船舶噪声级规程》,该规程在总则中指出:本规程是为了防止船上出现超标准的噪声,向船员提供一个可被接受的环境而设计制定的。该规程对下列各方面提出建议:

(1)在目前把噪声限制到无潜在伤害的声级还不现实的情况下,应防止船员因噪声而产生听力损失。

(2)噪声级和噪声暴露的测量。

(3)船员通常所在地区的最大容许噪声级。

(4)通常可用于船上的降噪措施。

IMO 规程还特别指出,降噪措施适用于总吨为 1600 以上的新船,相当规模的现有船舶和小于 1600 总吨的新船,若认为该降噪措施合理可行,则也可应用。

就现有资料来看,世界各国有不少参考《声学 —— 船舶上噪声的测量》[ISO 2923—1975(E)]或《声学 —— 内河航道和港口内船舶辐射噪声的测量》[ISO 2922—1975(E)],以及 IMO 1980 年颁发的《船舶噪声级规程》,分别制定本国的船舶噪声标准和噪声测量方法,总的目的都是保护船员身体健康。

9.3 船舶噪声控制技术

9.3.1 技术控制方法

船舶噪声控制的办法:首先是使用噪声小的主机、副机和螺旋桨,并且合理地安置噪声源使其传播较少的声音和振动能量;其次是合理进行船舶舱室的布置,将机器或整个机舱与船上其他部分隔绝开来,并增加噪声在结构中的传输损耗,使之传播噪声很小;最后,对被害者提供被动保护。

声源控制是噪声控制中最根本、最有效的手段,如改进机器的动平衡,隔离声源的振动部分,使用阻尼材料,改进润滑,改变共振频率及破坏共振等。传输途径中的控制是最常用的方法,如隔声、隔振、吸声等都是有效的措施,可以起到事后补救的作用。在工厂设计及船舶上层建筑布置中,合理布置结构可对减少噪声干扰起到重要作用;使用机罩、消声器等也可从接近声源处降低噪声;用不同材料使传输途径不连续亦可控制结构噪声。

（1）选用低噪声的新设备

降低船舶机械噪声首先要从源头抓起,尽量选用低噪声的设备以降低声源的声级和振级。设计合理、制作精良的机械,其特点是运动部件的质量较轻,并能保持良好的静平衡与动平衡状态,齿轮传动啮合精准,多以滑动轴承代替滚动轴承,润滑良好等,因而能达到较低的噪声水平。为此,建议船厂在订货或采购机械设备时选用技术力量雄厚的配套厂生产的产品,并将噪声这一综合技术指标作为衡量机械质量的技术条件写入购货合同,作为验收购货的依据。

（2）设备安装应注意减振降噪

主动力装置在船上定位、安装须严格按照轴系拉线、锉孔,遵循安装工艺。其他机械设备也须按其安装工艺精工细作,并尽可能采取一切减振降噪措施。

对主机的结构噪声,一般通过选用减振、隔振材料,使主机与机座间的刚性接触变为弹性连接,以防止或减弱对振动能量的传播。小型高速主机上可采用弹性支承,如橡胶或特殊塑料将机器与船体隔开,从而达到降低噪声的目的。

试验验收时须将噪声作为一个重要的验收指标(单个设备测量噪声有困难时,可通过舱室噪声来规范),否则后患无穷。例如:某船主机为2台12PA6280柴油机,主机与船体基座采用刚性连接。技术规格书要求满负荷工作时,噪声不大于110dB(A),但没有注明是台架试验还是航行试验,是单机还是双机。最终台架试验仅有一台主机的噪声记录为104.5dB(A),而航行试验时,噪声大的一台主机噪声达112dB(A)。噪声无法整治,用户也无法接受。航行试验后,被迫拆检主机各主要运动部件,寻找噪声大的原因,经专家会审,认定主要影响因素是主机的振动烈度。因而又对2台主机重新进行满载试验,测得主机的最大振动烈度为8.13mm/s,该值小于振动规范要求的振动烈度标准11.00mm/s。尽管最终得出了噪声不超标,主机正常,用户可以放心使用的结论,但就是因为这次主机噪声标准要求的不严密,船厂与主机厂先后花了一个多月的时间和大量的人力、财力,并被迫延长使用方的主机保修期,损失惨重。

（3）机器噪声控制

机舱是船舶动力装置的集中地，在以大型低速柴油机为主机的机舱里，噪声主要是空气噪声；以中速柴油机为主机的机舱，其噪声由强度相当的空气噪声和结构噪声混合而成；以高速柴油机为主机的机舱里，则主要是结构噪声。机舱控制噪声的主要措施有：

① 加装消音设备

对机器进排气口、管壁的空气噪声或辐射空气动力性噪声最强的部位加装消音器和采用绝缘层。二冲程柴油机普遍采用定压增压方式，在气缸废气出口和增压器之间安装一个大的废气总管，若其安装位置适当（比如靠近声源），则会具备消声器的作用，尤其是减弱低频的废气噪声。

② 设置封闭隔音罩

对小型机器或产生高噪声的设备，装设封闭隔音罩将其全部围起来。对于噪声大于 100dB（A）的强机械噪声源（主要来自固体噪声），可以采用隔声罩加以控制。隔声罩的声学结构是综合隔声、吸声和阻尼等抑制噪声的机理而设计的，可以隔离机器声源，使机器辐射的噪声在罩内被吸收和隔绝。进入隔声罩并激起罩壳振动的声能由于阻尼作用（摩擦变成热能）而被消耗，这样可达到抑制噪声的目的。需注意的是，隔声罩壳内表面必须具有吸声层，壳体结构须采取弹性安装等阻尼措施以减弱罩壳的振动，特别是与机械的共振。隔声罩必须严实无漏洞、密封性能好且必须尽量避免驻波效应才能达到良好的效果。若需考虑被隔离设备的散热，则须加通风的进、排气消声通道。如需观察设备运作状态，则可采用消声管或尽量小的透明活动窗等。

例如，某船首部液压系统（技术规格书中对其噪声无要求）采用 2 台 A7V 型变量泵，功率输入为 30kW，转速 1470r/min，输出压力最高达 40MPa，泵组与其船体基座采用弹性连接，各进出泵液压管也都弹性连接。两泵正常工作的噪声达 110dB（A）以上，操纵台离泵组只有 3m 左右距离，中间是走道，无法做隔声墙。船员对此反响很大，后经使用单位、船厂等多方努力，最终采用双层（外板 2.5mm，内板 1.5mm，间距 30mm）薄钢板作表层，用阻尼较大的松木作骨架，空腔内填树脂胶结玻璃纤维板，罩壳底边四周通过橡皮减振垫与泵组船体基座延伸面连接，这样制作了似长方体的小梯度复合型隔声罩，将整个泵组罩住。根据阀组调整和压力表监视的要求，在走道一侧操纵位置开设小门并作隔声处理。由于泵组包括电机的散热要求高,以往高温天气在没有护罩的情况下往往发生高温报警,被迫停机。故在隔声罩的顶部开了排风口,侧面低位开进风口,与上甲板相应位置的开孔用消声管对接,上甲板进风口连接小型进风机。这样在隔声的同时解决了泵组高温报警停机问题。并在隔声罩进、出液压管接口处作隔声处理。实测证明,平均隔声量为 30dB(A) 左右,艉楼内空气噪声小于 85dB(A),满足了船员不带护耳器就能正常工作的使用要求。

③ 降低机械设备的结构和气流噪声

对于已有的机械设备噪声,应采取隔振、减振和阻尼涂层办法减少其振动(结构噪声)。空气噪声应采用吸声结构、隔声结构或使用隔声罩及消声器等予以控制。对于机械噪声中的气流噪声,例如:主辅机、锅炉等的进、排气和空调通风系统则主要采用在进、排气管路上安装消声设备的办法降低噪声。消声设备主要有内壁装有多孔吸声材料的阻性消声器,改变内部通道截面、设计有共振腔或旁路管(分支管)的抗性消声器以及消声量大、消声频带宽的复合式消声器。只要它们与相应的噪声频谱相适应,就能取得良好的消声效果。对于机舱吸、排气引起的低频噪声,可以采用消声器。最常用的吸音型消声器为一个内壁有吸音材料(金属或玻璃纤维丝)的大管子,依靠其尺寸大小,不仅可对高频范围的噪声有较好的弱化作用,而且也可弱化部分低频噪声。常采用的反作用式消声器,它内部不设装任何吸声材料,仅依靠通道截面的突然扩张或设置旁通共振腔引起声阻抗的改变而产生声能的反射与消耗,从而使噪声降低。

④ 管路减振降噪

船上各种各样的管路系统传递从机械设备发出的振动和噪声,使它们本身成为振动源和噪声源。因此,设计、放样和实际敷设管路时,必须采取隔振措施。其中最简单有效的措施为在机械设备与管路之间采用适当的弹性(挠性) 软管连接,以及用减振吊架将管路同船体结构隔开。振动较大的管路外表面可包敷橡胶阻尼层。

(4) 设置恒温隔声集控室

机舱恒温隔声集控室可采用装配式预制轻质结构,可装可卸,灵活多变,维修和保养比较方便。它主要由隔声板、隔声门和隔声窗组成围护结构,并配置空调、新鲜空气补偿器以及空气负离子发生器等设备。

① 隔声板

为了达到重量轻而隔声量高的要求,隔声板可采用双层板夹层结构,即在两块薄钢板之间,保持一定厚度的空气层,中间填充超细玻璃棉。这种结构形式可以突破质量定律的限制,有效地提高隔声量。

为避免围护结构的自然频率与主机基频相近而发生共振、产生隔声量低谷,应在双层板夹层结构内涂刷一定厚度的阻尼材料,使一部分透射声能在通过阻尼层时转化为热能而消耗。为防止已透射入室的声波因硬反射而产生混响,在隔音板的内壁与顶部均装有多孔吸声内衬板。这与裸钢壁相比,不仅美化了室内环境,还有效地降低了反射声。

② 隔声门

隔声门除要考虑与隔声板的隔声量取得一致外,重要的是对门缝的处理。如果设计不当或制造工艺差,就会导致门缝漏声,降低隔声效果。

考虑到船舶机舱有阻燃要求,隔声门应选用金属材料,门板采用双层带夹层结构。门的开关采用平开门结构。

③ 隔声窗

隔声窗一般尽量不设或少设,但为了便于操作人员有较宽的视野观察主机的运转情况,所以几乎每一块隔声板(门)都开设了隔声窗。为使窗的隔声量大于隔声板的隔声量,可以采用以下措施:采用双层 5mm 厚的平板玻璃,两层玻璃中间留有 100mm 的空气层。根据空气层厚度与隔声量的关系曲线可知,100mm 空气层可达到 40dB(A) 的隔声量。空气层四周均采用穿孔率为 30% 的穿孔板结构,内部填充超细玻璃棉,外贴 20mm 厚的泡沫塑料,这样可有效地减轻驻波效应,使隔声性能进一步得到改善。玻璃与隔声板之间,用橡胶嵌条体弹性联结。

④ 半浮式地板

机舱通过空气传导的噪声被隔声板等围护结构所隔绝,隔声量可达 40dB(A) 以上。但由于船体是密实的钢结构,振动传递损失很小,结构噪声能传播很远,结构噪声还有部分通过集控室地面传入,使室内实际声级降低达不到 40dB(A)。

为了控制结构噪声,一般采用了单层或双层隔振系统,即在隔声室底部与底板之间,采用弹性支撑。如采用橡胶垫作弹性元件,同时在隔声室内设计拆装方便的半浮式地板,利用加垫材料的弹性和阻尼,减小结构噪声的影响。

⑤ 恒温与通风

机舱恒温隔声集控室根据发热量多少及其容积大小,选用窗式空调机,一般选用制冷量为 12600kJ/h 的空调机为适宜,其性能稳定,制冷效果良好。

此外,恒温隔声集控室顶部还应设置新鲜空气补偿器,可旋转调节出口风向和风量的大小。新鲜空气直接从船外引入,使室内空气向舱内循环,从而抑制了油蒸气及废气的污染。室内配备空气负离子发生器,产生的臭氧能起消毒、杀菌和灭霉的作用,清洁了室内空气。

9.3.2 防治船舶噪声污染的监督管理

有关管理部门对于船舶交通密度大且市民居住比较集中的内河河段,规划和要求在河的两岸种植绿化林带,以达到降噪的效果。有关资料表明,高度超过视线 4.5m 以上的稠密树林,深入 30m 可降噪 5dB,深入 60m 可降噪 10dB,树林的最大降噪值可达 10dB。

交通管理部门开展专项整治工作,合理安排船舶交通流,实施交通管制,对在内河航行的影响人休息环境的小型高速柴油机、噪声大的船舶,采取在每天的某个时间段和河段限制船舶航行或要求这类小型船舶改道航行的措施,以达到减少噪声污染的目的。

作为主管机关,在船舶噪声污染防治的监督管理上,还应从源头上入手,严把准入关。通过立法,限制小型高速柴油机、噪声大的船舶投入营运,淘汰不符合国家环境噪声排放标准的简易挂桨机船舶;加强对船舶的设备检验,确保船舶机器设备能按国家相关的技术标准出厂、安装和使用,确保船舶动力装置等的噪声符合国家标准。

形成船舶主要噪声源的各种机械和设备在使用中的维护保养也是防治船舶噪声污染的一项重要工作,为此,船员应熟悉和掌握船舶设备的使用和维修保养的技能,切实做好船舶设备的正确操作和维护保养工作。海事主管部门在日常监管中主要是要强化船员培训和做好对船员的实操性检查,以确保船员适任水平和确认船员的实际操作能力符合相关标准。

10　造船、修船和拆船污染及其防治

造船、修船和拆船产业的发展可以刺激一大批工业部门如钢铁工业、机械工业、电力工业的发展,对于国家的工业化来说是至关重要的,因此对国家经济发展起到了巨大的推动作用。但是,由于长期缺乏统一的标准,对造船、修船和拆船产业缺乏有效管控,船舶的制造、修理和拆解工作对环境造成了严重的威胁。本章将对造船、修船和拆船工艺中造成的污染进行逐一分析并提出防治建议。

10.1　船舶建造工艺及污染分析

造船业是为水上交通、海洋开发和国防建设等行业提供技术装备的现代综合性产业,也是劳动、资金、技术密集型产业,对机电、钢铁、化工、航运、海洋资源勘采等上、下游产业发展具有较强带动作用,对促进劳动力就业、发展出口贸易和保障海防安全意义重大。推动造船业的发展对于我国经济发展具有深远的战略意义。但目前在我国,造船厂污染严重、资源消耗量巨大等问题仍然存在,本节将对在船舶建造工艺中产生的污染进行分析并提出防治建议。

10.1.1　船舶建造工艺污染物分析

船舶的制造过程比较复杂。按照现代造船工艺学的观点,船舶制造可分为三种类型的生产作业,即船体制造、船舶舾装和船舶涂装。

船体制造是将船用钢材制成船舶壳体的生产过程。从生产的顺序来划分,船体制造包括三个步骤:将原材料制成船体零件;将零件组装成部件或进而再组装成分段和总段;将零、部件或分、总段总装成船体。

船舶舾装是将各种船用设备、仪器、装置和设施等安装到船上的生产过程。按作业区域和专业来分,船舶舾装包括甲板舾装、住舱舾装、机舱舾装和电气舾装等工作内容。按工作地点和阶段来分,有内场预制舾装、外场分段舾装、船台舾装和码头舾装(后两者统称为船上舾装)。

船舶涂装是对全船进行除锈、涂漆的生产过程。按作业顺序来分,船舶涂装可分为钢材表面预处理、分段除锈及底漆喷涂（即分段涂装）、下水前船体外部面漆涂装和交船前船舶进坞进行完工涂装等几个阶段（后两者统称为船上涂装）。

目前钢质船舶焊接船体常规制造与工艺的主要程序见图 10-1。

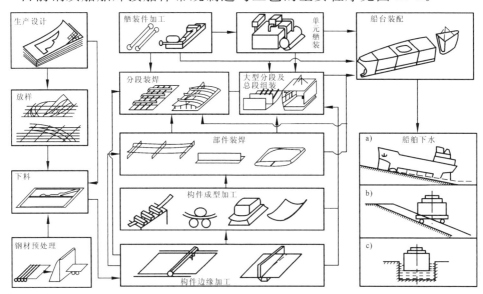

图 10-1   钢质船舶常规建造工艺流程图

由此可见，造船过程中，产生污染物的主要环节有以下四个部分：

（1）将原材料加工成零件的钢材预处理阶段。在此阶段内，主要产生的污染物为钢材焊接及打磨产生的粉尘。

（2）船舶涂装阶段。船舶涂装过程中，会形成大量的漆雾、有机溶剂蒸气和粉尘等毒性极大的物质，对操作人员的健康极为不利。若此类污染物排放入大气，则会造成大气污染，对周边环境造成不良影响。同时，在涂装过程中也会产生大量船舶业污染物的残渣，残渣来源多为表面处理后的废弃物、清洁或通风设备过滤后的涂料和变质的涂料。

（3）系泊试验阶段。船舶在系泊试验及空压机运行时会排放少量含油废水。

（4）船舶制造整个过程中。在船舶制造的整个过程中产生钢材余料、废钢丸、废滤材、焊条头、油漆空桶等废弃物，电气焊工序会产生焊接废气、金属氧化物、锰等有害烟尘；会产生比较严重的噪声污染，噪声污染源分布如图10-2所示。

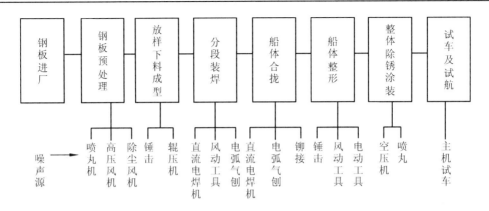

图 10-2　船体生产过程中噪声源分布

10.1.2　造船工艺污染物防治

部分船厂由于建设年代较为久远,在硬件配备上不符合《船舶修造和拆解单位防污染设施设备配备及操作要求》(JT/T 787—2010)中所提及的相关规定。若对正在进行船舶建造工作的船坞进行改造,船厂将面临停工,且手持订单无法按期交船。为达到相同的防治污染物目的,方便船坞内的油污水冲洗及收集,本节提出如下处理方法。

将船坞内部除靠近水域一侧的另外三面挖半圆形凹槽,在船舶建造完毕后将船坞内存在的油污水冲洗入凹槽中,并使用吸水泵或吸污车对凹槽中的油污水进行收集,以此来替代《船舶修造和拆解单位防污染设施设备配备及操作要求》中所提及的污水井的作用。

确定船坞有效长度为

$$L = L_1 + 2d_1 \tag{10-1}$$

式中:L_1—— 船长度的较大值;

d_1—— 船舶在船坞内与坞壁的前后距离,通常为 $20 \sim 30m$,为了保证船舶建造过程中空间上的宽裕,取 d_1 为 30m。

船坞有效宽度为

$$B = B_1 + 2d_2 \tag{10-2}$$

式中:B_1—— 船舶宽度,取常用船舶建造比例为 6:1,则 $B_1 = L_1/6$;

d_2—— 船舶在坞内与坞壁的左右工作间距,通常为 $4 \sim 6m$,为了保证船舶建造过程中空间上的宽裕,取 d_2 为 6m。

根据上述两个公式可按照造船厂的造船能力得出需修建船坞的大小,见

表 10-1。

表 10-1　造船厂干船坞长宽尺寸　　　　　　　　（单位:m）

尺寸 结构	造船能力等级				
	一级 船长≤90m	二级 90m＜船长 ≤150m	三级 150m＜船长 ≤230m	四级 230m＜船长 ≤300m	五级 船长＞300m
长度	150	210	290	360	420
宽度	27	37	61	72	103
污水井容积	32	80	150	260	355

注:对于建造船舶长度大于300m的船厂,拟取世界最大干船坞长宽数据。

由于圆形凹槽便于油污的冲洗且可以减少油污的附着,因此得出的船坞长宽数据,结合船坞内部除靠近内河一侧的另外三面挖半圆形凹槽的结构特点及污水井的容积要求,可根据以下公式求得所需挖槽的半径

$$V = L_s \times \frac{\pi R^2}{2} \times 2 + (B_s - 4R) \times \frac{\pi R^2}{2} \qquad (10\text{-}3)$$

式中:V——《船舶修造和拆解单位防污染设施设备配备及操作要求》中对各等级船厂所需配备污水井的容积,m^3;

　　L_s——船坞长度,m;

　　B_s——宽度,m;

　　R——半圆形凹槽半径,m。

因此可以得出,各等级船厂需挖半圆形凹槽的半径至少分别为25cm,35cm,40cm,46cm,49cm。为防止船厂在船舶建造或污染物转运过程中发生溢油事故,导致含油污水泄漏,对水域环境造成影响,我国《船舶修造和拆解单位防污染设施设备配备及操作要求》(JT/T 787—2010)提出了船厂需配备设备基本要求,以防止污染物扩散。

10.2　船舶修理工艺及污染分析

船舶在运营过程中,由于人为操作或自然原因而发生事故可能会导致船舶损坏,不能继续使用。为把船舶和其技术装备恢复到可以使用的正常水平,

就需要将船舶送往修船厂进行修理。修船在产品品种,工艺规程和工序上都比造船要多且繁杂。

典型修船工艺主要分为船坞修理和码头修理。

(1) 船坞修船工艺

船坞修船工艺主要包括船壳涂装,船壳防锈,水线换板,轴、浆、舵、水底阀门、锚及锚链修理等水下工程的勘验、拆卸、修复、安装等工作。根据工艺要求,拆卸的部分船体部件需到车间(工场)工艺单元完成修复。船舶的装焊质量需要利用探伤来检验。工艺流程见图 10-3。

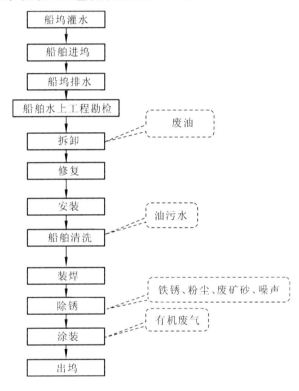

图 10-3 船坞修船工艺流程

(2) 码头修船工艺

码头修船工艺主要包括船体换板、机舱及甲板机械修理、电气维修及除锈涂装、盖板修理、起重吊装等。根据工艺要求,拆卸的部分船体部件需到车间(工场)工艺单元完成修复。船舶的装焊质量需利用探伤来检验。工艺流程见图 10-4。

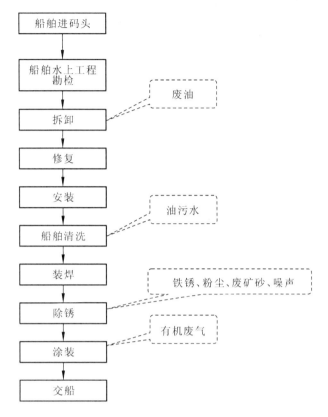

图 10-4　码头修船工艺流程

10.2.1　修船工艺过程污染物分析

　　船舶修造过程产生的污染物主要有：含油污水、油泥、喷砂过程产生的废砂、漆皮、喷涂产生的油漆和溶剂残渣、修理某些舱室产生的石棉及废油漆桶、报废的索具(钢丝绳、尼龙绳)、报废的零件和工具、材料切割中产生的废物、自备发电机组产生的废气、电气焊产生的焊接废气等。以上污染物一旦排放入河，不但将污染水域及周围环境，对水域的生态环境也会造成严重影响。

　　修船工艺污染源主要包括大气污染源、水污染物、固体废物和噪声。

　　(1) 大气污染源

　　修船工艺中产生的大气污染源主要包括：喷砂、打磨等工序产生的粉尘，电气焊工序产生的焊接废气，喷涂时产生的喷涂废气。喷涂采用富锌涂料、耐磨涂料、环氧涂料、车间底漆、防腐涂料等。码头、船坞产生的大气污染物情况见表 10-2。

表 10-2　码头、船坞产生的大气污染源

污染物	产污地	主要产污环节
粉尘	码头 船坞	除锈
焊接烟尘	码头 船坞	装焊
喷涂废气	码头 船坞	船舶涂装

（2）水污染物

船舶修理阶段产生的水污染物主要为燃料油舱清洗水和清除舱底、管系残油产生的含油废水。压载水和洗舱水中可能包含的外来有害生物和病原体也是水污染物的一大来源。

（3）固体废物

修船过程产生的固体废物主要是喷砂过程产生的废砂、清理下来的漆皮、喷涂产生的油漆和溶剂残渣、修理某些舱室产生的石棉及废油漆桶等危险废物。另外还有报废的索具（钢丝绳、尼龙绳）、报废的零件和工具、材料切割中产生的废物等一般工业固体废物。

（4）噪声

修船时水泵、风机等设备运转产生的噪声。

10.2.2　修船工艺污染的防治

由于相对于造船厂而言，送往修船厂的船舶为已投入使用的船舶，因此在送修船舶的部分舱室中油泥、残油等污染物含量大，生活垃圾多，船舶修理过程中产生的废料量大，所以对于修船厂的油污水临时储存、处理能力的要求较高，对生活垃圾的储存和固体废物及有害材料的储存要求较高。

对于我国现阶段的部分修船厂来说，同样存在某些硬件不符合规定的情况。根据 10.1 节关于船舶建造单位防污染设施设备要求的替代方法，对于船舶修理单位也一样适用。经计算可得船舶修理单位在按修理船舶长度等级划分的情况下，除靠近河水一侧的另外三面挖半圆形凹槽的半径至少分别为

25cm,35cm,40cm,46cm,52cm,可以起到替代污水井的作用。

　　送修船舶在进入修理厂之前,会由拖船拖入船坞,此时在船厂附近水域可能由于操作不当或自然原因而发生碰撞导致溢油的发生,因此对于船舶修理单位而言,溢油应急设备的配备尤为重要。

10.3　船舶拆解工艺及污染分析

　　拆船工艺主要分为水上部分拆解和水下部分拆解,其中水上部分的拆解在码头或驳岸、拆解场地进行,水下部分的拆解在船坞和拆解场地进行,产生污染的环节见图 10-5 和图 10-6。主要分为在码头或驳岸进行水上部分的拆解过程,以及在船坞进行水下部分的拆解过程。

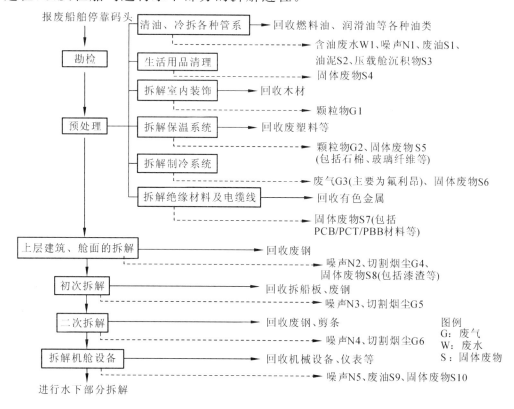

图 10-5　船舶水上部分拆解工艺流程及产生污染节点图

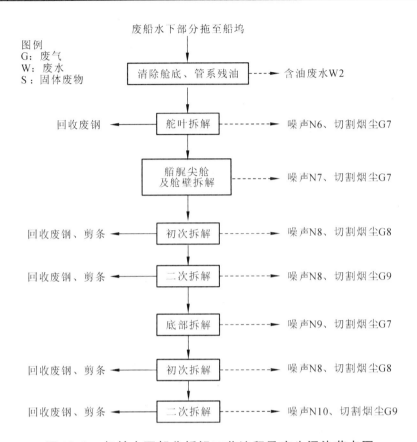

图 10-6　船舶水下部分拆解工艺流程及产生污染节点图

10.3.1　拆船工艺过程污染物分析

拆船工艺过程中的污染物主要包括大气污染物、水污染物和固体废物。

（1）大气污染物

大气污染物的排放主要来源于废船切割过程及拆解过程。本项目排放的主要大气污染物有石棉尘（G2），氟利昂（G3）及切割烟尘（G4，G5，G6，G7，G8，G9）。

在船舶室内装饰和保温系统拆解过程中，石棉破碎后会形成细小的纤维，悬浮于空气中；由于操作方法和收集设备等因素，少量氟利昂将以大气污染物形式排放；拆船过程中对钢质构件的拆解主要使用天然气和氧气进行切割，将会产生烟尘废气。

（2）水污染物

船舶拆卸阶段产生的水污染物主要为燃料油舱清洗水（W1）、船舶压载水和清除舱底、管系残油产生的含油废水(W2)。洗舱用水是本地自来水,因此洗舱产生的油污水不存在外来有害生物和病原体;在清洗舱底和管系时,也会有油污水产生。

(3)固体废物

在船舶拆卸过程中,除产生压载舱沉积物(S3)、切割熔渣、船舶附着物和坞内吸油锯末等一般工业固体废物外,主要产生危险固体废物,如:在废船清油和冷拆各种管系时产生的废油(S1)、油泥(S2);拆解保温系统时产生的石棉(S5);拆解制冷系统时产生第三章修造和拆解船舶工艺污染物分析及防治建议的氟利昂(S6);拆解绝缘材料及电缆线时产生的废塑料和废绝缘材料(S7);在进行船体舱面拆解时产生的废漆渣(S8);以及废电池、废电子元器件、剥落油漆、电石渣、荧光灯和其他化学品等。

10.3.2 拆船工艺污染物防治建议

将船舶拆解得到的钢材进行循环利用是个非常重要的环节,为全球能源和资源的节约做出了巨大的贡献。同时,拆船业也是整个船舶工业中,污染危害最大的行业。由于船舶拆解工作主要针对的是运营时间达到使用寿命的船舶,此类船舶在运营过程中,由于污染物的附着和处理不及时,在拆解的时候会产生大量的油污、粉尘及固体废物,严重威胁工人健康和环境质量。因此对于船舶拆解单位的防污染设施设备的配备要求需要更加严格,防止污染物泄漏,实现绿色拆船。

待拆船舶在送往拆船厂时,本身还有动力的船舶需要自行航行进入拆船厂,主机故障丧失航行能力的船舶则需要由拖轮将其拖入拆船厂。船舶进厂时在附近水域可能由于操作不当或自然原因而碰撞导致溢油的发生,由于此类船舶易损且污染量大,因此对于船舶拆解单位而言,必须配备一定数量溢油应急设备。

10.4 修造拆船防污染设施的配备

10.4.1 修造拆船防污染设施配备及操作要求

根据我国《船舶修造和拆解单位防污染设施设备配备及操作要求》(以下本节中简称"标准"),船舶在修理、建造和拆解工作中的防污染设施应按该标准配备。标准规定了船舶修理、建造和拆解单位防污染设施设备配备要求、设施设备的操作要求、人员防护与培训、应急准备与反应的管理要求,该标准适用于中华人民共和国管辖水域及相邻陆域的船舶修造和拆解单位。

（1）防污染设施设备配备的一般要求

① 船舶修造和拆解单位应配备与其修造、拆解能力相适应的满足国际公约和国内法规要求的船舶污染物接收设施和防污染设施设备。

② 船舶修造和拆解单位应按规定自行无害化处理油污水,可委托有资质及处置能力的单位对接收的污染物进行无害化处理。

③ 船舶修造和拆解单位应设置船舶生活垃圾储存装置、固体废物和有害材料储存装置、围油栏、油污水储存装置、油污水分离装置和雨水收集系统等设施设备,并处于有效的运行状态。

④ 防污染设施设备应选择技术先进、节能高效、使用方便的产品,应符合相关标准所规定的指标要求。

⑤ 防污染设施设备应妥为储存和维护,存放在具有良好的通风、散热、防潮、隔热等功能场所内,保持良好可用状态。

⑥ 防污染设施设备运输车和起吊设备要与防污染设施设备的重量、外形和体积相匹配。

⑦ 配备防污染设施设备应同时配齐相应的配套辅助设备。配套辅助设备包括围油栏的附件,辅助设备和与码头、岸边设施浮动连接的装置等。

⑧ 需要配备专门的围油栏布放艇时,船舶、船员应按规定持有相应的证书,并保持适航、适任状态,操作人员应经培训,持有规定的证书,并保持适岗状态。

⑨ 配备相应的操作人员安全防护用品和通信器材。

⑩ 配备水域防污染监视设备。

⑪ 船舶修造和拆解单位的防污染设施设备中溢油应急设备的配备执行《港口码头水上污染事故应急防备能力要求》(JT/T 451—2017)的相关规定。

⑫ 固体废物和有害材料储存应使用规定的容器并采取防风、防雨、防渗、防漏措施,属于危险废物的应执行《危险废物贮存污染控制标准》(GB 18597—2001)的相关规定。

（2）船舶修造单位防污染设施设备配备要求

① 船坞内的污水井应设置专门的管线,将船坞内的污水排至厂区的污水

储存设施,该管线不得与船坞的抽水管线互联互通,不得旁通,并且应设一个单向止回阀。污水井必须用足够强度的安全网栅遮盖。

　　② 船舶修造单位作业涉及有害材料的,其要求参照"船舶拆解单位防污染设施设备配备要求"的相关规定执行。

　　③ 船舶建造单位防污染设施设备配备数量要求见表 10-3。

表 10-3　船舶建造单位防污染设施设备配备数量要求

设备名称	配备等级				
	一级	二级	三级	四级	五级
	船长 ≤90m	90m < 船长 ≤150m	150m < 船长 ≤230m	230m < 船长 ≤300m	船长 >300m
油污水储存装置(有效容积,m³)	7	16	30	50	70
油污水分离装置(处理能力,m³/h)	5	8	10	10	15
油污水临时储存容器(有效容积,m³)	1	1.5	2	2.5	3
生活垃圾储存装置(有效容积,m³)	5	5	10	15	20
固体废物及有害材料储存装置(有效容积,m³)	10	10	10	20	20
污水井(有效容积,m³)	32	80	150	250	355
污物池(有效容积,m³)	3	8	15	20	30
围油栏(长度,m)	400	550	750	1000	1200
船舶建造单位只建造船长不超过 50m 的船舶时,防污染设施设备配备数量,防污井的有效容积为 16m³,污物池有效容积为 1.5m³,围油栏长度为 200m					

　　④ 船舶修理单位防污染设施设备配备数量要求见表 10-4。

表 10-4　　船舶修理单位防污染设施设备配备数量要求

设备名称	配备等级				
	一级	二级	三级	四级	五级
	船长 ≤90m	90m＜船长 ≤150m	150m ＜船长 ≤230m	230m ＜船长 ≤300m	船长 ＞300m
油污水储存装置(有效容积,m³)	14	32	60	100	140
油污水分离装置(处理能力,m³/h)	5	10	10	15	20
油污水临时储存容器(有效容积,m³)	2	3	4	5	6
生活垃圾储存装置(有效容积,m³)	10	10	20	30	40
固体废物及有害材料储存装置(有效容积,m³)	20	20	20	40	40
污水井(有效容积,m³)	32	80	150	260	355
污物池(有效容积,m³)	3	8	15	20	30
围油栏(长度,m)	800	1100	1500	2000	2400

（3）船舶拆解单位防污染设施设备配备要求

① 应具备专业拆解、运输和临时储存船上有害材料和固体废物的设备和运输工具。

② 自行或委托有资质及处置能力的单位对所拆解船舶上拆除下来的有害材料和固体废物进行安全与环境无害化处理。船舶拆解单位应具备船上有害材料无害化现场拆解、临时储存的能力。

③ 含液体物料或含油机器的拆解及其露天摆放区的地面应硬底化处理。船舶拆解单位应有足够的雨水收集、储存、处理和排放设施,避免场地油污水污染水体。

④ 船舶拆解单位应设专用浴室,供操作人员进行清除石棉废物作业后

使用。

⑤船舶拆解单位防污染设施设备配备数量要求见表10-5。

表 10-5　船舶拆解单位防污染设施设备配备数量要求

设备名称	配备等级			
	2000 总吨及以下	2000～10000 总吨	10000～50000 总吨	50000 总吨以上
油污水储存装置（有效容积，m³）	100	200	300	400
油污水分离装置（处理能力，m³/h）	10	15	20	20
油污水临时储存容器（有效容积，m³）	3	3	6	8
生活垃圾储存装置（有效容积，m³）	20	30	40	50
固体废物储存装置（有效容积，m³）	30	40	50	60
有害材料储存装置（有效容积，m³）	30	40	50	60
围油栏（长度，m）	1200	1650	3000	3600

（4）船舶修造和拆解单位防污染设施设备操作一般要求

船舶修造和拆解设施设备的操作流程应符合标准及相关标准、规范或指南的要求。

①吊装有害材料、固体废物等容易污染水域的物料时，应妥善包装、谨慎操作，防止跌落或散落造成水域污染。

②进入有害气体浓度高的场所，应先进行有害气体浓度测量，达标后仍需根据气体的特征佩戴空气呼吸器、化学安全防护眼镜，穿上防毒物渗透工作服。

③船舶空调及制冷系统内的氟利昂等消耗臭氧物质应抽到专用储存容器，送专业单位进行处理，不得排放到环境中。

④ 船舶修造或拆解活动中产生的所有固体废物、可回收材料和设备应分开放置、储存及标识,确保对人身健康和周围环境不构成威胁。

⑤ 船舶修造或拆解活动中产生的所有有害材料应明确其处理场地和处理方式,或移交给有资质及处置能力的单位加以处理,并对该处理进行跟踪管理。

（5）船舶修造单位防污染设施设备操作要求

① 从事水上船舶修造作业的,应采取措施防止作业过程造成油类、固体废物和有害材料污染水域。

② 船舶修造后需进行加油作业时,应采取全包围方式布设围油栏,防止发生水域污染;在港池内加油时,可以在港池口布设围油栏。

③ 船舶修理部位需进行切割作业的,应将该部位的有害材料加以标识、拆除并包装。若含有多氯联苯(PCB)和含多氯联苯(PCBs)的材料时,应避免使用会产生热量的设备。

（6）船舶拆解单位防污染设施设备操作要求

① 预定被拆解船舶应清除船上货物残留物。对废船进行污染清除作业,应采取在作业现场布设围油栏,备妥吸油毡、消油剂、应急船舶等防污染措施。

② 船舶水上拆解时,应采取全包围方式布设围油栏,防止发生水域污染;在港池内拆解时,可以在港池口布设围油栏。

③ 切割作业开始之前,应将船舶有害材料清单中所列明的所有有害材料加以标识、拆除并包装。船舶有害材料包括:有害液体、残余物和沉积物;含有铅、汞、镉和六价镉等重金属的物质或物体;具有高度可燃性或在切割过程中释放出有毒气体的油漆和涂层;石棉和含有石棉的材料;多氯联苯(PCB)和含多氯联苯(PCBs)的材料;氟乙烷(CFCs)与哈龙(Halon)等消耗臭氧的物质;非船舶构造部分的其他有害材料。

④ 在拆除多氯联苯(PCB)和含多氯联苯(PCBs)材料的作业过程中,避免使用会产生热量的设备。

10.4.2　修造拆船防污染设施应急、防护与培训

10.4.2.1　应急准备与反应

（1）船舶修造和拆解单位应制定有害材料和固体废物安全管理、防污染规章制度,应建立污染、医疗急救等应急反应预案,并报有关主管机关备案。

预案应明确、实用、易于操作,与船舶修造、拆解作业的规模和性质相适应。

（2）应确保按照本标准或预案要求配备的应急反应设备已到位,定期开展预案培训和应急演练,适时评估和完善预案。

10.4.2.2 应急作业方式

（1）港内溢油事故,首先用围油栏围控,防止溢油向港外扩散,同时用吸油毡和小型收油机回收,经海事部门许可,也可采用溢油凝油剂处理。

（2）航道或锚地事故,采取水上应急作业和岸线保护的方式,重点是岸线保护。立即启动船上应急计划,关闭阀门和堵漏,同时启动港口应急计划,对事故船围控,船舱内残油过驳,如果水况条件允许,进行水面溢油回收。为了避免对渔业资源产生影响,不可使用化学分散剂,应使用经海事局部门认可的环保型消油剂。如果水况条件较差,应立即通知相关单位做好防护。根据溢油扩散方向,对有可能受到溢油污染影响的地方使用岸滩围油栏和PVC围油栏进行防护。

10.4.2.3 人员防护与培训

（1）船舶修造和拆解单位应采取下列措施保障作业人员安全。

① 制定和实施国家法律法规、相关标准、规范或指南要求的预防、保护措施和操作程序,提供安全的工作环境;

② 向作业人员提供符合规定或标准的个人防护用品和防护服,并加以维护;

③ 应确保正确使用以下个人防护装备:头部保护、脸部与眼睛保护、手足保护、听力保护、人员坠落防护装备和呼吸保护器、辐射污染防护装置、防护服等。

（2）船舶修造和拆解单位应向作业人员提供足够的、满足船舶修造和拆解作业要求的培训,确保特种作业人员持有相应证书。

11 船舶污染物的接收处理

为了防治船舶环境污染,IMO的相关国际公约及我国相关法规均明确要求港口应配备船舶污染物接收设施设备。从目前技术手段来看,将船舶污染物排入接收设施是保护环境、防止船舶污染的重要手段。这些船舶污染物接收设施设备适用于接收船舶产生的、不能排放入水的残余物,且充分满足到港船舶的正常需要而不引起船舶的不当延误。

目前我国内河港口码头的船舶污染物接收设施设备还相对不足,难以满足日益增长的航运发展的要求,面临的船舶污染物有效接收处理的形势较为严峻。

11.1 船舶污染物接收处理模式

为了防止船舶污染物污染内河水域,保护内河水环境,我国政府及有关部门出台了多部法律、法规及规章制度,要求建立内河船舶污染物岸上接收处理模式。我国目前现行的船舶污染物接收模式主要有两种:

(1)港口码头接收模式:此模式的主要运作方式是在港口、码头和装卸站等地点配备足够数量的船舶污染物、废弃物的接收设施,船舶到港后,其产生的船舶污染物由码头的船舶污染物接收设施设备接收;

(2)专业船舶污染物接收单位接收模式:在港口码头建立具备专业接收能力的船舶污染物接收单位,船舶到港后,船舶产生的污染物由船舶污染物接收单位的船艇或车辆进行统一接收处理,并由接收单位给船舶出具船舶污染物接收单证,如图 11-1 所示。

污染物的接收处理过程涉及船舶、港口码头、船舶污染物接收单位、城市环卫部门等多方合作,并受到海事、港航、环保以及相关职能部门的监督检查。

11.2 船舶污染物接收单位接收处理模式

目前我国内河最主要的接收处理方式仍然是由专业船舶污染物接收单位进行接收的模式,主要应满足《船舶污染物接收和船舶清舱作业单位接收

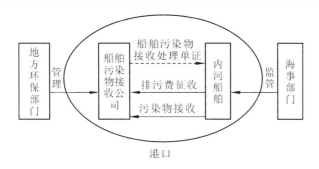

图 11-1　船舶污染物接收处理模式

处理能力要求》的相关规定。

11.2.1　作业单位

船舶污染物接收单位应持有有效的"工商营业执照",且有相关经营项目。在本行政区域应有固定的生产经营场所和必要的生产经营条件。从事污染物接收的单位,应至少配备一艘符合船舶污染物接收作业要求的船舶,在从业港区应有固定的码头或区域停泊。应指定作业总负责人,保证其具有履行职权的权力。作业人员应符合相关要求。应建立并有效实施《安全与防污染管理体系》。应能按要求自行或委托有处置能力的单位对所接收的污染物进行无害化处置。应有符合国家或者地方环境保护标准和安全要求的包装工具,中转和临时存放设施、设备。应有保证危险废物经营安全的规章制度、污染防治措施和事故应急救援措施。应配备足够、有效的防污染器材。码头应按《港口码头水上污染事故应急防备能力要求》(JT/T 451—2017)配备船舶防污染应急设备,设备、器材应处于随时可用的良好状态。应制订有效的污染应急计划,该计划应确切、实用、易于操作,并应定期进行评估、检查和修改。应定期进行溢油应急演习。

11.2.2　作业船舶

(1)一般要求

船舶应具备有效的法律、法规规定的证书和文书。船舶应处于适航状态。船舶应满足作业水域的航区要求和水域的水质保护要求。船舶应符合所接收污染物的适载要求。船舶应具有统一标识,标识应符合规定。船舶所使用的软管应符合国家有关规定的要求,并经过相关机构的检验。防止污染结构、设备和布置,应符合国家船舶检验规范的要求。消防设备和器材在任何时候均应处于随时可用的状态。应有能反映其航行轨迹记录的仪器。

（2）残油及含油污水接收作业船舶

接收船舶应是钢质或等效材料的油船,其吨位应满足被接收对象排放残油量及含油污水量的接收需求。应配备与标准排放接头匹配的软管和法兰。应配备至少一套自给式呼吸器,且处于良好工作状态。应配备足够数量的溢油处理器材,至少包括围油绳200m、溢油分散剂500kg、吸油材料500kg,并应能在发生溢油事故时立即使用。

（3）有毒液体物质洗舱水接收作业船舶

接收船舶应是钢质或等效材料的散装化学品船舶,其吨位应满足被接收对象排放有毒液体物质洗舱水量的接收需求。应配备至少一套抗化学侵蚀的防护服和自给式呼吸器。应配备与接收洗舱水所含的有毒液体物质性质相适应的应急器材,并应能在发生化学品泄漏事故时立即使用。

（4）船舶垃圾接收作业船舶

接收船舶应是钢质干货船。应配备水域清扫所必需的作业设备或器材。配备垃圾储存舱室或容器,应能对垃圾进行分类存放,并防止垃圾飞扬、散落或滴漏。

（5）船舶生活污水接收作业船舶

接收船舶应是钢质液货船。应配备与标准排放接头匹配的软管和法兰。生活污水储存舱室应配备消毒设备及器材。

11.2.3　作业人员

（1）一般要求

在船上从事污染物接收作业的人员,应符合船员适任条件。熟悉所接收的污染物的特性、毒性、危害性,掌握污染物接收的操作程序、安全防污染规定、应急处置以及人员防护要求。掌握接收设备、器材和安全防污染设备的操作技能。掌握船舶防污染应急知识和应急设备、器材操作技能。

（2）特殊要求

在船上从事残油及含油污水接收作业的人员,应持有油船特殊培训合格证。清舱作业人员应掌握在密闭舱室内作业的条件、程序、技能,以及急救知识和技能。在船上从事有毒液体物质洗舱水接收作业的人员,应持有散装化学品船舶特殊培训合格证。船舶垃圾接收作业人员应掌握船舶垃圾分类要求、接收的操作程序、安全防污染规定以及人员防护要求。船舶生活污水接收作业人员应了解有关卫生防疫的规定,掌握船舶生活污水接收的操作程序、安全防污染规定以及人员防护要求。

11.2.4　作业要求

(1) 一般要求

制定双方认可的操作程序、安全措施、安全要求及其他安全作业的规定。从事残油及含油污水接收作业、清舱作业、有毒液体物质洗舱水接收作业,应建立《船舶污染物接收和清舱作业安全和防污染确认书》(简称《确认书》)。双方负责人应按《确认书》的内容进行检查,并落实。在整个作业期间,双方应按《确认书》给出的细目不断地进行仔细检查。油船在进行装卸作业或有其他可能影响作业安全的行为时,禁止进行残油及含油污水接收作业。在作业过程中,作业双方应保持有效联系。在作业开始、终了、中途停止或变更作业速度、联系信号时,应及早与对方船舶值班人员取得联系。

(2) 残油及含油污水接收作业要求

作业前作业人员应穿着防静电服和靴鞋,禁止穿带铁钉的靴鞋。进入作业现场前应手触船体金属件或特设的金属体,以除去可能附带的静电。不得随身携带火种和易燃物品,也不得在甲板上放置、使用能聚焦的透光制品。应测量舱内油位,认真检查即将使用的管系、阀门、泵、属具,确认处于完好技术状态,并在甲板上醒目而方便的地点备妥防污器材,堵住甲板所有泄水孔。准备使用的输油软管应经过定期压力试验,试验间隔最多不得超过半年,在连接前应检查其是否膨胀、磨损、压偏、漏泄或有其他欠缺。作业地点应配有可供立即使用的消防器材,必要时应申请施放围油栏。两船并靠时,应备足碰垫。作业期间应悬挂危险品信号及慢车信号,白天挂信号旗(左 B,右 R、Y),夜晚挂信号灯(左红,右绿、红)。应使用事先协定的通信系统和联络信号,并保持始终畅通。禁止吸烟,禁止在甲板上和任何可能存有油气的处所使用明火和非防爆型照明。不准在甲板上使用非防爆型的通信设备及电器。应勤测舱内的油位,正确掌握装卸速度,注意保留适当的舱容空档。船舶随水位和装卸而升降时,应对软管进行相应的调整,避免软管连接过分受力,保证软管的挠曲半径不小于制造厂家的规定。接收含有一级石油成分的含油污水时,当气温超过 28℃ 时,应洒水降温,并做好洒水降温记录。恶劣天气应停止作业,关闭舱口与阀门。使用工具应轻拿轻放,谨慎操作,严防铁制工具、物件掉落甲板及油舱。开闭油舱盖应轻、缓、稳,防止撞击。除值班驾驶员和作业人员外,应配备必要的人员,密切监视油舱甲板、船舶周围和过往船只。输油管附近应常设一名值班人员。作业后,拆除输油软管前,应完全排空其间所积存的残油、油污水。应立即按规定填写"油类记录簿"。

(3) 清舱作业要求

作业前应进行作业前安全教育和建立医疗紧急通道。未经作业负责人允许,不得进入任何可能存有油气和缺氧的封闭空间。进入密闭舱室前,需经过检测,保证舱内氧气浓度超过 20%,开口处硫化氢或苯等有毒气体的浓度不超过规定的临界极限值。如超过界限,应使用合适的呼吸器。人员进舱后,如发现任何不符合进舱和在其中工作的情况,应立即撤离,直至全部达到安全条件后,才能重新进舱。作业人员不得随身携带火种和易燃物品。作业人员应穿着防静电服和靴鞋,禁止穿带铁钉的靴鞋。备好救生索、吊带和呼吸器(但不得使用通过滤毒罐吸入空气的防毒面具),以备进舱时使用。清除舱内污泥、污垢和渣滓用的设备,其设计、结构和制作材料都不应有产生燃烧的危险。应用可燃气体指示器(测爆仪)对作业舱室进行检测,读数不应超过可燃下限的 1%。在整个工作期间进行持续通风并定期进行可燃气体检测。在每天开工之前或作业中断之后,对这些舱室应重新测试。作业期间。清舱时禁止携带轻合金工具下舱,清除舱底油污时所用的铲子、吊桶和其他器具应以铜或非金属材料制成,如不得不使用重金属工具,则应放在帆布袋里,吊到油舱舱底。作业时不准用尼龙布或丝绸擦抹油舱内部。使用工具应轻拿轻放,谨慎操作,严防铁制工具、物件掉落。作业期间,应有一名训练合格的安全员在作业现场监护。作业时间应符合《职业性接触毒物危害程度分级》(GBZ 230—2010)要求。有毒液体物质洗舱水接收作业前作业双方应熟悉所接收污染物的化学特性及数量、货舱布置。将消防员装备、安全防护服、急救药箱、空气呼吸器等准备妥当,处于随时可用状态。按照《确认书》进行检查,使双方满意后才能进行接收作业。作业期间应悬挂危险品信号及慢车信号,白天挂信号旗(左 B,右 R、Y)。夜晚挂信号灯(左红,右绿、红)。作业采取封舱形式,作业期间要经常检查管系连接处的密封情况,并测量液位。如怀疑有液体或货物蒸气泄漏时应立即停止作业,查明原因,采取通风等措施,满足安全条件后方可重新作业。作业期间消防设备应处于随时可用状态。夜间作业应有良好的照明,所使用的灯具应为经认可的防爆型灯具。作业结束后,应按规定填写"货物记录簿"。

(4) 船舶垃圾接收作业要求

作业船舶应严格按照规程作业,确保安全,防止垃圾污染水域。船舶垃圾中含有有毒或其他危险货物成分的,应严格和其他垃圾分开储存。来自疫区的船舶垃圾,在接收前应经过检验检疫部门的检疫,合格后方可予以接收。作业结束后,船舶垃圾接收单位应向船舶出具船舶垃圾接收凭证,载明接收处理的时间、地点以及污染物的种类和数量,并做好作业记录。

(5) 船舶生活污水接收作业要求

作业船舶应严格按照规程作业,确保安全,防止生活污水污染水域。来自疫区的船舶生活污水,在接收前应经过检验检疫部门的检疫,合格后方可予以接收。作业结束后,船舶生活污水接收单位应向船舶出具船舶生活污水接收凭证,载明接收处理的时间、地点以及污染物的种类和数量,并做好作业记录。

11.2.5　污染物的处置要求

(1) 自行处置要求

运输工具应符合国家有关危险货物运输安全的要求。包装工具,中转和临时存放设施、设备以及经验收合格的贮存设施、设备应符合国家或者地方环境保护标准和安全的要求。处置设施、设备和配套的污染防治设施应符合国家或者地方环境保护等标准和安全要求。其中,医疗废物集中处置设施,还应当符合国家有关医疗废物处置的卫生标准和要求。规章制度、污染防治措施和事故应急救援措施应保证危险废物经营安全。

(2) 委托处置要求

接收后的污染物应移交岸上有资质的处理处置单位进行处理处置。处置证明应至少保存一年。

11.3　港口、码头、装卸站和船舶修造、拆解单位接收

除经船舶污染物接收单位接收以外,港口、码头、装卸站和船舶修造、拆解单位也应具备一定的船舶污染物接收能力。内河船舶单个航次到达某一作

业港口、码头或装卸站后，由港口、码头、装卸站和船舶修造、拆解单位负责对船舶污染物进行港口接收、转运和处置。港口、码头、装卸站和船舶修造、拆解单位，应配备与其作业种类和能力相适应的满足国际公约和国内法规要求的接收设施，并保持良好可用状态。《港口、码头、装卸站和船舶修造、拆解单位船舶污染物接收能力要求》(JT/T 879—2013)规定了港口、码头、装卸站和船舶修造、拆解单位所应具备的船舶污染物接收的一般要求和接收能力要求。

11.3.1　港口

（1）一般要求

配备岸上接收设施的码头、装卸站和船舶修造拆解单位应符合以下要求：

其所有者或经营者应持有有效的"工商营业执照"并具有相应的经营项目，持有相关的行业经营许可证书。在本行政区域应有固定的生产经营场所和必要的生产经营条件，指定作业总负责人，保证其具有履行职权的权力，作业人员应符合后文提出的要求，按照 JT/T 673—2006 建立并实施《安全与防污染管理体系》。具备符合国家或者地方环境保护标准和要求的包装工具、中转和临时存放设施、设备。有保证危险废物经营安全的规章制度、污染防治措施和事故应急救援措施，按《港口码头水上污染事故应急防备能力要求》(JT/T 451—2017)《船舶修造和拆解单位防污染设施设备配备及操作要求》(JT/T 787—2010) 配备充足的防污染应急设备、器材，并处于随时可用状态。制订有效的污染应急计划，并定期按照应急计划开展应急演练，定期对应急计划进行评估、检查和修改。

（2）接收设施要求

接收设施种类至少包括含油污水、散装液体化学品洗舱水、船舶垃圾和生活污水接收设施，其中船舶垃圾接收设施应实现垃圾分类接收和存放。接收设施应选择技术先进、节能高效、使用方便的产品。配备接收设施的同时应配备相应的配套辅助设备，配套辅助设备至少包括标准通岸接头、输液软管、起吊设备等，输液软管应符合《船／码头输油用橡胶软管》(HG/T 3039—2008) 的要求并定期通过耐压检测。配备接收设施应同时配备相应的操作人员安全防护用品和通信器材。水上接收船舶应符合《船舶污染物接收和船舶清舱作业单位接收处理能力要求》(JT/T 673—2006) 的要求。除船舶垃圾外，接收船舶污染物的车辆应采用槽车装卸，槽车储罐使用前应做检测、探伤、耐压试验，并符合产品合格标准,而且应定期进行检查,使之处于良好状态。接收残油、含油污水和散装液体化学品洗舱水的作业车辆应根据其性质配置灭火器材、防护急救用品,并定期进行检查、维修或更换,以确保随时处于完好状态。接收残油、含油污水和散装液体化学品洗舱水的储罐,应符合有关油品和化工品储存的规定,储罐及其泵、管线等设备应进行定期检查。

（3）作业人员要求

从事船舶污染物接收作业的人员,应经过专门的培训,具备相关安全和防治污染的专业技能和知识。水上接收船舶的作业人员还应符合《船舶污染物接收和船舶清舱作业单位接收处理能力要求》(JT/T 673—2006)的要求。从事残油、含油污水与散装液体化学品洗舱水岸上接收作业人员,应符合《船舶修造和拆解单位防污染设施设备配备及操作要求》(JT/T 787—2010)的相关要求。

（4）污染物接收能力要求

港口污染物接收能力是港口每年所应满足的污染物接收量,年港口第 i 类污染物接收能力计算公式见式(11-1)。

$$T_i = (f_N \cdot \overline{W}_N \cdot N + f_r \cdot \overline{W}_r \cdot T + f_G \cdot \overline{W}_G \cdot G) \cdot \alpha \qquad (11\text{-}1)$$

式中: T_i —— 年港口第 i 类污染物接收能力,单位为 t/a;

f —— 权重系数,其中 $\sum f_i = 1$,参数值见表 11-1;

$\overline{W}_N$ —— 每艘次船舶产生的污染物均量推荐值,单位为吨/艘次,参数值见表 11-1;

$\overline{W}_r$ —— 每万总吨船舶产生的污染物均量推荐值,单位为吨/万总吨,参数值见表 11-1;

$\overline{W}_G$ —— 每万吨货物吞吐量产生的污染物均量推荐值,单位为吨/万吨,参数值见表 11-1;

N —— 年船舶进港总艘次,单位为艘次/年;

T —— 年进港船舶总吨,单位为万总吨/年;

G —— 年港口货物吞吐量,单位为万吨/年;

α —— 修正系数,参数值见表 11-1。

表 11-1　港口污染物接收能力计算参数值

技术参数		油船含油污水($i=1$)	散装液体化学品洗舱水($i=2$)	机舱残油污水($i=3$)	船舶垃圾($i=4$)	生活污水($i=5$)
污染物均量推荐值	$\overline{W}_N$(吨/艘次)	5.60	0.40	0.20	0.07	0.48
	$\overline{W}_r$(吨/万总吨)	6.60	2.50	2.00	0.25	0
	$\overline{W}_G$(吨/万吨)	5.70	1.50	2.40	0.30	0
权重系数	f_N	0.31	0.10	0.10	0.10	1
	f_r	0.37	0.50	0.90	0.40	0
	f_G	0.32	0.40	0	0.50	0
修正系数	α	0.90	0.14	0.30	0.35	t

注 1：以表中污染物均量推荐值计算出的接收能力为船舶污染物接收能力；

注 2：生活污水的均量参数为平均每艘船舶产生的生活污水量，按平均每艘船舶船员人数 16 人，人均每天 0.03t 计算；

注 3：t 为平均每艘船舶港内停留天数，单位为天（d）

年港口污染物接收总能力计算公式如下：

$$T = \sum_{i=1}^{n} T_i \tag{11-2}$$

式中：T_i——年港口第 i 类污染物接收能力，单位为 t/a；

　　　T——年港口污染物接收总能力，单位为 t/a。

11.3.2　码头、装卸站

（1）一般要求

码头、装卸站的所有者或经营者应拥有或协议拥有与其装卸货物的种类、吞吐能力、船舶修造和拆解能力相适应的接收设施，并保持良好可用状态。

（2）污染物接收能力要求

码头、装卸站污染物接收能力是码头、装卸站每年所应满足的污染物接收量，年码头、装卸站第 i 类污染物接收能力计算公式如下。

$$T_i = G \cdot \overline{W}_G \cdot \beta \tag{11-3}$$

式中：T_i——年码头、装卸站第 i 类污染物接收能力，单位为 t/a；

G—— 年码头货物吞吐量，单位为万吨／年；

$\overline{W}_{G}$—— 每万吨货物吞吐量产生的污染物均量推荐值，单位为吨／万吨，
　　　　参数值见表11-1；

β—— 修正系数，参数值见表11-2。

表 11-2　码头、装卸站污染物接收能力计算参数值

技术参数	油船含油污水 ($i=1$)	散装液体化学品洗舱水 ($i=2$)	机舱残油污水 ($i=3$)	船舶垃圾 ($i=4$)
修正系数 β	1.4	0.75	1.00	1.50

码头、装卸站生活污水接收能力按式(11-1)计算；污染物接收总能力按式(11-2)计算。

11.3.3　船舶修造、拆解单位

船舶修造、拆解单位应按照《船舶修造和拆解单位防污染设施设备配备及操作要求》(JT/T 787—2010)配备相应的接收设施，其生活污水接收能力按式(11-1)计算。船舶空调及制冷系统内的氟利昂等消耗臭氧的物质应抽到专用储存容器，送专业单位进行处理，不得排放到环境中。船舶修造、拆解单位污染物总接收能力按式(11-2)计算。

12　内河水上溢油应急处置

随着国民经济的快速发展和内河航道的不断整治和改善,我国内河航运业也得到了迅猛发展。由于我国内河水域航运资源丰富,河网遍布、水道纵横,内河航运以其便捷、经济的优势已成为物流运输的主要方式之一,内河船舶的保有量和大型化也随之持续增长,促进内河水域地区经济建设方面的作用显得尤为重要。我国目前内河船舶保有量近 19 万艘,船舶重大污染事故时有发生,其中,船舶溢油事故是船舶污染事故中发生率最高的事故。由于很多内河又是沿岸城市的水源地,如长江干流沿岸有数百个取水口,一旦发生污染事故将影响供水范围内成千上万居民的生活用水,因此一旦发生船舶溢油事故,造成的环境损失难以估量。因此,内河航运从业人员掌握内河船舶溢油事故的应急处置知识是十分重要的。

12.1　内河溢油应急处置设备

12.1.1　围油栏

(1)围油栏的作用

围油栏具有围控集中、溢油导流和防止潜在溢油三种作用。

对围油栏的要求为能有效围油,而不使其扩散;有风、流、浪时也能工作;具有足够的强度和寿命;便于保存、运输、施放;水中性能稳定;易于修理;特种围油栏要求耐火、吸油等。

(2)围油栏结构

围油栏一般由以下几部分组成,如图 12-1 所示。

浮体:利用空气或浮力材料为围油栏提供浮力。

裙体:防止或减少油从围油栏下方逃逸。

张力带:承受风、波浪、潮流和拖带所产生的拉力。

配重:使围油栏在水中处于理想的状态。

接头:连接每节围油栏或其他辅助设施的装置。

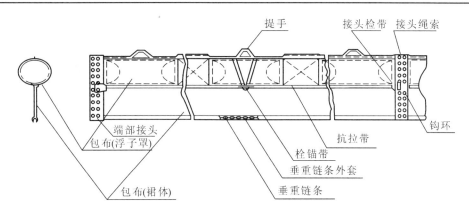

图 12-1 围油栏的结构图

水流对滞油的影响：流速超过一定数值后，滞油将从围油栏底部漏走。临界速度一般小于 1m/s。

波浪对滞油的影响：波浪影响围油栏的吃水和干舷，滞油从围油栏上部或底部逸出，应改变围油栏的柔软性和浮力重量比。

风对滞油的影响：风会使围油栏发生倒伏，滞油从上面逸出。

（3）围油栏分类

围油栏一般可分为以下六种类型：

固体浮子式围油栏（Solid floatation boom）：浮子室由固体充填构成，一般为泡沫。包布材料可为橡胶布、PVC 布和 PU 布等，结实耐用，不怕扎。布放简单，浮力重量比 3/8 适中，适应较长围控时间。但其存储体积大。

栅栏式围油栏（Fence boom）：由自支持或浮体支持的加强件构成的围油栏。特点：浮重比较小，随波性差，不适于开阔水域；干舷占总高度 1/3，吃水占总高度的 2/3；抗潮流性能好，成本低，但布放复杂。

外张力式围油栏（External tension boom）：通过外张力件和拉索来维持围油栏姿态并承受围油栏拉力的围油栏，该类型围油栏抗流能力强，但不易于应用。

充气式围油栏（Inflatable boom）：浮子室由气体充填构成，有自充气和压力充气两种。包布材料为橡胶布或 PVC 布，PU 布也有。存储空间小，浮力重量比大，需辅助设备，布放速度快。但其怕扎，所以布放和回收时需特别小心以防止表面被刺伤、划破。

岸滩围油栏（Shore seal boom）：一般由多个 10 ～ 25m 的独立管腔组成。该种围油栏适于潮间带和水陆交接处溢油的拦截；围油栏布放场所的地面应较平坦;布放和回收时需特别小心以防止表面被刺伤、划破。

防火围油栏(Fire resistant boom):用于围控燃烧的油膜的围油栏。耐火材料制成,浮体为不锈钢或耐火纤维,连接部分也必须耐火。可围住原油、成品油进行焚烧。

12.1.2 收油机

收油机是专门设计用来回收水面溢油／油水混合物而不改变其物理、化学特性的任何机械装置。收油机利用油和油水混合物的流动特性、油水的密度差以及材料对油／油水混合物的吸附性,将油从水面上分离出来。

（1）性能参数

回收速率(m^3/h):单位时间内回收油的体积。制造商标明的回收速率是在最佳条件下的回收速率,也就是油层很厚,油的黏度最适宜以及没有波浪等。一般现场真正回收速率为制造商标明回收速率的 $20\% \sim 35\%$。

回收效率($\%$):回收油占总回收液体积百分数。回收效率由收油机种类和使用条件(风、浪和温度)所决定。

彻底性效率($\%$):回收油占遭遇油体积百分数。

彻底性效率被系统性能、使用条件(风、浪温度)和作业条件(拖带速度等)所决定。

（2）收油机种类

堰式收油机:是指利用重力使油从水面上分离的装置。堰唇刚好位于油膜下面,使油能流过堰唇进入集油槽,然后被泵传送到存储装置,如图 12-2 所示。堰的高低可以调整以防大量水进入泵中。可收油的黏度范围较宽,回收油中含水多,适于厚油层回收。堰式收油机的特点主要体现在收油效率较低,特别是在油层薄和风浪大时。收油速率目前可达 $400m^3/h$。尺寸小重量轻,结构简单,维护保养容易,成本低。适于回收除很高黏度油外的油。可处理一定尺寸的垃圾。波浪中收油效率低。适于在静水和低速流中工作。

真空式收油机:是指利用吸入泵或真空泵在真空储油罐内建立真空并通过撇油头处的压力差回收油水混合物的装置。真空式收油机利用真空泵在撇油头产生真空,将水面上或地面上的溢油吸入真空储油罐内。真空收油机由撇油头、软管、真空泵、动力站组成,如图 12-3 所示。其操纵装置小、技术要求简单,对垃圾不敏感,维护容易,造价低廉。收油效率一般为 10%,油层薄则效

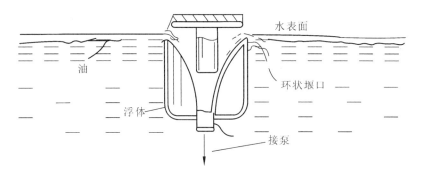

图 12-2 堰式收油机结构图

率更低。收油速率大约为 $100m^3/h$。结构简单,尺寸小,成本低。适于回收中、低黏度油。垃圾易堵塞吸头。有波浪时收油效率很低。最浅水也能工作,适于滩岸作业。适于在静水中工作。

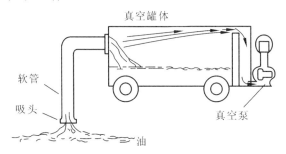

图 12-3 真空式收油机

盘鼓式收油机:是指利用亲油材料制作的盘片在油水混合物中旋转,盘片旋出时,吸附的溢油被刮片刮入集油器,并泵送到储油容器的溢油回收设备。它工作时,亲油材料制作的盘片旋入油膜,刮片将盘片吸附的溢油刮入集油器内,通过泵将回收的溢油泵入储油装置。盘鼓式收油机由盘片、刮片、集油器、输油软管、动力站和泵组成。对轻质油具有良好的适应性、回收效率高、对垃圾适应性好且维护简单。

绳式收油机:是利用漂浮亲油材料制成的一定长度的环型绳拖把吸附水面溢油,通过辊子挤压装置将绳拖把吸附的溢油挤出并存放在集油器内的装置。绳式收油机使用环型绳拖把,挤压辊驱动绳拖把并挤压黏附的溢油,集油器收集挤压的溢油。绳式收油机主要有卧式绳式收油机、立式绳式收油机两种。绳式收油机由绳拖把、挤压辊、集油器、动力站、液压马达组成。收油速率目前可达 $60m^3/h$。适于回收中、低黏度油。除对水草敏感外,其他垃圾对其无影响。收油绳乘波性好,回收效率高,一般在 90% 以上,可在波浪中收油,也可在很浅的水中使用。水平和垂直绳式收油机适于在静水和低速流中工作；装在收油船上的零相对速度绳式收油机才适合在水流中以前进模式收油。绳式收油机采用长的，连续的，软的、平滑的亲油聚丙烯材料制成的收油绳收油。收油机的挤压辊机构带动收油绳经过被油污染的水面，并将收油绳吸附的油挤到集油槽中。

12.1.3　吸附材料

吸附材料是指溢油渗透到材料内部或吸附于表面的材料，各类吸附材料技术说明及优缺点见表 12-1。多孔隙、相对密度小的材料，吸收和吸附海面浮油后仍能漂浮。吸附材料的使用一般作为浮油清除工作的补充手段。

（1）吸附材料的分类

天然吸附材料：锯末、稻草、谷壳、羽毛。

合成吸附材料：聚丙烯、聚氨酯泡沫、吸油树脂。

（2）吸油产品

油毡：片状，多数由聚丙烯制成。

吸油拖栏：绳状索状，表面网套，内部为吸油材料。

吸油枕：枕状包裹体，内部为吸油颗粒。

表 12-1　各类材料技术说明及优缺点

类型	技术说明	优点	缺点
聚丙烯酸酯	利用丙烯酸酯单体加交联剂、引发剂等通过化学聚合反应制备产品	吸油倍率高，可大于20；溶胀吸油，保油性好；种类复杂，易获取专利	成型难，应用不便；成本较高，规模生产难；吸油速度较慢
聚丙烯成型	利用丙烯单体，通过物理成型工艺（如熔喷等）制备产品	吸油倍率较高；易于加工，成型性好；成本低	保油性差
天然有机材料	通过对天然植物纤维改性（如去除木质素）加工制备吸油材料	资源再利用，环保	吸油倍率低，强度差；油水选择性差；不易储存

续表 12-1

类型	技术说明	优点	缺点
发泡聚氨酯	现场发泡吸油	运输方便、吸油速度快	油水分选性不好；调研中未见到实物
多孔有机材料	利用有机高分子材料通过分子筛技术制备多孔材料	吸油倍率一般、保油性好	吸油速度慢

（3）吸附材料的应用场合

① 油未扩散时清除围油栏以外的油以及围油栏内的油；

② 吸附较薄油层；

③ 溢油达到岸边不易处理时；

④ 对水面上的浮油进行阻拦或做记号。

（4）使用吸附材料的注意事项

① 注意使用和回收的时机；

② 选择使用不同种的吸附材料；

③ 密集使用不同材料吸油。

12.2　船舶溢油前期处置

船舶发生污染事故后，首先对污染事故进行报告，然后评估污染等级，启动相应的应急预案进行污染应急。内河发生船舶溢油事故需采取相应的前期处置措施。

12.2.1　紧急处置

当事故发生时，首先要指派现场指挥赶赴事故现场，实施必要的水域警戒及交通管制。其次在事故船舶（或事故油码头）周围根据需要布设一道或多道围油栏进行围控。如果发生汽油等易燃油品泄漏时，还应增设防火围油栏，调用消防船待命，采取防火与防爆措施。

12.2.2　堵漏与转移

事故船舶启动《船上溢油应急计划》（或事故油码头启动《码头溢油应急

计划》）进行油舱（或油管）堵漏及油转移作业,作业要求如下:

（1）尽可能关闭所有油舱（油柜）管系的阀门,堵塞油舱（油柜）通气孔,防止溢油,并尽可能携带其船上存油数量、油舱（燃油舱与货油舱）及通气孔的位置等相关资料。初步判断船舶（或油管）破损情况,组织堵漏和将残油转移。

（2）必要时,由救捞人员进行水下探摸。采取各种可能的方法,尽力封堵破损口。

（3）将残油驳至其他货舱或可接收油的油轮、油驳及油囊中。过驳时须严格遵守安全和防污染操作规程,注意不断调整各舱油量,保持船体平稳上升。须另备移动式泵系设备,以防船上货油泵系不能使用。

（4）为保证两船安全并靠,应在两船船舷设置足够的碰垫,并准备移动式球形碰垫。过驳时派专人随时调整和加固缆绳,密切监视输油管及油舱状况。

12.3   船舶溢油围控技术

围控是进行船舶溢油处置的最常用和最有效的方法之一,围控可以将溢油控制在较小范围并组织其进一步向下游河段扩散和漂移,需采取相应的溢油围控措施,溢油围控作用主要是通过围油栏,将水面溢出的油进行控制与集中。

12.3.1   溢油围控方案选择的考虑因素

对围油栏实施围控是在内河处置溢油的重要手段和措施,但围油栏布设方案的选择对于溢油拦截的效果是十分重要的。布放围油栏要考虑当地的气象条件、水况以及其他必要的因素,影响围油栏布设方案的因素主要包括:

① 水体的种类;

② 流速;

③ 岸线的类型;

④ 沿岸可供溢油回收的地点;

⑤ 水深;

⑥ 可获得的设备;

⑦ 可获得的人力资源;

⑧ 溢油的总量;

⑨ 天气;

⑩ 时节。

12.3.2 围油栏布设角度的选择

围油栏失效是指围油栏所围控的溢油从围油栏的上面或下面逃逸,降低了围油栏围控作用的效果。在河流、航道或河口等狭长水域中,由于水流的流速很高,因此围油栏在布放后常会出现失效现象,其最主要的失效形式是携带逃逸。溢油携带逃逸是指如果溢油在相对围油栏垂直方向的流速超过一定速度(常为 0.7kn),就会在围控的油膜下面产生湍流,致使油膜底部形成油滴,并随水流一起逃离,在围油栏另一侧又重新形成油膜的现象。所以一般把这个速度称为围油栏失效的临界流速。不同临界流速下围油栏与岸线夹角关系见图 12-4。可以看到流速越大,围油栏布设时与岸线的夹角越小。运用围油栏进行布放作业时,要注意围油栏与水流方向或岸边的夹角,一般可利用 $\sin\alpha \leqslant \left(\dfrac{0.7}{v(\mathrm{kn})}\right)$ 或 $\sin\alpha \leqslant \left(\dfrac{0.35}{v(\mathrm{m/s})}\right)$(其中 α 为围油栏与水流方向的夹角;v 为流速)计算,以尽可能提高围油的效率,防止携带逃逸。

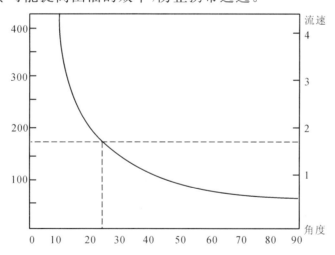

图 12-4 不同临界流速下围油栏与岸线夹角关系图

12.3.3 围油栏包裹法布设(Exclusion Booming)

该方法主要是针对区域较小或河面较窄的情况,出于对岸边的溢油敏感区域的保护,它以横过或环绕的方式包裹敏感区域,或为防止溢油进入小港湾、港口入口、取水口、河流或小溪的进出口,从而防止溢油进入到被围油栏包裹的水域内,如图 12-5 所示。内河水域有众多生活取水口和工业取水口等环境敏感区域,可利用这种方法保护环境敏感区域,防止潜在溢油进入。

图 12-5　围油栏对溢油敏感区域的包裹性布设

12.3.4　围油栏拖曳法布设

拖曳法是利用单船或多船联合布设围油栏的方法。这种操作适用于水面开阔、流速较缓慢的水域。要注意的是围油栏的拖带方向应与流向一致,以减小围油栏与油／水的相对速度,防止围油栏失效。如果溢油已经分散,可以将围油栏低速拖带(小于 0.5m/s),把分散的油膜集中起来并用收油机回收。

如图 12-6 所示,在使用单船舷侧布设围油栏回收溢油时,所使用的船舶为艉楼艉甲板的船舶,所使用的围油栏为上述改良后的围油栏,围油栏的内端被系结在船舶舷侧的中后部,其外端被系结在船艏围油栏专用的支撑杆的外端部,使围油栏呈不对称 V 形口袋状。船舶拖带围油栏从溢油漂移方向的下游迎向并阻挡溢油。该方式优点在于灵活机动,主要应用于水面开阔,水流

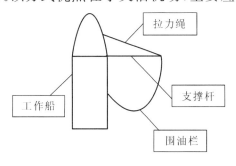

图 12-6　单船拖曳法围控溢油

流速较缓慢,而且溢油发生不久,溢油量较小,尚未形成大规模扩散的情况。

如图 12-7 所示,使用多船拖曳法布设围油栏回收溢油时,通常是将围油栏布成 U 形、J 形、L 形或多 U 形,用两艘拖船(或多艘)把围油栏拴在船中心,分别拖拉围油栏两端,溢油聚集在其弯曲部分。后一艘船作收油船,或另跟一艘收油船,双船拖带围油栏慢慢前进,在溢油集中的围油栏的弯曲部分,放置油回收装置。该方式优点在于覆盖范围广,一般能控制溢油的流动,使回收工作更加容易,该方法主要应用于开阔水面,附近可调用应急资源充足的情况下。

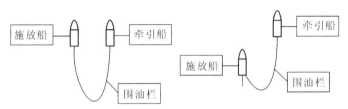

图 12-7　双船联合作业拖曳法围控溢油

12.3.5　围油栏诱导法布设

为了保护环境敏感区和将溢油转移至容易回收的区域,通常将围油栏与水流方向成一定角度布设,防止围油栏直接围控时溢油从围油栏裙体底部漏出,以便将溢油转移和引导到便于溢油回收的水域或其他非敏感资源区域,再进行回收。

(1)围油栏诱导法布设步骤

① 确定岸边的溢油回收处置地点;

② 观测河流,确定河流水流上游方向;

③ 确定河流近似的流速大小;

④ 确定与近岸溢油回收点正对的对面岸边的地点位置;

⑤ 确定与远岸溢油回收点正对的对面岸边的地点位置;

⑥ 从岸边回收点,确定与上游水流方向成 45°角的方向,并确定对岸的地点;

⑦ 从岸边回收点,确定与上游水流方向成 20°～25°角的方向,并确定对岸的地点;

⑧ 根据流速选择合适的角度开始布设围油栏。其角度选择方式如图12-8

所示。

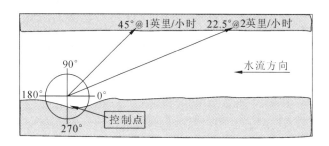

图 12-8　围油栏诱导法布设角度选择方式

（2）围油栏诱导法的岸 — 岸布设

围油栏诱导法岸 — 岸布设将溢油诱导到近岸的回收地点,回收地点应尽量选择在流速较小的位置(如:涡流区、静水区、缓流区),且应能够部署合适的回收系统,可在确定的回收地点挖沟作为回收浮油区。常见的围油栏诱导法(岸 — 岸布设)如图12-9所示。图12-10为围油栏诱导法岸 — 岸布设作业的现场照片图。

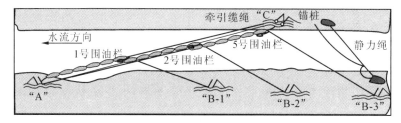

图 12-9　围油栏诱导法岸 — 岸布设

12-10　围油栏诱导法岸 — 岸布设作业现场照片图

围油栏诱导法岸 - 岸布设适用于河道水流流速较大,河面较窄的河段布设,在围油栏诱导法岸 — 岸布设期间,该航段应禁止通航。运用围油栏诱导法岸 — 岸布设进行围油栏布放作业时,要注意围油栏与水流方向或岸边的夹角,尽可能提高围油栏围控溢油的效率,防治携带逃逸,一般流速越大,围油栏布放角度越小,视需要可层叠布放围油栏。同时考虑各类围油栏布设方法对通航的影响,视需要可以考虑短期封航。

(3)围油栏诱导法的桥 — 岸布设

围油栏诱导法桥 — 岸布设可充分利用河流中广泛存在的桥梁,在溢油下游的桥区水域,在该水域利用桥墩布设围油栏,诱导溢油到近岸的回收地点,回收地点的选择同围油栏诱导法岸 — 岸布设,其示意图如图 12-11 所示。图 12-12 为这种方法作业现场的照片图。

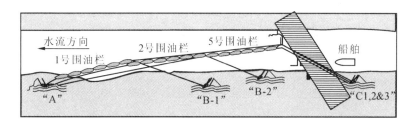

图 12-11　围油栏诱导法桥 — 岸布设

图 12-12　围油栏诱导法桥 — 岸布设作业现场照片图

围油栏诱导法桥 — 岸布设适用于河流下游有可以利用的桥梁的情况。一般桥梁建设在水流流速顺直,流态较好的水域,在围油栏诱导法桥 — 岸布设期间,由于河面一般较宽,船舶可以部分通航。由于此方法需借助桥墩,因此围油栏布设的位置与溢油源有一定的距离,以拦截逼近的油,运用围油栏诱

导法桥 — 岸布设进行围油栏布放作业时,需考虑实际溢油可能的扩散轨迹和船舶通航的可能,根据桥梁自身结构选择合适的桥孔,同时也需注意围油栏与水流方向或岸边的夹角,尽可能提高围油栏围控溢油的效率,防止携带逃逸,如需要可多层布放围油栏。

（4）围油栏诱导法标 — 岸布设

围油栏诱导法标 — 岸布设利用通航河流下游中的浮标协助布设围油栏,诱导溢油到近岸的回收地点,回收地点的选择同围油栏诱导法岸 — 岸布设法一样。常见的围油栏诱导法标 — 岸布设如图 12-13 所示。图 12-14 为采用这种方法作业的现场照片图。

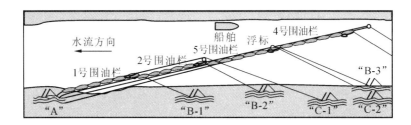

图 12-13　围油栏诱导法标 — 岸布设

图 12-14　围油栏诱导法标 — 岸布设作业现场照片图

围油栏诱导法标 — 岸布设适用于下游河段有可以利用的浮标的情况。在围油栏诱导法标 — 岸布设期间,如果河面较宽,船舶可以通航。由于此方法需借助浮标,因此围油栏布设的位置与溢油源有一定的距离,以拦截逼近的油,运用围油栏诱导法标 — 岸布设进行围油栏布放作业时,需考虑实际溢油可能的扩散轨迹和船舶通航的可能,选择合适的浮标,同时也需注意围油栏与水流方向或岸边的夹角,尽可能提高围油栏围控溢油的效率,防止携带逃逸,如需要可多层布放围油栏。

（5）其他围油栏诱导法

围油栏诱导法,除上述几种情况外还有开放式 V 型布设法、封闭式 V 型布设法等。图 12-15 和图 12-16 为正、反向封闭式 V 形诱导法,封闭式 V 形诱导法适用于河面较窄,水流流速小于 0.7kn 的情况,如果流速过大,则易发生围油栏失效,采用封闭式 V 形诱导法围控溢油时船舶不能通航。封闭式 V 形诱导法将油膜引导到两个或多个回收区域,上述两种方法的不同之处是正向封闭式 V 形诱导法在岸边回收溢油,反向则需在河流中固定回收装置使油膜集中。

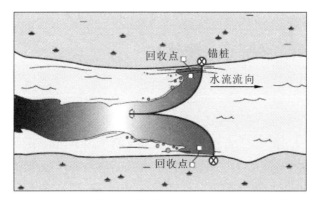

图 12-15　正向封闭式 V 形诱导法

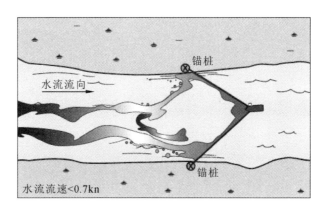

图 12-16　反向封闭式 V 形诱导法

当水域必须通航时,常采用图 12-17 所示的开放式 V 形诱导法围控溢油。

开放式 V 形诱导法分别将两个围油栏分别固定在河流中央,其中一个围油栏固定在上游点,另一个围油栏固定在下游点。

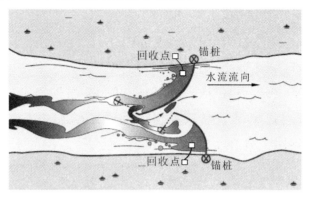

图 12-17　　开放式 V 形诱导法

12.4　　船舶溢油回收清除技术

溢油回收是将导流到预定的溢油回收地点的溢出油品加以回收。通常的溢油清除方法有:物理方法,即使用收油机和吸油材料进行回收;化学方法,即喷洒溢油分散剂;生物方法,即生物降解;其他方法,如焚烧法等。其中对于溢油分散剂处理溢油的方法由于其本身对水体环境有较低的毒性,目前在我国内河已经禁止使用。

回收清除船舶溢油首先需按以下步骤确定溢油回收策略:

① 确定主要的溢油回收处置地点;

② 评估现场条件和进入路径;

③ 基于溢油类型、进入路径和围油栏布设的限制条件,确定合适的回收和储存系统;

④ 从储存位置调度和部署回收和临时性储存设备;

⑤ 在回收处置地点采取措施将岸线的污染最小化;

⑥ 酌情配置回收人员和监控应急人员操作;

⑦ 根据应急计划存储和转运回收的溢油和油污水。

(1) 不采取溢油回收措施

溢出油品是汽油、轻柴油等轻质油品时,根据轻质油品的物理化学特性,此类油黏性低、挥发性强,一般在 4h 左右即可自然蒸发 90% 以上。因此,如果溢油量不大,可不采取水上回收处置措施,而让其自然挥发,但需注意防火防爆并加强监控。

(2)溢油的物理回收清除

当泄漏的油品为持久性油类,且数量较大时,一般应尽量采用回收方式进行回收。在采用物理回收清除溢油时应选择合适的收油机、吸油材料等。

① 收油机

收油机是一种从水表面清除油但不改变油的物理化学性能的机械装置。收油机的基本工作原理是利用油和油水混合物的流动特性、油水的密度差以及材料对油/油水混合物的吸附性,将油从水面上分离出来。各类收油机使用区域、油类及特点如表 12-2、表 12-3 所示:

表 12-2　收油机使用区域、油类情况表

收油机	堰式	盘式	刷式	带式	真空式	绳式	动态斜面式	机械式	收油网
开阔水域	●	●	●	●		●	●		●
浅水水域	●	●			●	●	●	●	●
岸滩水域					●	●			
高黏度油			●	●			●	●	●
低黏度油	●	●			●	●	●		
中黏度油	●	●			●	●	●		

表 12-3　收油机特点一览表

收油机	堰式	盘式	刷式	带式	真空式	绳式	动态斜面式	机械式	收油网
回收效率	低	高	高	高	中	高	高	低	高
行进速度	0	0	0	1kn	0	0	3kn	0	1kn
油敏感度	中	中	高	高	高	中	低	高	高
垃圾敏感度	高	中	中	低	低	低	低	低	低
油层敏感度	高	高	高	中	高	中	低	高	高
适波性	低	中	中	高	低	高	高	中	低
操作简易度	低	中	中	高	高	高	高	中	低
维护简易	高	中	中	高	高	中	高	高	中
布放简单程度	低	中	低	高	高	中	中	中	中
耐用性	高	中	低	高	高	低	高	高	低
储存简易程度	低	高	中	低	高	中	中	低	低

　　针对内河油品运输特点,对于各类溢出油品建议采用以下方法进行回收处置:

　　a.当溢出油品是轻质油品时,如果溢油量较大可采用亲油带式(下行)收油机、堰式收油机、亲油刷式收油机及真空抽吸式收油机回收溢油。

　　b.当溢出油品是中黏度油(如重柴油等)时,宜采用亲油刷式收油机、亲油圆盘式收油机、亲油绳索式收油机、亲油带式收油机、堰式收油机及真空抽吸式收油机回收溢油。从油回收率、回收能力及布设难易综合考虑,对大规模溢油最好选择亲油带式收油机或亲油刷式收油机。薄油层可用吸油拖栏或吸油毡吸收处理。

　　c.当溢出油品是高黏度油(如100号以上的燃料油、原油等)时,可采用亲油带式(上行)收油机、亲油刷式收油机、螺旋杆型堰式收油机。对块状原油,可采用收油网或抓斗回收。

　　目前内河港口码头配备的收油机多为转盘式收油机,该类收油机利用亲油材料制作的盘片在油水混合物中旋转,盘片旋出时,吸附的溢油被刮片刮入集油器,并泵送到储油容器的溢油回收设备,其优点对轻质油具有良好的适应性,回收效率高,对垃圾适应性好,维护简单,适用区域范围广。

　　② 吸油材料

　　吸油毡是众多的吸油材料中应用最广泛的一种,也是内河港口码头配备得最多的一类吸油材料。吸油毡主要使水面溢油直接渗透到材料内部或吸附于表面,以便于回收。吸油毡具有相对密度小、能浮在水上、吸油性能好,且亲油疏水、吸水量很低、吸油速度快、保油性能好、吸油后能保持原形、使用方便、吸油后进行燃烧处理不产生有毒气等优点,在回收少量溢油和经机械回收处理后的残油,以及环境条件恶劣不能采用其他方法时,效果十分明显。在泄漏应急反应结束后,某些类型的吸油毡采用机械挤压、人工挤压和反复清洗(清洗油类的普通洗涤剂)的方法处理,还可反复使用。

　　索科罗吸附剂是目前国际上唯一一种绿色环保、不会产生二次污染的安全便捷的水陆两用油类／化学物质吸收剂。索科罗吸收时将油类化学物质由液态转化为固态,不会再渗漏出来,可有效控制住油类／化学物质在水面的扩散。索科罗喷洒容易,回收方便,很容易将水面、地面的油类／化学物质污染清除干净。索科罗性能稳定,具有生物降解性,吸收后索科罗处置非常方便,可焚烧也可填埋。

（2）焚烧法

长江三峡库区平均宽度只有 1.1km，焚烧后产生的大量浓烟会影响岸上的居民，此外燃烧后的残留物不易回收，易污染大气环境，还要考虑现场人员的安全因素，因此不提倡用焚烧的方法对库区溢油进行清除。

（3）近岸水域溢油回收

对于离岸较近的水域，除利用围油栏将油导向易于回收地点，采用不同的溢油回收设备回收溢油外，亦可组织应急人员采用简易工具采取以下方法回收近岸水域溢油：

① 使用围油栏或在渔网网内填充稻草，对岸边水域的溢油进行围控，防止溢油扩散。

② 作业人员乘坐渔船或小船或舢板到近岸污染水域，进行人工打捞回收作业。

③ 薄层油采用吸油材料或稻草、麦秆、芦苇、棕榈树叶子、椰子壳、甘蔗渣、鸡毛等代用品吸附，用钩子、叉子或耙子将吸饱油的吸油材料收集起来，放到桶里或塑料袋里。

④ 用桶、勺等容器捞取中低黏度油。

⑤ 使用专门制作的类似漏勺的简易工具捞取高黏度油。

⑥ 准备足够的临时性容器存放捞出的污油。

（4）岸上溢油清除

当岸上溢油需要清除时，首先根据各类型岸线遭受油污损害的脆弱程度，排列优先保护次序，再确定清除顺序和清除方法，内河岸线类型主要包括石块及人工构筑岸线、碎石岸线、土质和沙质岸线，对不同岸线需采用不同的溢油清除技术。

① 石块及人工构筑（粒径＞250mm）岸线溢油清除措施

在清除岩石或人工构筑物上的溢油时，由于溢油不易渗透，可用低压清水冲刷法、高压清水冲刷法、温水或高温蒸汽冲洗法，也可采用人工运移、刮铲油污物法等。对于高黏度油清除作业可用高温水甚至蒸汽，一般情况下水温大约加热到 60℃。在允许使用溢油分散剂的地区，使用溢油分散剂有助于清除污染，在进行清除作业前需将作业区用围油栏围控起来，对于冲洗下来被围油栏围控的油污，可用吸油材料吸附，收油机、人工或真空罐车回收，然后转移处置。

② 碎石(粒径为 2～250mm)岸线溢油清除措施

溢油会渗透到碎石缝隙,清洁此类岸线难度较大,可用高压热水冲洗表层污油,或用真空式收油机、人工清除石头缝隙中的污油。清除作业区用围油栏围控起来,可用吸油材料吸附,收油机、人工或真空罐车回收被围油栏围控的油污,然后转移处置。

③ 土质和沙质(粒径为 0.1～2mm)岸线

此类岸线清除作业量大,若岸线被严重污染,在重型设备能够进入的情况下,可用推土机将沾有油的土和沙集中到狭长地带,再用铲车收集起来运到暂存处;当重型设备进入不便时采用人工收集沾有油的土和沙装入高强度塑料袋或其他容器中,而后交给专门单位进行无害化处理。清除了大部分被污染的岸线后,可喷洒溢油分散剂等待库区高水位河水冲刷或用软管抽吸河水冲洗。若岸线被轻度污染,可在低水位时期,周期性地搅动或耙松被污染的土和沙,使油暴露在外被风化消散。

12.5　内河港口码头溢油应急设备配备

在我国,内河港口码头溢油应急设备应按照《港口码头水上污染事故应急防备能力要求》(JT/T 451—2017)进行配备,该要求规定了港口码头水上污染事故应急防备能力目标,应急设施、设备和物资配备要求,配套设施、设备要求以及应急管理要求。内河从事货物装卸、过驳作业的港口,码头,装卸站以及从事船舶修造、拆解的单位均使用于该标准。其中,标准规定的设备配备数量是码头一旦出现事故处理所需要的最低配备数量。

12.5.1　内河港口码头等级划分

根据靠泊能力,将内河港口码头分为 1000 吨级及以下、1000～5000 吨级(含)、5000～10000 吨级(含)、10000～50000 吨级和 50000 吨级及以上共五类。

12.5.2　内河港口码头溢油应急防备能力目标要求

内河港口、码头装卸站按照《水上溢油环境风险评估技术导则》(JT/T 1143)对区域或建设项目水上污染事故环境风险进行评估,按照《船舶溢油应急能力评估导则》(JT/T 877)对现有水上溢油应急防备能力进行评估。具体要求如下：

（1）港口应以风险评估确定的可能最大水上溢油事故溢油量作为本港及其附近区域的溢油应急防备目标。

（2）从事散装液体污染危害性货物装卸作业的新、改、扩建码头和装卸站应通过自行配置应急资源或联防方式，其他码头、装卸站还可通过购买服务方式，满足表 12-4 中一级防备要求，并在应急预案中提出满足表 12-4 的二级、三级防备要求的衔接措施。同一码头有多个泊位的，按照其中最高风险的泊位作为本码头的水上溢油应急防备目标。

表 12-4 　新、改、扩建码头水上溢油应急防备等级要求

应急防备等级	应急资源拥有方式	防备能力配备要求		自接到应急响应通知后应急反应时间最低要求(h)
		占区域溢油应急防备目标的比例	满足浅水和岸线清污作业的占[b]	
一级防备	自有、联防或者购买应急防备服务	5%～10%[a]	20%	4
二级防备	与上一级应急预案衔接或区域联防安排	50%～60%[a]	—	24
三级防备	在应急预案中识别周边可协调的应急资源	40%～50%[a]	—	48

注：a. 根据风险大小和周边区域现有水上污染事故应急防备能力情况在此区间取值，风险低或现有能力强的，取低值；风险高或现有能力弱的，取高值；采用联防、购买服务方式满足一级防备要求的，取高值；三个防备等级的应急能力之和不小于100%。

b. 指在配备的应急设施设备和物资中，可用于浅水和岸线清污作业的数量或回收清除能力占比。

（3）港口应在港内最高风险码头应急防备能力要求的基础上，根据风险评估结果，确定本港口的应急防备要求，一个港湾或单一港口不宜超过表12-4的二级防备要求。港口应结合当地和周边区域可协调的应急防备能力，合理确定本港口水上溢油应急能力建设需求。

（4）可协调的应急防备能力区域范围为在表 12-4 的应急反应时间内，主要应急资源可到达事故多发点的周边区域，应急反应时间按照 JT/T 877 计算。

（5）通过联防满足应急防备能力要求的，同一港口的相邻、相近码头和装卸站宜根据风险评估得出的各自的风险比重，确定应承担的应急防备比例。

（6）码头、装卸站通过购买服务满足应急防备能力要求的,提供服务的应急单位的应急资源应当满足表 12-4 中一级防备能力和反应时间要求。一个港湾或单一港口的应急单位为多个码头、装卸站提供服务的,应当满足（3）的要求。

（7）从事类油物质货物作业的港口、码头、装卸站的应急防备能力要求按照表 12-4 执行;从事其他具有漂浮特性的散装液体污染危害性货物的港口、码头、装卸站可参照表 12-4 确定应急防备目标。

12.5.3　内河港口码头应急设施、设备和物资配备要求

内河中新、改、扩建码头,装卸站确定水上溢油应急防备能力目标后,按照《船舶溢油应急能力评估导则》分别计算需要配备的污染源控制、围控与防护、回收与清除、监视监测及预警等应急设施设备和物资的种类及数量。

内河中现有码头、装卸站可按照表 12-5 和表 12-6 要求配备水上溢油应急设施、设备和物资,也可基于风险评估结果,按照新、改、扩建码头的要求配备水上溢油应急设施、设备和物资。

表 12-5　河港从事油类物质和类油物质作业码头水上
溢油应急设施、设备、物资配备数要求

设备名称		靠泊能力			
		1000～5000 吨级(含)	5000～10000 吨级(含)	10000～50000 吨级	50000 吨级及以上
围油栏	永久布放型(m)	实体结构码头的单个泊位不低于码头泊位长度、最大设计船型的 2 倍设计船宽和 100m 之和;栈桥式、支墩式的单个泊位不低于最大设计船型的 2 倍设计船长、2 倍设计船宽与 200m 之和;浮式码头的单个泊位不低于最大设计船型的 1.25 倍设计船长与 2 倍设计船宽之和			
	应急型(m)	不低于最大设计船型的 3 倍设计船长			
收油机	总能力(m³/h)	20	40	60	65
油拖网	总容量(m³)	4	6		
	数量(套)	2			

设备名称		靠泊能力			
		1000～ 5000 吨级(含)	5000～ 10000 吨级(含)	10000～ 50000 吨级	50000 吨 级及以上
吸油材料	数量(t)	2	3	5	5
储存装置	有效容积(m³)	20	40	60	65
围油栏布放艇	数量(艘)	1			
溢油应急 处置船	回收舱容(m³)	—	80	120	130
	收油能力(m³/h)	—	40	60	65

注:仅适用于油品的黏度大于 6000cSt 或在港区水域的水温可能低于油品凝点的情况下配备。

表 12-6　河港其他码头水上溢油应急设施、设备、物资配备要求

设备名称		靠泊能力			
		1000～ 5000 吨级(含)	5000～ 10000 吨级(含)	10000～ 50000 吨级	50000 吨 级及以上
围油栏	应急型(m)	不低于最大设计船型的 3 倍设计船长			
收油机	总能力(m³/h)	1	2	3	6.5
油拖网	数量(套)	1			
吸油材料	数量(t)	0.2	0.3	0.5	1.0
储存装置	有效容积(m³)	1	2	3	6.5

注:仅适用于油品的黏度大于 6000cSt 或在港区水域的水温可能低于油品凝点的情况下配备。

　　散装液体污染危害性货物码头、装卸站应按照上述要求配备溢油应急设施、设备和物资,并按照表 12-7 配备污染危害性货物泄漏事故应急设施、设备和物资。溢油应急和污染危害性货物泄漏事故应急设施、设备和物资能兼用的,可不重复配备。

表 12-7 散装液体污染危害性货物码头、装卸站水上
污染事故应急设施、设备和物资配备要求

应急防备项目	要求	规格和数量要求
人员防护装备	根据货物危害性确定人员防护装备要求	3套
便捷式有害物质检测仪器	根据货种危害性和安全防护目的确定检测仪器的种类	1套
围控设备	对具有漂浮、腐蚀特性的货物,宜根据化学特性满足防腐	参照对围油栏的要求配备
化学吸收或吸附材料	对具有易挥发、课浮和有毒特性的货物应配备化学吸收材料;对其他具有漂浮特性的货物,可选择配备化学吸收或化学吸附材料	2t,适当搭配毡式、枕式和拖栏式化学吸收或吸附材料
回收设备	对具有漂浮特性的货物,配备的收油机应当根据货物特性满足防腐、防爆等要求	参照对收油机的要求配备
应急处置船	对具有挥发燃烧、有毒特性的货物,参与应急处置的船舶应当满足现场人员和船上设备对危险化学品气体隔离防护和防火防爆等要求	参照配备围控、回收设备的要求,物资宜集装与船上

内河5000吨级、沿海5000吨级以上从事油类及类油物质货物作业的码头、装卸站,应当至少配置或租用一艘溢油应急处置船。在4h的反应时间内,相邻或相近的码头、装卸站可共建或共用一艘溢油应急处置船。一个港口应至少配备一艘具有现场应急指挥功能的溢油应急处置船。溢油应急处置船可兼作他用,但应当在其设定的应急防备区域内值守。

港口、码头、装卸站配备的水上污染事故应急设备和物资选型应与污染风险及其使用条件相适应,符合国家现行标准规定的技术要求。港口、码头、装卸站应优先选择技术先进、节能高效、便于操作的应急产品。港口、码头、装卸站水上污染事故应急设施设备和物资发生损坏和消耗后,应及时补充、更新。

12.5.4 内河港口码头溢油应急设备基本要求

（1）应急设备应符合《溢油分散剂技术条件》(GB 18188.1)、《围油栏》(JT/T 465)、《船用吸油毡》(JT/T 560) 和中国船级社 CCS-72《浮油回收船检验指南》等相应的标准规定的技术要求，并通过检测机构的检测。码头在配备应急设备时，应优先选择技术先进、节能高效、便于操作的产品。

（2）应配备配套齐全的应急设备，包括围油栏的附件、辅助设备和与码头、岸边设施相连接的浮动连接装置，以及应急人员的防护用品和通信器材等。

（3）应急设备应放置在固定场所，并有运输车、起吊设备等配套设施可供使用。场所应具有良好的通风、散热、去湿、防潮、隔热等功能，设备运输车和起吊设备要与应急设备的重量、外形和体积相匹配。

12.5.5 内河港口码头溢油应急设备管理

（1）码头在配备应急设备前，应将设备数量清单、应急人员情况或有关的委托文件等，报主管机关核准。码头在交工运行前，其应急设备配备情况应通过验收。码头在运行过程中，应急设备变化和委托变化时，应及时报主管机关核准。

（2）码头应配备专职或兼职的应急人员，制定应急预案，定期开展溢油应急培训和应急演练等工作。

（3）码头所配备的应急设备及器材应纳入所在港口的溢油应急计划中。

（4）码头应定期对溢油应急的有关设备及设施进行维护、保养，确保其在应急反应中的正常使用。

（5）港口或同一港区、作业区的码头，可根据自身情况建立联防机构。参加联防机构的码头，可集资购置应急设备，以实现应急设备资源的整合和统一调配使用。在联防机构应急能力的覆盖范围内时，1000 吨级及以下的码头应参加联防机构。

（6）经主管机关核准后，码头可将日常的围油栏布放和应急业务委托给经主管机关认可的专业清污机构。提供上述应急服务机构所配备的应急设备数量和能力，应能够满足所服务码头溢油应急处理的需要。

13 内河水上危险品泄漏应急处置

近年来,随着内河航运的稳步发展,内河水路危险化学品运输快速增长。以长江干线为例,2016年长江干线完成危化品远量和港口吞吐量分别为1.7亿吨和2.0亿吨,较2011年年均增长8.1和4.3%。

根据货物的形态和包装,一般将水路运输货物划分为危化品(液体散货也即液体危险化学品)、干散货、件杂货、集装箱、滚装汽车五大类。其中危化品主要包括:原油、成品油、液化天然气及制品、液态化学品和其他液体货物。

2007—2016年,长江干线港口危化品吞吐量总体呈上升趋势,主要危化品货种也呈缓慢增长趋势,具体如图13-1所示。

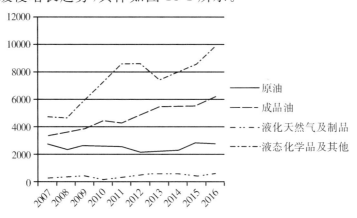

图 13-1　2007—2016年长江干线港口危化品吞吐量(万吨)

13.1　泄漏事故应急的基本方针

发生危险化学品的泄漏事故后,事故单位必须迅速采取必要及可能的措施防止危害扩大。同时,向当地水上应急指挥机构值班室报告事故的具体情况。水上应急指挥机构值班室接到事故报警后,立即向当地水上应急指挥机构领导及当地政府报告,同时对事故进行初步判断。各有关单位在接到报告的同时,立即组织力量对事故进行调查核实,及时报告调查情况,采取必要的措施控制灾情。如果有化学品入江,港航海事、水利和环保部门还应及时通知事故水域下游紧急关闭取水口、船闸,涉及渔业养殖、捕捞的还应通知渔政部门。同时,应采用先进的监测、预测、预警、预防和应急处置技术及设施,充分发挥专家队伍和专业人员的作用,提高应对事故的科技水平和指挥能力,避免发生次生、衍生事件。

水路运输危险货物的种类繁多,其性状也因物质种类而异,并且因某些危险货物具有可燃性、反应性或毒性,在其发生反应时,对于发生相互反应的情况也应予以充分考虑。因此,在发生水路运输危险货物泄漏事故的情况下,基本的应对措施的原则为:以生命安全为首要出发点,确保应急人员的人身安全,并在可能的情况下尽量防止对内河水域环境或社会 / 经济活动产生影响或将损失降至最低。

13.2　泄漏事故应急的基本程序

危险化学品泄漏事故应急反应流程如图 13-2 所示。在事故应急中应结合突发事件应急预案的突发公共事件预警发布流程及突发公共事件应急处置流程启动应急预案,发布预警信息,进行应急处置。

13.2.1　事故报告、通报及信息发布

当船舶发生或可能发生重大危险货物事故时,船长或船舶负责人应通过一切可以利用的通信手段及时向海事部门及当地水上应急指挥机构报告,其他人员发现水上危险货物事故时也应立即向当地水上应急指挥机构报告。

当地水上应急指挥机构接到报告后,应立即对接报信息进行评估,向应急总指挥报告,并发出水上危险货物事故警报,启动本预案,并向当地地方政府报告。根据应急预案,当事故等级超过本级所能应对的事故等级时,应立即将事故情况上报上一级水上应急指挥机构。

13.2.2　事故评估

水上应急指挥机构接到事故报告后,立即组织对事故进行初始评估。初始评估的内容主要包括:

① 是否发生了危险化学品事故;

② 遇险人数及泄漏危险化学品的品种、数量;

③ 事故船舶的详细资料,如船舶结构、泄漏危险化学品的理化特性等;

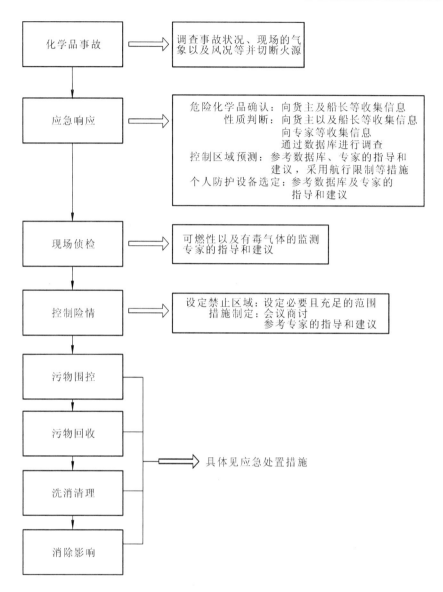

图 13-2　水路危险货物泄漏事故应急反应流程图

④ 已造成的和可能造成的对周围环境的影响。

对导致的火灾、爆炸以及可能造成的人身伤害进行分析判断,确定需要采取的应急救援措施。根据上述初始评估,应急指挥机构立即采取以下行动:

① 立即通过有效手段对事故船舶实施定位监控;

② 与事故船舶保持联系,对事故水域实施交通管制,发布航行警告和信息广播;

③ 立即按照程序报告,并根据救助需要,调集应急力量参与应急救援

行动。

13.2.3　危险化学品监视和监测

（1）危险化学品监视

危险化学品监视是指发现和跟踪泄漏危险化学品，迅速确定危险化学品事故发生的位置、性质、规模，预测泄漏物质的数量、面积、扩散速度和方向等，为应急反应决策、清除作业方案的选定和污染损害取证提供依据。

监视由船舶监视和岸边监视组成。

① 船舶监视

当船舶发生泄漏事故后，搜救中心根据事故报告，迅速派遣监视船舶对泄漏危险化学品进行跟踪监视，必要时利用事故现场周围的在航和作业船舶进行监视。

② 岸边监视

闭路电视监控系统监视：通过在各危险化学品码头设立闭路电视监控系统来进行遥控监控。

义务监督员网络监视：建立一支由码头人员、边防战士、沿江居民等人员组成的义务监督员网络，进行监视。

利用海事巡逻车进行监视。接到危险化学品事故报警后，利用可能的手段跟踪监视泄漏的化学品，并随时向搜救中心报告情况。

（2）危险化学品监测

危险化学品监测由应急总指挥部组织水上环境监测单位按照国家环境监测规范和标准进行。

监测单位应尽快收集和掌握事故发生的时间和地点、造成事故的设施特征、装载危险化学品的种类和数量、破损程度及泄漏口的关闭情况、事故发生后的水文气象情况及近期天气预报、发生事故周围水域的环境及生产情况等有关资料和信息。在综合分析判断的基础上，编制应急监测方案并付诸实施，同时将监测结果及时上报应急总指挥部。

应急监测方案应包括以下主要内容：

① 确认危险化学品品种，为应急反应有针对性选择设备。

② 监测点位的布设原则和方法。

③ 监测内容和项目。

a. 事故现场监测；

b. 泄漏物质的理化性质；

c. 周围资源受污染情况；

d. 气象要素、水文要素、水质等监测项目。

④ 样品保存及监测方法。

⑤ 监测结果报告。监测报告为应急监测后整个监测工作的总报告，其内容包括文字报告、有关图集、监测数据汇编、相集、录像带等。

13.2.4　环境敏感区

环境敏感区，是指依法设立的各级各类自然、文化保护地，以及对建设项目的某类污染因子或者生态影响因子特别敏感的区域，在内河水域主要包括生活用水取水口、生态自然保护区、水产养殖区、工业用水取水口、风景旅游区和岸线。

13.2.5　水上应急指挥机构采取的应急行动

接到事故报告后，迅速指派现场指挥赶赴现场，并在各方面支援、接应和指导现场对抗危险化学品事故的应急反应行动。

迅速启动监视监测和信息辅助决策系统，必要时召集专家组对危险化学品事故进行研究，评估泄漏事故对人员可能的危害和对环境可能造成的污染风险，拟定应急救援方案，并通过组织指挥系统、通信联络系统、设备库网络系统和后勤保障系统等做出如下反应：

① 立即报告当地地方政府、上一级水上应急指挥机构；

② 迅速指派专业污染防治队伍携带应急反应设备赶赴现场；

③ 根据应急等级通知相关的应急指挥部成员单位；

④ 指派船艇对泄漏源周围水域和泄漏区域实行警戒或交通管制；

⑤ 必要时请求实施泄漏扩散空中监视和泄漏控制与清污作业支援；

⑥ 请求应急援助，并通知有关部门、企业、人员开展预防污染的应急反应行动。

13.2.6　应急现场指挥部采取的对策

接到事故报告，指定的现场指挥人员应立即赶赴现场，成立现场应急指

挥部,并采取以下应急行动:

① 确定事故现场的准确地点、遇险人数和泄漏原因(包括船名、船型、碰撞／搁浅、船东／货主),及时向搜救中心报告,同时组织抢险。

② 及时报告化学品种类、泄漏事故的规模,现场风速、水流状况及泄漏物漂流动向,组织必要的监视监测,并定时报告漂流动向。

③ 及时根据现场情况预测并报告进一步泄漏的可能性,判断泄漏应急反应等级,责令责任方采取可能做到的防漏措施,要求应急总指挥部迅速调动应急队伍及装备。

④ 应急队伍及装备到达现场后,组织指挥现场围控和清除,并根据溢出物种类、规模、地点、扩散方向采取相应的防治措施。

⑤ 采取任何应急反应行动,均应根据泄漏规模和可能造成的危害,确定相应的应急对策,并及时报告搜救中心及应急总指挥部。

13.2.7   控制与清除

一旦发生危险化学品泄漏,首要目标是按照优先次序保护重要区域和限制污染的进一步扩大,其次是根据专家组确定的控制和清除措施清除污染。

(1)化学品控制与清除作业

在水上进行的危险化学品清除作业的程序应按照施放围控设施、进行机械或人工回收、喷洒相应的稀释处理物质来进行。

① 切断泄漏源

船舶发生泄漏事故后,首先应采取果断措施切断泄漏源,关闭产生泄漏的各种阀门,将破损货舱内剩余的货物转移到其他舱内或过驳到其他船上。

② 泄漏物质的围控

根据实际情况布设一道或数道围油栏进行围控,防止泄漏物质飘散。若天气恶劣,无法布设围油栏时,应做好泄漏物监视监测预报,弄清去向。

③ 水面回收

尽可能依靠机械的方法将围控的化学品回收,回收时可采取化学物质回收船、撇油器、化学物质拖网、化学物质拖把、吸附材料以及人工捞取等手段。

④ 残余物的强制消除

可使用化学消除剂、吸附材料、燃烧等方法。

(2)沉船的应急对策

① 船舶有可能沉没时,船员离开前应尽可能关闭所有货舱管系的阀门,填塞货舱管系通气孔,防止泄漏,并在事故报告中说明船上货物的品名、种类、数量,舱及通气孔的位置。

② 泄漏船沉没后,应利用水下抽取设备,力求回收船内全部货物。

(3)岸线清污作业

根据货品的种类和数量、岸线污染范围制定岸线清污方案。

可使用泵、真空罐车或拖车来收集化学物质,若车辆无法到达,可用桶、勺或其他容器储存泄漏的化学物质,再将盛满的容器运走。此外,还可适量使用吸附材料,用高压水及分散剂清除残余的化学物质。

(4)回收化学废弃物的处置

通过处理厂、污水接收处理站或化学物质的回收装置进行处置。由环保局提出处置意见。

13.2.8　泄漏事故应急作业时的注意事项

危险化学品泄漏事故的应急作业过程中应注意以下几点:

① 对于应急人员,应当熟知泄漏危险化学品的火灾危险性以及健康危险性。

② 在应急作业时,从确保安全的角度,在明确了指挥系统的同时,必须最小限度派遣应急人员,并进行适当轮替。

③ 应对有燃爆性及健康危险性气体产生的危险化学品泄漏事故时,应当安排风向观测人员进行风向观测。

④ 燃爆性危险化学品应急作业人员,不应携带或穿着有可能产生火花或者产生静电的物体。

⑤ 在泄漏现场应急作业时,应不间断地实施对危险化学品的气体浓度以及氧气浓度的测定,从而充分确保安全。此外,除了在已确认安全的情况下,在船外从事作业的人员,应当穿着必要的个人防护设备(自给气式呼吸器、防护衣等)。

⑥ 在使用限度内尽早更换空气呼吸器用泵。

⑦ 应急作业结束后,不管是否黏附了该危险化学品,从事作业的应急人员均应使用肥皂清洗身体各个部位,此外,对作业时使用的个人防护设备进行清洗,应充分注意应急人员的个人防护。

13.2.9 事故应急反应终止及调查报告的上报

水上应急指挥机构根据应急反应进展情况,在以下情况下,可以决定终止应急反应行动:

① 污染源已经得到控制,不会再次发生污染;

② 遇险人员已经得到救护和转移,失踪人员已经不存在幸存可能;

③ 水面、滩涂的污染物已经得到有效回收和清除,残留的难以清除的污染物,不会对人身安全、环境安全构成直接损害;

④ 各监测站点显示,污染物检测指标已经符合标准。

水上应急指挥机构根据职责分工进行调查,有关材料汇总上报。总结报告应包括以下方面的内容:

① 检查参加单位出动及配合情况;

② 清点动用的器材、设备及回收情况,将设备和器材进行清洗和维修;

③ 清点、归还临时调用的设备、器材;

④ 对应急效果进行评估。

13.3 不同类别危险化学品泄漏后的应急处置

13.3.1 危险化学品泄漏后的变化过程及分类

危险化学品进入水体后,在内河特有的环境条件下,有着复杂的物理、化学和生物变化过程,这些变化过程中主要的物理变化过程有扩散、漂移、蒸发、分散、乳化、溶解、沉降等,如图13-3所示。这些变化过程与溢油的变化过程是类似的,只是不同的危险化学品各类过程进行的程度不同而已。

由于内河运输危险化学品种类繁多,突发事故的情况复杂,因此泄漏后

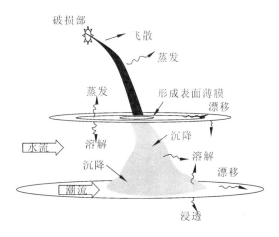

图 13-3 危险化学品泄漏后的归宿

所表现出的特征都不一样,从而大大增加了应急处置的难度。因此必须根据

泄漏事故的具体情况,结合泄漏危险化学品的具体种类,在准确预测、判断的基础上,制订出合理、有效的应急反应方案及措施,才能把事故造成的损失和污染降到最低。

在应对危险品泄漏事故的实际工作中,可以根据危险品的理化特性(如水溶性、相对密度和挥发性等)和泄漏的不同特点,将泄漏液体化学品分为挥发类、下沉类、漂浮类、泄漏后凝固类和溶解类等五个类别,分别采取相应的应急措施,使得应急处置更具有针对性和可操作性。

危险化学品泄漏事故的安全应急方法则主要包括三类,即预报方法、监测技术和控制方法。表13-1根据危险化学品泄漏表现形式的不同组别,给出适用的应急反应方法和技术,F(Forcast,预报)、M(Monitoring,监测)和C(Combating,应对)。

表 13-1　　应急技术简称关系表

简称	技术名称
F1	预报空气中扩散
F2	预报水表面扩散
F3	预报水体中扩散
M1	监测空气
M2	监测水体
C1	应对水溶性气团
C2	应对水中漂浮物
C3	应对水中溶解物
C4	应对水体沉积物

13.3.2　泄漏后挥发类液体物质的应急处置

挥发类液体化学品泄漏根据有毒蒸气对人员的伤害浓度剂量标准,可分为危害严重程度不同的危险区域,如致伤区、重伤区和致死区等。为防止毒气云对周围人员造成伤害应通过模拟、监测等措施,建立一个危害程度区域,对危害区域内的人群实施掩蔽或疏散的措施。当浓度通过大气或水的消散或稀释而降至可接受的水平时,最终宣布安全。在气体和蒸气大量释放的情况下,唯一可行的对应措施是回避,因此在泄漏发生后,应将人员撤离到安全区域,保护人员安全。泄漏蒸发物的另外一个危害在于可能造成火灾爆炸危险。当可燃混合气体的浓度超过最低爆炸极限 LEL 就会有发生爆炸的危险。一般情况下,工作人员采用仪器检测气体浓度是否达到 10%LEL,以确定火灾危险区域的外部边界。

对于挥发类液体化学品的应急处置流程如图 13-4 所示。

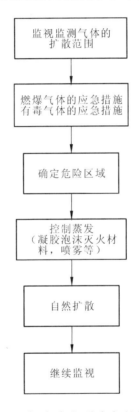

图 13-4 挥发类物质应急处置流程

具体的应急措施为:

(1) 方法 F1—— 预报气体或挥发液体在空气中的扩散

方法 F1 适用于气体和大多数会产生蒸气团的挥发液体,包括 G 和 E 组别的所有细分类(如 G,GD,E,ED,FE,FED,DE)。即使有计算机气体扩散模型的帮助,在实际应急中预报气团扩散通常也是一个很漫长的过程。确保快速采取适当预防措施的最有效的方法通常是事先模拟某些局部场景。由于物质特性与特定气体环境的结合会导致特殊的表现形式,因此决不能依赖这种评估(预报)来代替监测。

（2）方法 M1——监测空气中存在的气体

事故发生后，系统地监测空气中化学品的浓度是非常重要的。跟踪气体监测的主要目的就是确认哪些区域不需要人员防护或哪些区域人员必须疏散。通常根据事先评估预报（气体）位置的不断变化采取这种监测技术。

在进入潜在危险区域时，三种参数应被监测：① 氧气浓度；② 可燃或爆炸气体范围；③ 有毒物质。

氧气浓度和可燃气体水平应同时检测，因为缺氧可能会影响可燃气体探测仪的正常功能。有毒气体可以由 Trace-Gas Analyzers 探测，如 Calorimetric Tubes、Photo Ionization 和 Flame Ionization 探测仪，pH 和淀粉试纸。如果没有监测仪器，则应在事故现场设立安全疏散区域。应急反应人员应经过培训，以熟悉这些监测仪器的功能。形势的初始评估应由安全防护的人员进行。

（3）方法 C1——应对水溶性气团

这种方法主要应对 GD 分类组的水溶性气体，如氨气。少量和有限的 GD 气团可以用分散均匀的水雾驱散或冲散。这种措施也被用来保护应急反应人员。当液氨泄漏入水，部分将快速气化，但仍有 60% 溶解在水体中形成危险的碱性溶液。在有限的、敏感的且水交换量小的区域，需使用柔性的中和剂来减轻氨的危害。

（4）其他应急行动

① 泡沫覆盖减少挥发；

② 活性炭吸附；

③ 喷水喷雾两用消防水炮冷却稀释蒸气；

④ 对人员的保护措施也要落实，人员防护装备如自吸过滤式防毒面具、化学安全防护眼镜、防毒物渗透工作服、橡胶耐油手套等应配备齐全。

13.3.3　泄漏后漂浮类液体物质的应急处置

漂浮于水面的液体化学品泄漏应急处置可借鉴海上溢油的防治技术，具体技术方案根据化学品的物理化学特性进行调整。漂浮在水面的有毒液体物质进入水面后的基本状态有四种：边漂浮边溶解于水（FD 类）、边漂浮边蒸发到空气中（FE 类）、边漂浮边蒸发边溶解于水（FED 类）、既不溶解也不蒸发（F 类）。以上状态只有 F 类的物质溶解性和蒸气压较低，可以通过回收装置成功回收。其他如 FE、FED、FD 类的化学品物质由于蒸发或者溶解速度太快，往往很难进行回收处理。

对于泄漏后漂浮类的液体化学品的应急流程如图 13-5 所示：

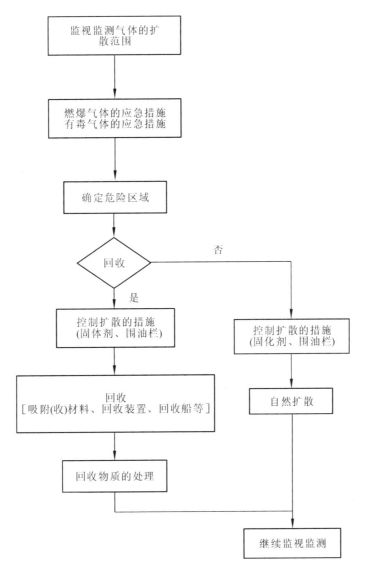

图 13-5   漂浮物应急处置流程图

（1）方法 F2——预报水面漂浮物的扩散

这种方法适用 FE、FED、F 和 FD 分类组。可以使用和溢油相同的原理，通过矢量图解的方法计算扩散和漂移的趋势。但是除 F 分类组的化学品，大部分组别的物质在大约 10h 内将通过挥发或溶解而消失。考虑风和水流的相对影响对预测漂移位置至关重要。

（2）方法 C2——应对漂浮液体

漂浮液体可以使用：① 泡沫覆盖减少挥发；② 吸收材料或其他处理剂；③ 围油栏围控；④ 回收设备（如撇油机）回收；⑤ 以上各方法组合使用。这种方法主要用到的器材有泡沫吸收材料和撇油器。

① 泡沫：在应急反应操作期间，要特别关注泄漏物火灾、爆炸，以及对健康的危害，用那些能够减缓蒸气挥发的化学泡沫覆盖这些泄漏出的物质能够使危害大大地减小。在漂浮物上使用泡沫能够限制它在水表面的扩散并且使回收等操作更容易。

② 吸附材料：吸附材料不适用于这类处理方法，由于结构特性，吸附材料会加速气体的挥发，从而导致更加危险的状况发生，并且不利于后处理，会造成对处理人员的二次污染，并且增加了使用难度和处理成本，会造成水体的污染，并且清理难度较大，因此必须使用吸收剂产品。低黏度的有毒有害物质能够很快在水表面扩散成很薄的薄膜，为进行有效的吸收，使用高吸收率的吸收材料是很重要的。用围油栏控制泄漏物的扩散并配合使用吸收材料和类似的试剂进行处理更为有效。

③ 撇油器：由于化学品在水表面的扩散和形成薄膜的速度较快，一般低黏度的漂浮物用撇油器回收效果不好，事先用吸收材料吸收一下，将使液体回收起来更容易些。此外，不是所有的撇油器都适用于回收事先已经吸附的泄漏物，当决定使用何种设备回收泄漏物时，重要是考虑物质的相容性。

针对 FE\FED\F\FD，根据预先试验数据（英必思可吸收产品）来确定是否使用 Imbiber beades®（英必思）吸收剂产品。

针对 FE\FED\F\FD 中可以使用 Imbiber beades®（英必思）吸收剂产品的泄漏事故，采取以下方案：

① 检测气体，确定泄漏危险区域。

② 用围油栏等把污染限制在最小范围。

③ 采用专用布放设备发射 Imbiber beades®（英必思）（可与消防泡沫混合，用消防泡沫枪发射，或者使用专门的发射设备）。

④ 用收油机或拖网回收 Imbiber beades®（英必思）颗粒。

⑤ 回收后的 Imbiber beades®（英必思）颗粒妥善储存，送到焚化炉焚烧处理。

（3）方法 C2——应对泄漏后凝固的漂浮液体

一些化学品泄漏到水中后会结块或凝固成薄片。这些物质在水中的凝固过程取决于它们的凝固点、溶解度及周围水温。凝固点在周围环境温度以上的物质,若它们的溶解度不高,则与水接触时就会产生凝固。这些凝固了的化学品缓慢地溶解和蒸发,使得回收变得容易。例如:苯、环己苯在0℃水温时凝固。

13.3.4　泄漏后溶解类物质的应急处置

泄漏的危险化学品溶解于水后呈现雾状或羽毛状,渐渐地形成溶解物并在水体中移动,监测其浓度以便跟踪其扩散和漂移,并评估其对环境、渔业、旅游和取水口的危害。

可溶解的有毒液体化学品是对生物极毒,且可产生积聚作用的易溶散化物质,因目前缺少回收良策,一旦泄漏,准确地描述泄漏物在一定时间,一定范围的浓度分布,是应急决策者损害估算的重要前提。因不同水域环境,其扩散形式而异,需考虑水的流向、风速、风向、岸线地理状况。水溶性的有毒液体物质(D和DE组),一旦进入水中后,不可能用一般的回收办法处理。然而由于它可能对环境造成很大的危害(如污染饮水源),在一些特殊区域对已溶解的有毒液体物质可以进行中和剂处理。水溶性有毒液体物质进入水体后,有的能完全溶解,有的只能部分溶解于水。能完全溶解的有毒液体物质会影响较大范围的水域。

具体应急措施为:

(1) 方法 F3—— 预报水中溶解物的扩散

这种方法仅适用于分类组为 D 类的物质。

表 13-2 列出了泄漏数量、水中浓度和扩散距离的关系,用以评估溶解物的扩散,条件是水流缓慢且平稳。这种方法不适用于水不流动(或几乎不流动)以及泄漏物密度与水相差很大或水流非常湍急的情况。

表 13-2　溶解物泄漏关系

泄漏数量(t)	浓度(g/m³)	扩散距离(m)
1	500	5000
10	1000	10000
100	2000	20000
1000	4000	40000

（2）方法 M2——监测水体中存在的溶解物浓度

根据泄漏物质的物理化学性质，选择合适的监测设备，对泄漏物质在水体中的浓度保持跟踪监测。

（3）方法 C3——应对溶解物的泄漏

① 危险化学品的泄漏可用很多的反应试剂进行处理，目的是减缓或"中和"其对人类和环境的有害影响。化学试剂包括：中和试剂、氧化剂、减缓试剂、凝聚剂、吸附剂、合成试剂、离子交换剂等。上述试剂用来处理泄漏溶解物，并将其溶液泵入驳船或其他储存容器加以回收。

② 处理试剂主要用于 D 分类组的物质，有时也用于其他具有溶解性的组别，如 GD、ED、FED、FD 和 SD。硫化铁作为一种减缓剂，用于处理沉船泄漏的铬化合物，目的是将铬离子转化为氧化状态，以减轻其毒性。活性炭经常被用作有机物质的吸附剂。中性酸能用来中和强性和中性的碱，中性的碱能用于处理中性和强性的酸。

泄漏的酸 —— 使用碳酸氢钠（$NaHCO_3$）。

泄漏的碱 —— 使用磷酸二氢钠（NaH_2PO_4）。

③ 使用化学处理方法应与相应的环境保护主管机关磋商，其试剂用量的确定应事先进行专家咨询。药剂的使用可以通过喷洒管或直接从袋中撒出。使用量的估算一般根据理论上中和泄漏化学品总量的药剂量再增加 50%。

④ 对于泄漏物质为碱性，溶解后浓度较低，且安全健康危害性不大时，可考虑自然扩散和促进扩散的方式进行处理。

（4）其他应急行动

① 立即通知环境敏感区（如取水口等）的相关管理部门，在环境敏感区水域（特别是取水口等），在污染物漂流过来之前迅速布设多道围油栏及活性炭吸附装置拦截、吸附水中的危化品，吸附剂包括砂土、干燥石灰等，若事前无法有效控制，且没有足够的时间布设围油栏将导致取水无法满足取水水质要求时，立即关闭取水口，实施应急取水和应急供水，通知环保部门，在环境敏感区域水域进行水质监测。

② 吸附剂吸附后集中进行无害处理后废弃，化学试剂用来处理泄漏溶解物，并将其溶液泵入驳船或其他储存容器加以回收。使用化学处理方法应与相应的环境保护主管机关磋商，其药剂用量应事先进行专家咨询。药剂的使用可以通过喷洒管或直接从袋中撒出。

③ 海事部门应及时向污染水域船舶发布航行警告,必要时进行航行管制(对防污应急区域进行航行管制),海事部门需派出巡航艇进行海事护航,确保事故区域的航行安全以及应急行动的顺利展开。

13.3.5 泄漏后沉降类物质的应急处置

密度大于水且不溶解、不起化学反应的物质一旦泄漏入水,必然导致下沉。在下沉的过程中会受到水湍流作用的影响,类似油团的物质会逐渐地分裂变碎。随着水流的作用边漂移边破裂、边下沉。许多物质微团也可能在运动中发生再积聚形成较大的物质团。分裂、积聚、下沉和漂移的最终地点可由水体的流速、沉降的速度、水深粗略地算出。沉积物的泄漏会严重污染水体,在某些情况下应认真采取减轻污染的措施,回收沉没的货物或船舶需要的复杂的处理系统,包括特殊的打捞作业和设备。沉积物的泄漏将扩散到水底,因此,绘制泄漏物的地图对于应急反应是非常重要的。图纸可以通过回声探测器绘制,也可由潜水设备或潜水员绘制,但应认真评估潜水员的风险,包括危险化学品和潜水设备的相容性。

对于该类物质泄漏事故的处置,其主要流程如图 13-6 所示:

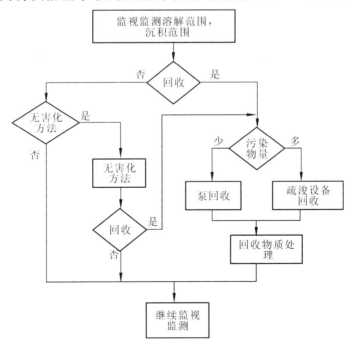

图 13-6 沉降类物质泄漏后的应急处置流程

（1）方法 C4——应对沉积物

沉于水底的有毒液体物质（SD 和 S 组），其中 SD 类能溶于水，S 类不溶于水。对 S 类物质可用一般捕捞设备回收。由于 SD 类比 S 类物质在水中溶解得快，因此对 SD 类物质应尽快回收。一旦探明位置，对于不同物质有不同的回收处理方法，如吸管法。如果沉积渗透到底质，则据该物质的危害特性，如有必要则采用挖吸沉积物方法予以消除。

沉积物可以使用不同的挖掘（疏浚）技术和不同类型的挖掘（疏浚）设备回收，但不是所有的挖掘（疏浚）设备都适合从水底回收化学品。三种主要类型为：机械、液压和压缩空气。常用的捕捞设备有水力捕捞设备和气动装置两类。水力捕捞设备主要缺点是受水深的限制，小的设备可以在几米以下，大型设备可在 20 ～ 30m 以下的水中作业。气动装置捕捞机械的使用效果较好，小型气动装置可以直接由潜水员手提进行操作。气动装置可以在 50m 以下的水中进行操纵。

挖掘（疏浚）回收沉积物时，在泄漏地点应对泄漏到水里的沉积物周围设置淤泥栅，限制其泄漏区域便于后期的回收和操作。在泄漏下游沉积物可能大量到达的区域用挖掘机对河道进行挖掘以对沉积物进行拦截，然后用挖泥船进行回收。对淤泥栅已围控的沉积物应采用挖泥船进行回收。

（2）环境敏感区防范措施

① 立即通知环境敏感区（如取水口等）的相关管理部门。

② 在环境敏感区水域（特别是取水口等），在沉淀物过来之前迅速布设多道淤泥栅以防止沉淀物进入环境敏感区，然后在取水口处投加粉末活性炭，改造自来水厂的砂滤池为炭砂滤池，形成由粉末活性炭和粒状活性炭构成的多重安全屏障。

③ 当事前无法有效控制，且没有足够的时间布设淤泥栅将导致取水可能无法满足取水水质要求时，立即关闭取水口，实施应急取水和应急供水。

④ 通知环保部门，在环境敏感区水域进行水质监测。

参考文献

[1] 殷佩海.船舶防污染技术[M].大连:大连海事大学出版社,2000.

[2] 吴宛清.船舶防污染技术[M].大连:大连海事大学出版社,2010.

[3] 张连丰.船舶防污染管理[M].大连:大连海事大学出版社,2014.

[4] 国际海事组织.73/78防污公约综合文本2006[G].中国船级社译.北京:人民交通出版社,2007.

[5] 国际海事组织.1974年国际海上人命安全公约2004综合文本[G].伦敦:国际海事组织,2004.

[6] 国际海事组织.2009年香港国际安全与无害环境拆船公约[G].伦敦:国际海事组织,2009.

[7] 国际海事组织.1990年国际油污防备、响应和合作公约[G].伦敦:国际海事组织,1991.

[8] 国际海事组织.1969年国际油污损害民事责任公约[G].伦敦:国际海事组织,1977.

[9] 国际海事组织.1971年关于设立国际油污损害赔偿基金国际公约2003年议定书[G].伦敦:国际海事组织,2003.

[10] IMO. Convention on the control of harmful antifouling systems(AFS)on ships (2005 edition)[G]. London:IMO,2005.

[11] IMO. International convention on civil liability for bunker oil pollution damage, 2001(2004 edition)[G]. London:IMO,2004.

[12] IMO. Hins convention,1996[G]. London:IMO,1996.

[13] IMO. London convention 1972 and 1996 protocol(2003 edition)[G]. London: IMO,2004.

[14] IMO. Oprc-hins protocol 2000(2002 edition)[G]. London:IMO,2002.

[15] IMO. Ballast water management convention(2004 edition)[G]. London: IMO,2005.

[16] IMO. Imdg code(2008 edition)[G]. London:IMO,2009.

[17] IMO. Bc code,2004(2005 edition)[G]. London:IMO,2005.

[18] 交通部危险货物运输咨询中心.船舶载运危险品和防污染法规汇编[G].大连:大连海事大学出版社,1998.

[19] 国家标准化委员会.GB/T 4795—2009:15ppm舱底水分离器[S].北京:中国标准

出版社,2009.

[20]　国家标准化委员会. GB 10836—2008:船用焚烧炉要求[S]. 北京:中国标准出版社,2008.

[21]　国家标准化委员会. GB 5980—2009:内河船舶噪声级规定[S]. 北京:中国标准出版社,2009.

[22]　国家标准化委员会. GB 5979—1986:海洋船舶噪声级规定[S]. 北京:中国标准出版社,1986.

[23]　中国船级社. 散装运输化学品船舶构造与设备规则[M]. 北京:人民交通出版社,2005.

[24]　中国船级社. 船上振动控制指南[M]. 北京:人民交通出版社,2000.

[25]　黄长江,董巧香,雷瓒,等. 我国东南沿海港口有机锡污染的调查[J]. 海洋学报,2005,27(1):54-63.

[26]　吴宛青,张彬,姚子伟,等. 渤海海域主要港口有机锡化合物检测分析[J]. 大连海事大学学报,2009,35(3):115-118.

[27]　白敏莴,白希尧,张芝涛,等. 强氧化自由基杀灭压载水微生物的模拟试验研究[J]. 交通环保,2003,24(2):1-4.

[28]　党坤,殷佩海,宋永欣. 原生海水模拟船舶压载水的电解试验[J]. 大连海事大学学报,2004,48(2):26-28.

[29]　翁长俭. 我国船舶振动冲击与噪声研究近年进展[J]中国造船,2001,42(3):68-84.

[30]　孙在义,赵士卿,王立真,等. 海船噪声现状分析及控制对策[J]. 大连海运学院学报. 1986,12(4):49-61.

[31]　卢士勋. 船舶噪声污染及其控制的研究[J]. 上海海运学院学报,1979(1):34-49.

[32]　JIANG G B, ZHOU Q F, LIU J Y,et al. Occurrence of butyltin compounds in the waters of selected lakes , rivers and coastal environments from China[J]. Environmental Pollution,2001(4):87-115.

[33]　HOCH M. Organotin compounds in the environment-an overview[J]. Applied geochemistry,2001,16:719-743.

[34]　TAKAHASHI S,TANABE S,KUBODERA T. Residues in deep-sea organisms collected from Suruga Bay, Japan[J]. Environ. Sci. Teehnol. ,1997,31:3103-3109.

[35]　SCHNNAAK W, KUCHLER T, KUJAWA M, et al. Organic contaminants in sewage sludge and their ecotoxicological significance in the agricultural utilization of sewage sludge[J]. Chemosphere,1997,35(1):5-11.

[36] JIANG G B , LIU J Y. Determination of Butyltin Compounds in Aqueous Samples by Gas Chromatography with Flame Photometric Detector and Headspace Solid-Phase Microextraction after in-situ Hydride Derivatization[J] Analytical Sci. ,2000, 16:585-588.

[37] POLDERMAN J. An investigation of ballast water management methods with particular emphasis on the risks of the sequential method[C]. The Marine Facilities Panel 24th United States Japan Cooperative Program in Natural Resources, Hawaii:Honolulu,2001.

[38] GEF/UNDP/IMO. Global ballast water management programme(gloBallast) , report for the queens golden jubilee, 2002,marine environment award[R]. London:The Institute of Marine Engineering , Science & Technology,2002.

[39] PIMENTEL D , LACH L, ZUNIGA L,et al. Environmental and economic costs of nonindigenous species in the United BioScience,2000,50:53-65.

[40] IMO. Stopping the ballast water stowaways[C]. 2nd Edition. London:IMO, 2002:3.

[41] TOKUDA H. Progress report on the "Special Pipe System" as a potential mechanical treatment for ballast water : the 2nd international ballast water treatment R&D symposium[C]. London:IMO,2003.

[42] KREISEL I. The ternary effect for ballast water treatment: the 2nd international ballast water treatment R&D symposium[C]. London:IMO,2003.

[43] FUCHS RAINER. Peraclean ocean-a potential treatment option for ballast water:the 2nd international ballast water treatment R&D symposium[C]. London: IMO,2003.

[44] STOCKS D T,REILLY M,KRACK W M. Sodium hypochlorite as a ballast water biocide:the 2nd international ballast water treatment R&D symposium[C]. London:IMO,2003.

[45] ZHANG S. Effects of the chlorination treatment for ballast water: the 2nd international ballast water treatment R&D symposium[C]. London : IMO,2003.

[46] SILVA J S V,FERNADES F D. Use of chlorine for ballast water treatment:the 2nd international ballast water treatment R&D symposium [C]. London: IMO,2003.

[47] STEPHEN J. SeaKleen-a potential product for controlling aquatic pests in ships' ballast water : The 2nd International Ballast water Treatment R&D symposium[C]. London:

IMO,2003.

[48] WILSON J, et al. Progress report on the AquaHabiStat(AHS) deoxygenation system : the 2nd international ballast water treatment R&D symposium[C]. London:IMO , 2003.

[49] DANG K, YIN P H, SUN P T,et al. Application study of ballast water treatment by electrolysing seawater : the 2nd international ballast water treatment R&D symposium[C]. London: IMO, 2003.

[50] DANG K,SONG Y X, SUN P T. Electrolytic treatment of ships' ballast water [J]. Journal of Marine Design and Operations Proceedings of the Institute of Marine Engineering,Science and Technology,2007,B12:37-51.

[51] WRIGHT D A,DAWSON R. Shipboard trials of ballast water treatment systems in the United States:the 2nd international ballast treatment R&D symposium[C]. London: IMO,2003.

[52] CHENG J Y. Estimating oil pollution risk in environmentally sensitive areas of petrochemical terminals based on a stochastic numerical simulation[J]. Marine Pollution Bulletin,2017(1):12-30.

[53] 高俊敏.有机锡分析方法的建立及其在中国部分水环境中的暴露水平和风险分析 [D].重庆:重庆大学,2004.

[54] 贺召强.绿色指标评价在船舶再循环中的应用研究[D].大连:大连海事大学,2007.

[55] 吴继刚.海洋环境污染损害赔偿法律机制研究——以船舶油污损害为中心[D].青岛:中国海洋大学,2004.

[56] 陈百贤.论船舶污染损害赔偿[D].北京:中国政法大学,2006.

[57] 卓诚裕.海洋油污染防治技术[M].北京:国防工业出版社,1996.

[58] 钱闵.油船安全知识与安全操作[M].大连:大连海事大学出版社,1998.

[59] 赵冬至,张存智,徐恒振.海洋溢油灾害应急响应技术研究[M].北京:海洋出版社,2006.

[60] 夏永明,孙良康.石油储运过程环境污染控制[M].北京:中国石化出版社,1992.

[61] 格拉赫.海洋污染鉴别与治理[M].北京:海洋出版社,1988.

[62] 中华人民共和国海事局.溢油应急培训教程[M].北京:人民交通出版社,2004.

[63] 王晓斌.加强内河船舶防止油类污染工作的几点建议[J]. 江苏船舶, 2003, 20 (4):36-36.

[64] 古丽扎.内河船舶油污染产污规律及治污效果模式研究[D].南京:河海大

学，2006.

[65] 郑国辉. 浅谈内河水域船舶油污染的途径及监管对策[J]. 珠江水运，2012(6)：74-75.

[66] 邓潘立. 内河防治船舶油类污染监督管理[J]. 珠江水运，2004(12)：34-35.

[67] 代君，王当利，王祥. 内河油污染防治技术分析[J]. 船海工程，2008(4)：113-115.

[68] 陈凯. 内河运输散装危险化学品船单改双改造分析[J]. 中国水运，2016(1)：47-48.